GUÉRILLA KIT

Morjane Baba

GUÉRILLA KIT

Ruses et techniques
des nouvelles luttes anticapitalistes

Nouveau guide militant

ÉDITIONS LA DÉCOUVERTE
*9 bis, rue Abel-Hovelacque PARIS XIIIe*
2003

AVERTISSEMENT DE L'ÉDITEUR. Les indications à caractère juridique contenues dans ce livre ne doivent pas dispenser le lecteur de s'adresser, le cas échéant, à un juriste qualifié.
En effet, compte tenu de la nature de cet ouvrage, l'auteur n'a pas toujours mentionné les peines encourues par les auteurs de certaines actions dont on souligne qu'elles sont prévues et réprimées par le Code pénal. Il appartient donc au lecteur de s'informer sur l'état et l'évolution de la législation et de la jurisprudence applicables à ces infractions.

ISBN 2-7071-4062-7

Si vous désirez être tenu régulièrement informé de nos parutions, il vous suffit d'envoyer vos nom et adresse aux Éditions La Découverte, 9 bis, rue Abel-Hovelacque, 75013 Paris. Vous recevrez gratuitement notre bulletin trimestriel *À La Découverte*. Vous pouvez également consulter notre catalogue sur notre site www.editionsladecouverte.fr

CECI N'EST PAS UN LIVRE SUR LES MOUVEMENTS ANTIMONDIALISATION.
CECI N'EST D'AILLEURS PAS VRAIMENT UN LIVRE.
CE N'EST PAS UN OUVRAGE SÉRIEUX, PAS UNE ANALYSE, PAS MÊME UN COMPTE RENDU.
IL N'Y A PAS DE COMPTES À RENDRE.
CET OBJET N'APPARTIENT À PERSONNE, IL A ÉTÉ GLANÉ AUPRÈS DE CEUX QUI RÉSISTENT.
IL EST DÉSOBÉISSANT, À L'ÉCRITURE DE L'HISTOIRE COMME À CELLE DES LOIS. IL EST REFUS DE COLLABORER, REFUS DE PARLER UNE SEULE LANGUE, DE PARLER D'UNE SEULE VOIX.
C'EST UNE DISSONANCE.

LÉGENDE. Les flèches noires (➡) renvoient au « Répertoire des formes de lutte ». Les flèches blanches (⇨) renvoient aux « Fiches bricolage ».

1

CARNETS DE ROUTE

À L'ASSAUT DES SOMMETS

On a beaucoup parlé des sigles et des noms barbares pour expliquer la révolte des antimondialistes : l'AMI, le vilain accord dégoupillé au château de la Muette, le FMI et la Banque mondiale, l'OMC ou le GATT, le G8, et puis aussi la taxe Tobin et les OGM ou peut-être encore je ne sais quoi... Oui, il y a eu toutes ces choses découvertes et surtout révélées. Mais cette révolte n'est pas faite de sigles et de contre-sigles. Elle n'oppose pas des chiffres à d'autres, elle est d'abord une bataille faite d'hommes et de femmes en chair et en os.

LA BATAILLE DE SEATTLE

30 novembre 1999, au petit matin, la « bataille de Seattle » commence. Les manifestants, réunis contre le lancement du Millenium Round, se déploient tout autour de la réunion de l'OMC. De multiples groupes avancent vers le centre de la ville. Arrivés aux lieux de rendez-vous, certains forment des cordons, d'autres s'enchaînent devant les hôtels où sont logés les délégués de l'OMC, d'autres encore prennent d'assaut les symboles de la libéralisation des marchés et de l'exploitation internationalisée (les chaînes multinationales comme Starbucks ou McDonald's, le bâtiment imposant de Nike — « Nike Town »). Cette action, minutieusement préparée depuis des semaines, met chacun dans une situation dont il connaît les risques. Au premier plan, ceux qui sont prêts à se faire arrêter. Mais aussi, ailleurs, des militants déterminés à dire très haut et très fort ce qu'ils sont venus porter dans les rues.

Et partout des femmes et des hommes qui crient, pour une fois avec raison : *The whole world is watching.* Car les caméras du monde entier sont effectivement là, et des militants partout dans le monde manifestaient en solidarité : le 30 novembre 1999, des manifestations se sont déroulées à Paris, Rome, Berlin, Mexico... La stratégie globale de cette journée s'articule et s'agglomère petit à petit dans une organisation réticulaire, le Direct Action Network, qui accueille les différentes propositions, les articule les unes aux autres, permet de mettre en commun les outils : entraînements à la non-violence, groupements d'avocats (legal team), de médecins pour les secours d'urgence (medical team), de porte-parole éventuels.

La police, défendant sa brutale et stupide mauvaise gestion de la situation, a répondu qu'elle n'était pas « préparée à la violence ». En réalité, c'est à la non-violence qu'elle n'est pas préparée, ainsi qu'au nombre et à la détermination des manifestants — alors que les blocages ont été organisés dans des réunions ouvertes et publiques, et qu'il n'y avait rien de secret dans notre stratégie. Ce que je soupçonne, c'est que notre modèle d'organisation et de prise de décision est tellement étranger à ce qu'ils imaginent être l'autorité qu'ils ne peuvent pas voir ce qui se passe en face d'eux. Quand les autoritaristes réfléchissent sur l'autorité, ils imaginent une personne, généralement un homme, ou un petit groupe de personnes qui se tiennent debout et disent aux autres ce qu'ils doivent faire. Le pouvoir est centralisé et nécessite l'obéissance.

Au contraire, notre modèle de pouvoir est décentralisé, l'autorité est investie dans le groupe entier. Les gens ont le pouvoir de prendre leurs propres décisions, et les structures centralisées sont là pour coordonner, non pour contrôler.

À Seattle, il y a des écologistes, des mouvements paysans, des mouvements de femmes, des anarchistes, des ONG et des syndicats, des anciens militants et des mouvements politiques tout nouveaux comme l'Independant Media Center, objet médiatique non identifié, coalition de journalistes, de techniciens et de vidéoactivistes. Face au discours omniprésent du *There's no alternative*, les militants ont assisté à la formation, inventé et travaillé à la construction du Movement for Global Justice, une alliance inédite et qui s'est révélée efficace et durable entre des réalités diverses, coordonnées par des groupes d'action directe réunis selon des stratégies prônant l'organisation en groupes affinitaires et la diversité des tactiques. Il y a là environ 50 000 personnes, qui étonnent le monde entier et s'étonnent elles-mêmes, et mettent en échec les négociations du Millenium Round de l'OMC.

Nous sommes venus à Seattle remplis autant de désespoir que d'espérance. À la fin de cette année 1999, on nous avait dit que les manifestants seraient des hippies vieillissants et des militants syndicaux — rescapés des débats d'un temps d'avant que le capitalisme n'ait réglé la question une fois pour toutes.

Mais, alors que les rues se remplissaient, nous sentîmes une force dans nos corps, que nous ne nous connaissions pas. Au milieu des gaz et des tirs, la mémoire nous revint. Même si nous n'y étions pas, même si nous ne connaissions rien de 68, nous sentîmes la mémoire de 68 dans notre peau. Même si nous ne savions rien de l'histoire et de la géographie de la lutte qui nous avait portés jusqu'à ce moment-là, nos corps se souvenaient d'une force qui n'était pas la leur propre, et d'une cause qui venait d'un autre temps. Une heure après le couvre-feu, courant près d'une barricade dans une rue pleine de gaz, un manifestant se tourna vers moi : « Les rues sont remplies. Tu sens ? Les rues sont remplies de fantômes. »

GÊNES, SOMMET DU G8, 19, 20, 21 JUILLET 2001

Deux ans après Seattle, en ce mois de juillet 2001, le *There's no alternative* a vacillé, les journalistes ont donné différents noms à ce mouvement : le « peuple de Seattle », peuple nomade et multiforme, doit de nouveau se retrouver à Gênes, contre le G8. Chacun sait que la surprise est passée. Il y a eu Québec (avril 2001, sommet des Amériques), avec son « mur de la honte », la première zone rouge concrète édifiée tout autour de l'espace où se réunissaient les chefs d'État, qui encerclait la ville, abattu dans la joie et l'humour. Mais il y a eu aussi Göteborg (juin 2001, Suède, sommet de l'Union européenne) et le premier tir à balles réelles de la police sur les manifestants. Les forces de police organisent et élaborent des réponses de plus en plus répressives contre les « antimondialisation ». Les zones rouges, interdites à l'expression de la contestation, deviennent un élément du scénario auquel il faut se préparer, la présence de huit chefs d'État rend évidente la volonté de construire un dispositif policier lui aussi international et aux aguets. L'innocence et l'inconnu semblent bel et bien perdus des deux côtés. Par ailleurs, dans ce contexte de tension, les débats font rage au sein des mouvements, poussant tout le monde à chercher un terrain d'entente, sacrifiant la liberté des tactiques à des unions politiques pour faire front commun.

À Gênes, un jeune homme est assassiné par la police, des centaines de manifestants sont blessés, torturés, emprisonnés. C'est une expérience douloureuse du piège, mais aussi une entreprise de dévoilement de la violence réelle des puissances : qui peut croire qu'un système qui assassine ses propres enfants est légitime pour gouverner le monde ? Et ce dévoilement a pris pour nous une dimension « sacrificielle », il est sorti de l'ordre symbolique, du discours et des tactiques. La violence policière est forcément la plus forte, elle instrumentalise et détruit toute la patiente construction de nos pratiques. Elle nous prive de notre parole et de notre rage réelle en les mettant en scène dans la violence brute.

Nous avons tenu. Mais de dessous les boucliers, les carabiniers nous ont fait rouler entre les pieds des lacrymogènes à gaz urticant, contre lesquels les masques à gaz que nous portions n'ont pas pu grand-chose. J'ignore ce qu'était cette

substance verte. Elle brûlait la peau et les muqueuses, mais surtout, elle coupait littéralement le souffle, nous empêchant de respirer. Moi, j'ai dû lâcher prise et courir en arrière, enveloppé d'un épais brouillard, en proie aux vomissements et aux convulsions. Mon ami Mingo n'a pas eu autant de chance. Le bouclier sur son flanc est tombé et la tête du cortège s'est ouverte : les carabiniers ont fondu sur lui, le frappant à coups de matraque, lui brisant la cloison nasale et l'entraînant avec eux. Dans la camionnette, ils l'ont frappé chacun son tour, en le menaçant de mort et en définissant ce sympathique turn-over comme leur « petit jeu ». Ils n'ont même pas pris la peine de relever son identité et de l'arrêter : après l'avoir convenablement tabassé, ils l'ont abandonné aux urgences. (...) Mais qui sommes-nous, mon ami Mingo et moi ? Qui sommes-nous, nous deux dangereux « factieux » et « criminels » qui méritaient l'attaque féroce, sur le front et dans le dos, l'intoxication et les coups de la part des gardiens de l'ordre ?
Je suis fils d'un ouvrier et d'une enseignante. J'ai vingt-huit ans. Je suis licencié en philosophie. Sans antécédents judiciaires. Mon métier est d'écrire, je suis romancier. Plus d'autres petits boulots alimentaires. Je vis dans un très modeste appartement à Bologne. Mon ami Mingo a mon âge, il est DJ dans quelques boîtes bolognaises et dans une radio indépendante de la même ville. Il est assez connu et apprécié de tous pour son humour. Qui croyaient-ils attaquer, les jeunes en uniforme qui ont été lancés contre nous ? Qu'est-ce qu'on leur avait raconté sur notre compte pour déchaîner tant de férocité ? Et surtout : qu'avons-nous fait de mal pour mériter tout cela, à part vouloir manifester contre l'injustice planétaire infligée par les pays riches aux pays pauvres ?

Gênes est aussi la plus massive des mobilisations antimondialisation advenues jusque-là, des centaines de milliers de personnes de tous âges et de différentes cultures politiques, de différents pays, ont convergé pour dire non, simplement. Dès le premier jour et avant le déclenchement de la violence inouïe, il y a dans les rues une ferveur, un enthousiasme incroyables, une force puisée cette fois dans les étapes du court chemin ouvert à Seattle. Les groupes se distinguaient par l'usage de différentes tactiques pour assiéger la forteresse constituée par la zone rouge, qui enserre presque toute la ville de Gênes. Comme dans les rendez-vous précédents, des couleurs définissaient certains blocs, noirs et roses. D'autres se définissaient plus par une identité amenée à perdurer, comme les désobéissants, guerriers de mousse et de carton. D'autres enfin, les plus nombreux, arrivaient avec leurs propres élaborations, pancartes, saynètes, musique, bonnes volontés. Gênes a marqué un tournant dans les luttes, tournant sanglant mais aussi commencement d'une plus grande attention à la composition même du « peuple de Seattle », qui s'est retrouvé massivement dans la rue, et qui par la suite se retrouvera aussi de plus en plus massivement dans des espaces plus protégés, faits uniquement pour la rencontre, le débat, les propositions.

UN NOUVEL INTERNATIONALISME, CONTRE-SOMMETS ET FORUMS SOCIAUX

Dans un jardin public, déjà occupé le 26 janvier de cette année 2002 par quelques rudimentaires baraques et un chantier improbable, quelques jeunes militants, quelques militants moins jeunes du mouvement des sans-terre... En quelques jours, ils deviennent plus nombreux, se mettent à parler toutes les langues, et le chantier se transforme en une véritable ville dans la ville. Au milieu de cette agitation, une nouvelle baraque surgit du néant, elle est recouverte d'une simple bâche en plastique noir et se pare bientôt de panneaux de bois rose, de photos et de pancartes. Ici surgit l'espace Intergalactika, le matin du 1er février 2002, au moment même où se tient le premier atelier, introduction à ce qui sera le « laboratoire de résistance globale ».

Un peu plus tôt, quelques jeunes gens d'Europe, du Brésil, d'Amérique du Nord, qui ont vécu l'expérience de Gênes et quelques autres auparavant, frémissent de voir les nouvelles questions que pose la guerre globale inaugurée par l'après-11 septembre... Ils se parlent, s'écrivent et finissent par se convaincre qu'il leur faut prendre du temps, revenir sur ces expériences, construire ensemble un regard rétrospectif sur ces événements, et une mémoire de toutes les luttes menées ces dernières années aux quatre coins du monde. Ce qui compte, c'est de ne pas perdre la joie, de ne pas se mentir non plus en revenant le plus honnêtement possible sur nos victoires et nos défaites, de faire partager cette expérience, de se nourrir des expériences des autres. Porto Alegre semble l'endroit où peut se situer ce moment. En un mois et dans une fièvre constante, un programme se constitue, un simple croquis de discussion, une introduction à un débat dont on ne peut qu'esquisser les formes.

Intergalactika est un espace d'échange et de discussion. Il dépasse très vite les espérances de cette poignée de militants qui ont travaillé pour le bâtir et le constituer. C'est le centre en permanente ébullition d'élaboration de stratégies de lutte, de mise en commun de pratiques. C'est un espace où l'on discute aussi du déroulement même du Forum social mondial, où l'on ne discute pas à proprement parler des différentes alternatives à la mondialisation libérale (un autre monde, lequel ?, est possible), mais où l'on essaie de voir si nos mondes, ceux de nos espaces de lutte, peuvent en eux-mêmes incarner et contenir ces différents mondes possibles. Notre espace entend montrer, à l'intérieur du FSM, que la séparation entre « ceux qui réfléchissent », produisent des alternatives et des contre-expertises, ONG, mouvements d'opinion, syndicats et partis politiques, et ceux qui investissent les rues, jeunes, sans bannières et sans discours, n'est qu'une vue de myope. Nous avons voulu monter un espace de travail permanent, un espace sans discours préparés et sans parole à sens unique, un espace d'assemblées horizontales et d'écoute mutuelle. Ouvrir un atelier sur les pratiques de lutte était aussi un moyen de susciter la participation de militants de différents horizons, de réunir syndicalistes, militants de partis, indépendants, artistes, etc. Dès les premiers moments de discussion, nous avons interrogé cette expression de « résistance globale », tellement patente au vu des nombreuses nationalités représentées à Porto Alegre, mais tellement difficile à comprendre dès que l'on s'approche des terrains spécifiques de lutte. Si le global n'est rien d'autre que la constitution internationale de communautés de « gens qui nous ressemblent » — un étudiant argentin et un étudiant italien, un chômeur français et un chômeur uruguayen —, peut-il nous permettre d'avancer ? Le global, tel que nous l'avons repensé ensemble, est bien ce qui nous permet d'avancer dans des parcours croisés, croisés autant que possible, car la lutte d'un chômeur français est aussi la lutte d'un étudiant brésilien, la lutte d'un chômeur potentiel, la lutte de qui devrait avoir accès au savoir, librement...

Grâce à ce qui est devenu peu à peu un « rituel » des contre-sommets internationaux, c'est une nouvelle forme d'internationalisme, fondée sur ces affinités ponctuelles et tactiques, mais aussi sur les espaces des contre-forums, de ces lieux de production d'alternatives aux discussions du pouvoir, au « dedans » des forteresses, qui est né. Car, à chacune de ces manifestations, des espaces abritent des conférences et des discussions, lançant et mettant en pratique des alternatives au langage des grands, aux prétendues solutions pour gouverner le monde. Le Forum social mondial de Porto Alegre, conçu d'abord comme un contre-World Economic Forum, devient dès la première année (2000) un rendez-vous central de cette foire mondiale des contestataires. Ce qui prime, c'est l'envie de réfléchir ensemble, d'élaborer des alternatives, de construire et de rendre plus fortes encore des solidarités. Alors les forums se multiplient : locaux, continentaux, régionaux... Nous nous retrouvons à chaque fois autour de nouveaux projets, à Florence en Italie, à Buenos Aires en Argentine, à Barcelone, à Saint-Denis. Nous saisissons le plus souvent possible l'occasion de nous voir, de confronter des idées et d'échanger des expériences, d'abord parce que ça fait du bien, ensuite parce que ça rend plus fort, enfin parce que ça permet de parler à ceux qui, curieux, viennent pour comprendre et découvrir.

➡ **VILLAGES** ➡ **CANTINE MILITANTE** ➡ **PRIX LIBRE** ➡ **LABORATOIRES ET ATELIERS** ➡ **BRICOLAGE** ➡ **HACKLABS** ➡ **GLOBAL** ➡ **LOCAL** ➡ **FORUM SOCIAL**

⇨ **DISCUTER**

NORD/SUD

L'internationalisme est un nomadisme réel et concret, il est surtout découverte d'affinités par-delà les mers et les frontières. Il se comprend aussi dans l'inégalité fondamentale, sans cesse renforcée entre un Nord puissant et « intégré », « globalisé », et un Sud mis au service du marché, ignoré. Le Sud, ce sont les continents oubliés, sur notre planète, mais c'est aussi le Sud de nos mondes, les oubliés du Nord, immigrés, chômeurs, que l'on rejette par-dessus bord, parfois très concrètement. Les récits entre Nord et Sud sont faits de solidarités, mais aussi de parentés et de rencontres.

DROP THE DEBT, CAMPAGNE INTERNATIONALE POUR L'ANNULATION DE LA DETTE DES PAYS LES PLUS PAUVRES

Siby, Mali, juin 2003. Le forum des peuples se prépare. Pendant que les huit « Grands » décident du sort du monde et de cette terre oubliée d'Afrique en particulier, pendant que les mêmes invitent quelques dirigeants des pays « émergents » à partager les quelques restes de leur buffet, les peuples des pays les plus pauvres, les plus immergés, se réunissent. C'est le sommet des pauvres, mais c'est aussi le forum des frères. Là-bas, à Évian, à Genève, à Lausanne et tout autour du lac, les militants européens se sont réunis et se font les porte-voix de ce « reste » de la planète. Et ici, dans cette petite ville du Mali, on prend en charge les questions dont d'autres prétendent vouloir discuter, on échange les expériences, on explique la dette et ses effets, présents tout autour.

Au départ, la campagne contre la dette, c'est l'histoire d'une idée toute simple, une de ces évidences criantes face auxquelles le discours de l'impuissance et de la realpolitik s'impose en les faisant taire. La dette que doivent rembourser les pays les plus pauvres est une véritable asphyxie. Ils doivent la rembourser en devises étrangères et y consacrent donc une grande partie de leurs revenus d'exportation. Dans le même temps, son taux d'intérêt est en hausse permanente. Par conséquent, les pays d'Afrique subsaharienne dépensent quatre fois plus pour le remboursement de la dette que pour la santé et l'éducation. C'est ce qu'ont compris les millions de personnes qui ont signé la pétition pour son annulation.

Quel symbole pouvait mieux rendre compte de cette situation que la chaîne ? Pendant le dernier sommet du G8 à Évian, les manifestants défilent enchaînés parce que solidaires, liés parce que dépendants aussi. Chacun a construit un maillon de cette grande chaîne symbolique et s'est rendu à la manif muni de sa contribution. Il s'agit d'affirmer une dépendance positive, celle de la solidarité concrète entre les différents pôles de la planète contre une dépendance concrète, financière, contre un assujettissement. Il y a d'abord eu la chaîne des signatures et des pétitions, la chaîne des rencontres et des soutiens, les relais conquis petit à petit, et puis il y a eu la chaîne concrète, celle qui permet de se tenir, de faire apparaître tous ces tissages de réseaux, qui paraissaient jusque-là si immatériels... jusqu'à constituer un véritable front.

➾ **CAMPAGNE** ➾ **PÉTITION** ➾ **ACTION SYMBOLIQUE** ➾ **KIT** ➾ **DIFFUSION VIRALE**
➾ **CHAÎNE**
⇨ **MOBILISER**

ARGENTINE, DÉCEMBRE 2001, UNE RÉVOLTE GLOBALE

Un parc de Buenos Aires noir d'une foule bigarrée en un dimanche comme les autres. Ce ne sont pas des promeneurs, ils sont assis en cercle autour d'une scène où se succèdent des orateurs. Après des heures de parole, ils votent à l'unanimité la disparition du système néolibéral. Ils votent à l'unanimité la démission des gouvernants qu'ils avaient, quelques semaines auparavant, fait fuir en hélicoptère au son des casseroles.

La « crise », quel étrange mot... Depuis les premiers plans d'ajustement structurel du FMI, on s'était habitué à voir surgir et mourir les émeutes de la faim, les révoltes populaires face à la « crise » des pays du tiers monde, étouffés par la dette et la corruption. On pouvait lire ici ou là des analyses, les impuissances habituelles, les litanies de « si ». La révolte argentine, liée à la révolte globale, a fait vaciller ce fatalisme-là, sur de multiples fronts : concert de luttes diverses, moment de réinvention du politique, l'hiver 2001-2002 fut un espace de création et de réconciliation populaires dans les rues de Buenos Aires.

Depuis décembre, après deux semaines d'émeutes populaires, dans les moindres recoins des *barrios*, dans les cafés, dans les parcs, sur les autoroutes, dans les usines, dans les banques transformées en forteresses, l'Argentine vit un état que l'on peine à nommer. Il ne faut certainement pas se contenter d'un mot, d'une étiquette. L'Argentine, pays « européen », pays riche, est aussi un pays où la dictature a fait disparaître près de 30 000 personnes. La place de Mai, c'était la place des « Mères », ces femmes qui venaient toutes les semaines réclamer justice pour leurs enfants disparus sous le régime dictatorial. Elles ont été rejointes par les « fils » (*hijos*) qui, depuis quelques années, luttent avec elles contre l'impunité des tortionnaires. C'était le pays de la mémoire engloutie, trahie. Mais, depuis ce 20 décembre 2001, sur la place de Mai, il y a des centaines de mères et de pères, des centaines de fils et de filles de cette mémoire confisquée. Il y a ce bruit incroyable des casseroles et les gens qui convergent de leurs quartiers vers la place, faisant durer le tintamarre jusque tard dans la nuit. Dans les assemblées et dans les rues de la capitale argentine, c'est un constant échange de mémoire qui s'opère, les langues se délient, les leçons se tirent aussi.

Ce qui se passe aujourd'hui à Buenos Aires, ce n'est pas simplement un bruit incroyable, celui des *cacerolazos*, ce n'est pas seulement l'émeute et la colère de ceux qui ont tout perdu dans les coffres des banques, ni celle de ceux qui n'ont plus rien à perdre, meurent de faim et dévalisent les commerces. C'est aussi une libération de la parole, une redécouverte de la démocratie. Les mouvements sont unis dans une condamnation unanime d'une démocratie feinte, d'un système politique qui a créé une « classe politique », imperméable à la voix du peuple, qui finit par hurler « *Que se vayan todos* » (qu'ils s'en aillent tous). Le peuple trouve l'une de ses réponses dans la constitution d'assemblées populaires, de lieux où s'organise la résistance mais aussi où s'articulent des projets politiques alternatifs. Le modèle de la démocratie participative est sur certaines lèvres – celles des pères et des mères surtout – comme un éventuel modèle, comme une piste en tout cas. Mais aucune des structures partisanes ne trouve grâce à leurs yeux : les partis d'extrême gauche sont déchirés et éclatés dans des luttes internes et sectaires, les partis de gouvernement sont discrédités...

La crise est totale : économique d'abord, repoussant une frange de plus en plus vaste de la population dans l'économie parallèle, les systèmes de troc, les monnaies alternatives... Culturelle et sociale, les systèmes publics se trouvant démantelés, dépecés par la politique libérale : universités privatisées, hôpitaux publics sans matériel ou médicaments, matières premières et production alimentaire sous séquestre de firmes multinationales... Face à cette situation, ce n'est pas le désarroi qui répond mais bien une effervescence créative : des trocs s'organisent dans tous les quartiers et s'accompagnent de discussions sur les alternatives à l'économie libérale, les piqueteros bloquent les flux de l'économie, les routes et les voies de communication pour concrètement dire leur refus d'un système qui « passe par-dessus » la pauvreté, marginalise les hommes et les femmes. Les assemblées votent l'utopie et lui redonnent droit de cité.

Alors, bien sûr, il y a plein de noms à donner à tout cela. On pouvait en glaner quelques-uns dans les rues des villes argentines : guerre civile, rébellion, désobéissance civile, libération... Ce qui reste, c'est le sentiment partagé que ce qui se passe est à l'intérieur, dans les piquets des chômeuses et chômeurs, sur les routes, dans les assemblées de *barrios*, devant la Cour ou devant le Congrès pour les *cacerolazos*, créant au jour le jour des solidarités que tous croyaient impossibles hier encore. C'est en ce sens, et pas seulement parce que nous sommes tous victimes, à un degré ou à un autre, du système néolibéral, que la lutte du peuple argentin est aussi globale, comme un défi posé au politique. L'Argentine a réinventé dans cette insurrection-là des mots que l'on croyait usés : peuple, assemblée, démocratie, classes...

➠ **MÈRES DE LA PLACE DE MAI** ➠ **TANGO** ➠ **TROC** ➠ **PIQUETES** ➠ **CACEROLAZOS** ➠ **SLOGANS** ➠ **ÉMEUTE** ➠ **DÉMOCRATIE PARTICIPATIVE** ➠ **ASSEMBLÉES** ➠ **JOURNÉE/SEMAINE D'ACTION** ➠ **BRUIT**

1er JANVIER 1994, L'INSURRECTION ZAPATISTE

11 mars 2002... Le Zocalo est noir de monde et je me demande encore une fois quel est ce miracle. Nous sommes passés dans tant de villages où étaient dressées des estrades pour les commandants, nous avons attendu, longtemps, sous la pluie ou sous un soleil de plomb, les différentes étapes de cette caravane. Souvent, le sens de notre présence dans ce pays parcouru trop rapidement et entrevu à travers les vitres des autobus nous échappait. Mais nous avons parfois compris, en écoutant les voix des *commandantes* et des commandants, de quoi il s'agissait. D'une tout autre lutte, de mots, de visages, de signes répétés et mimés, de masques et de beauté. À la brume du petit matin dans les montagnes du Chiapas aux pluies torrentielles et au soleil accablant, nous avons accompagné les commandants. Avec en tête comme eux les visages sublimes des Indiens, pieds nus et immobiles, « de la couleur de la terre », nous avons vu d'autres visages, et encore d'autres. Le 11 mars, nous arrivons, ce n'est pas la fin d'un chemin, mais nous avons une mémoire partagée.

« *Ya Basta !* » Au tournant de l'année 1993-1994, une voix surgit, et elle dit exister pourtant depuis cinq cents ans ; elle parle une langue nouvelle, et elle raconte pourtant d'anciennes légendes et retrouve une mémoire que l'on disait engloutie dans le temps du « toujours présent ». Elle déclare la guerre, depuis les montagnes du Sud-Est mexicain, depuis ce Chiapas encore oublié. En 1994, personne ne sait encore très bien où se trouve cette région, ni qui sont ces hommes et ces femmes vêtus de drôles d'habits, ces Indiens au visage couvert par des cagoules, ces lointains habitants d'un monde que l'on s'était habitué à dire « nouveau »... La voix qui surgit joue à dire les paradoxes, les histoires pleines de sang et de boue de ce nouveau monde qui s'apprête ce jour-là à entrer dans le « premier monde », en s'engageant dans une nouvelle guerre, économique cette fois.

En effet, le 1er janvier 1994, alors que les fêtes de début d'année battent leur plein, le Mexique entre dans la zone de libre-échange nord-américaine (ZLEA) et ce sont ces invisibles Indiens, ces hommes oubliés qui décident de faire resurgir la mémoire, de faire la guerre à nouveau, de ressusciter Zapata.

Car le sang est toujours là, dans la modernité qui prétend exalter un bonheur nouveau.

> Le Chiapas saigne par des milliers de chemins : des oléoducs et des gazoducs, des lignes électriques et des wagons de chemin de fer, par la voie de comptes en banque, par camions et camionnettes, bateaux et avions, par des sentiers clandestins, routes de terre, chemins et sentiers. Cette terre continue de payer son tribut aux empires : pétrole, énergie électrique, bétail, argent, café, bananes, miel, maïs, cacao, tabac, sucre, soja, sorgho, melon, *mamey*, mangues, tamarins et avocats. Et le sang du Chiapas coule par les mille et une morsures des crocs du pillage dans la gorge du sud-est mexicain. Matières premières, des milliards de tonnes, qui s'écoulent vers les ports mexicains, les centrales ferroviaires, aériennes et routières, avec diverses destinations : les États-Unis, le Canada, la Hollande, l'Allemagne, l'Italie, le Japon ; mais toujours le même destinataire : l'empire. La part qu'impose le capitalisme au sud-est de ce pays, comme cela a toujours été le cas depuis sa naissance, mêle le sang et la boue.

Ici se rencontrent la modernité et l'horreur, dans ce territoire oublié. Ici se dit une nouvelle langue politique, précise et charnelle, poétique et percutante. Cette langue dévoile et dénonce, elle affirme aussi et raconte. C'est une voix aussi qui apparaît, et avec elle un personnage. Le sous-commandant Marcos, voix des rebelles de l'armée zapatiste de libération nationale (AZLN) n'a pas de visage, il est un masque qui révèle, il n'est pourtant pas une icône désincarnée, une simple image. Il révèle à chacune de ses lettres, poétiques et souvent drôles et ironiques, la violence du nouvel ordre mondial, la violence sous l'apparence du bonheur ; il révèle aussi le monde des invisibles, de ceux qui ont de la mémoire et que l'on voudrait sans histoire, de ceux qui ne vivent pas comme les puissants, de ceux qui justement ne sont pas des flux, de l'argent, des chiffres ou des statistiques, mais des êtres humains.

La lutte des insurgés du Chiapas, née en ce 1er janvier 1994, donne une langue et une voix, mais aussi une force nouvelles à ceux qui n'existent dans le capitalisme global que parce qu'il est possible de leur prendre, « le sang et la boue », ceux qui incarnent la « dignité rebelle » comme le disaient les zapatistes en marche sur Mexico en 2001. Des plus petits et des plus faibles, de ceux qui ne possèdent même pas la plus petite des richesses reconnues dans ce monde surgit un langage universel, une poésie nouvelle. Elle devient lutte de tous par la force de ce langage, par l'incarnation de la lutte dans le corps de chacun de ces Indiens, en même temps que par la force de la communication Internet. Les communiqués de l'AZLN passent, sont lus, relus, envoyés, appuyés, soutenus, partout. À l'été 1996, la première rencontre intergalactique a lieu dans la jungle lacandone. Les militants du monde entier sont accueillis comme des frères et des compagnons par ces femmes et ces hommes du bout du monde. Ils font naître la révolte globale, ils montrent que cette révolte est bien mondiale, concrètement, positivement, parce que la lutte des Indiens du Chiapas pour la dignité est celle de tous, partout.

3 août 1996. Nous déclarons :

Que nous allons construire un réseau collectif de toutes nos luttes et de nos résistances. Un réseau intercontinental de résistance au néolibéralisme, un réseau intercontinental de résistance pour l'humanité.
Ce réseau intercontinental, respectant les différences et reconnaissant les similarités, cherchera à rejoindre les autres résistances tout autour du monde.
Ce réseau intercontinental de résistance n'est pas une structure organisée ; il n'a pas de tête ou de lieu de décision central ; il n'a pas de commandement ou de hiérarchies. Nous sommes le réseau, nous tous qui résistons.

➡ **CARAVANE** ➡ **MASQUE** ➡ **INTERGALACTIQUE** ➡ **RÉVOLUTION**

ÉCOLOGIES

La révolte telle qu'on nous la présente peut sembler n'être qu'urbaine ; les images qui nous sont imposées montrent les rues des villes, la jeunesse des métropoles et les lieux du pouvoir. Ce sont les symboles de la mondialisation qui ferment les espaces, contrôlent la nature dans une « modernité » uniforme. Dans le meilleur des cas, la nature est aujourd'hui à vendre, comme un luxe pour ceux qui peuvent se l'offrir ; l'écologie que l'on nous sert est une construction d'espaces de loisir et de divertissement, comme une curiosité qui serait détachée de nous, à notre service.

Les hommes et les femmes de la guérilla savent que l'écosystème se tient, ils tiennent à lui, ils disent qu'il ne peut être découpée en tranches prêtes à consommer, que l'eau que je bois est aussi celle qui nourrit les plantes, que la diversité que je revendique vaut aussi pour le reste de la planète, les paysages, les êtres vivants, l'ensemble de l'écosystème.

ÉCOWARRIORS

Des femmes et des hommes sont perchés dans des cabanes sur des arbres, passant d'un arbre à l'autre comme dans une ville imaginaire pendant des jours et des jours : un territoire merveilleux se crée dans la résistance, comme dans un conte. C'est compliqué d'apprendre à vivre dans ce bricolage touffu, de rester, de tenir, sans poser les pieds par terre ; il faut inventer ces maisons de fortune, mais aussi des ruses, il faut s'inventer des moments de respiration. Mais leur présence donne vie aux arbres que les démolisseurs considèrent comme quantité négligeable.

Ailleurs, d'autres femmes et d'autres hommes bloquent la construction d'une autoroute en transformant la zone en un autre type de chantier, un espace d'expression libre, envahi d'œuvres d'art peintes, gravées, élevées sur des objets trouvés et recyclés. Les mêmes replantent les villes de potagers et de fleurs hors des sentiers tracés par les parcs policés, ouvrent les routes à des bicyclettes et à toutes sortes de véhicules inventés plutôt qu'aux pots d'échappement.

Les écowarriors inventent un monde en permanence éphémère, ils entrent en action sous les formes les plus surprenantes et les plus inventives, donnant à la « zone autonome temporaire » sa coloration la plus décalée, la plus ironique et la plus dérangeante. Les villes sont le chantier de ces activistes de l'herbe, de l'air et du bitume. Leurs actions prennent racine, elles s'insèrent dans un environnement en le perturbant, introduisent la divergence qui révèle quelque chose d'autre. Au pied de la lettre, cela signifie que, sous les pavés, il y a la plage, et qu'il suffit de créer la plage à la place des pavés. Ils disent que les arbres nous font vivre, et ils partent vivre dans les arbres.

Parcourant les espaces ils éprouvent une vraie jubilation, celle du dessaisissement par rapport à leur environnement gris : détruire une voiture (figurante d'un spectacle complètement maîtrisé) au milieu d'un embouteillage et en faire un rituel moderne de libération, un nouveau feu de joie où l'on brûle des représentations de la force et de l'autorité ; fabriquer des maisons comme des cabanes de leur enfance au milieu d'un parc urbain ; planter ne serait-ce qu'un pied de tomates au milieu de Hyde Park pour voir « comment c'est différent »... ou bien vivre pendant deux ans au milieu des arbres centenaires, conquérir patiemment un espace de jardin dans son quartier, partager ce petit bout de vert avec les gens autour, y venir pour discuter, pour manger, ou simplement pour regarder les plantes pousser.

Au-delà du spectaculaire, la guérilla écolo force à regarder dans le détail, à questionner. Elle est contagieuse et euphorique, délicieuse. C'est une véritable réappropriation de l'espace public, pour mimer le retour à un environnement plus naturel, mais aussi pour redonner à cet espace son rôle d'échange entre les hommes. Les espaces occupés, pour une heure, un jour ou un an, sont des lieux où chacun peut s'impliquer, qu'il peut s'approprier en décorant, en interprétant, en subvertissant. Ici, un bébé s'amuse dans le « bac à sable » de Claremond road, là, de grands enfants ont dressé un filet au-dessus de la route et s'y prélassent comme dans un immense hamac. Mais cette guérilla est aussi un mode de confrontation, face à la tristesse de la force et de la violence, elle oppose un univers de couleurs et de nudités, elle oppose fermement, de manière déterminée, une beauté qui ne peut qu'agresser le pouvoir.

➾ **TAZ** ➾ **CRITICAL MASS** ➾ **PAVÉ** ➾ **CARNAVAL** ➾ **BLOCAGES**

☞ **BLOQUER (TRIPODES)**

MA VILLE EST UN PARC, MA VILLE SE CULTIVE

Mayday 2000, Londres, « La résistance est fertile »

La première condition pour produire de la nourriture est la terre. Son acquisition est financièrement nettement au-dessus des moyens de la plupart d'entre nous. Mais il y a toujours des interstices dans lesquels nous pouvons nous mouvoir, qu'on les appelle marché noir ou marché vert [d'accord appelons-le le marché rouge, vert et noir].

Regardez la terre autour de vous : des voies de chemin de fer, des jardins d'arrière-cour, des terrains de golf, des parkings, des bouts de terre près de votre lieu de travail, etc. Il y a aussi la culture clandestine, dont les seules limites sont celles de votre imagination ; sur des sols pauvres peuvent être cultivés des chardons, des roses, des saules, ou de l'oseille ; sur des sites « désolés », une petite ouverture dans un grillage dont se souviennent les enfants et leurs explorations peut donner accès à vos prés faits d'herbes folles ; peut-être qu'une arrière-cour peut être utilisée avec un peu d'astuce et à la dérobée, ou encore des coins peu fréquentés de parcs locaux ou de jardins ou même des jardins d'église ? Pourquoi ne pas utiliser les plates-bandes de fleurs du centre-ville si elles sont négligées, pour faire pousser vos cultures juste au cœur du paysage de la consommation, des vendeurs de burgers, des chaînes de magasins et des supermarchés ? Là, vous pouvez laisser pousser les mauvaises herbes, qui camouflent votre jardin secret...

Les fermiers clandestins sont là, maintenant. Armés de truelles, de graines et d'imagination, ils jardinent partout et n'importe où. Imaginez des centaines de guérilleros jardiniers, ils sont là pour reprendre ce qui était à eux, pour transformer les symboles du capitalisme, pour ramener la terre urbaine à son utilité première, celle de produire de la nourriture, celle d'un espace public où les gens se rencontrent et se voient, discutent et participent directement à la reconstruction de leur ville. La résistance est fertile.

Ailleurs et partout, une journée ordinaire de la résistance. Dans les interstices toujours, des ruches et du miel, des confitures qui sont préparées avec les baies de ces arbustes que tout le monde croit être seulement décoratifs et qui sont succulentes. La cueillette se fait en bord de route et l'on partage des pots délicieux. Tout nous paraît possible dans notre palais nouveau et merveilleux. Nous invitons des amis pour poursuivre l'aventure. La façade de la grange sert d'écran pour projeter les films que l'on ne peut voir nulle part ailleurs, l'herbe que nous avons semée accueille des groupes qui discutent ou qui déjeunent au soleil, tout le monde pense à conserver les déchets pour le compost. C'est un village rien que pour nous, qui nous ressemble. Il est fait de tout ce que nous y avons mis, de ce que nous avons créé ensemble. Une utopie ? Bien mieux que ça, une création lente et patiente des mondes possibles, au rythme des plantes et des fruits.

➔ **SQUAT** ➔ **RÉAPPROPRIATION**

⇨ **JARDINER**

ATTENTION, FAUCHAGES EN COURS

Quelque part au Mexique, des paysans m'expliquent que leurs terres sont brûlées pour des centaines d'années. Ils me montrent au loin sur les collines des champs déserts et désolés, comme si une maladie attaquait le paysage. Ils me disent que la maladie, ce sont ces produits vendus par Monsanto, ces « Attila » qui stérilisent les sols après les avoir épuisés. Plus loin, ils me montrent les lopins de maïs transgénique, en plein milieu des autres exploitations. Là, le « progrès » amène une destruction pour longtemps, qui dépasse les frontières des parcelles, utilisant comme moteur l'écosystème et les transferts entre les plantes, utilisant le vent, l'eau et la terre de ces collines.

Quelque part en Inde, des semences. Des graines de toutes les couleurs, rassemblées ici, devant nous. Des paysannes expliquent que ce sont des semences qui toutes produisent des fruits, des céréales, des plantes, toutes différentes, toutes naturellement poussées sur ce sol que je peux voir, là. Il y a tant et tant de riz différents, par exemple. Ils n'ont pas tous le même goût, ils entretiennent un rapport particulier avec le sol qui les conçoit. Les hommes qui les cultivent leur donnent des noms, tous différents, dans leur langue. Des générations ont utilisé ces semences, ont cultivé des arbres, des légumes et des fruits, et certains parlent de les breveter pour les commercialiser. Quel sens cela peut-il avoir ? Breveter ces productions-là, leur donner un propriétaire, donner un autre nom, exercer un pouvoir sur elles ? Bien sûr, il ne s'agit pas d'un jeu de l'imagination, mais bien de commerce. Breveter, c'est s'approprier pour produire et vendre, nommer et classer pour choisir et croiser, « adapter aux goûts du consommateur », rentabiliser...

Quelque part dans le sud de la France. C'est du colza, o.g.m.isé tout à côté d'autres cultures en plein milieu des champs. Nous prenons les fauches à notre tour et nous y allons, dans un grand élan. Quelques instants plus tard, le lopin a disparu, et nous sommes tout jaune colza, couverts de pollen, tout ébouriffés et souriants, avec la sensation d'avoir crié bien fort, et aussi d'avoir fait reculer un tout petit peu le géant. Ailleurs, dans de nombreux autres lopins, d'autres militants fauchent. Au Mexique, au Brésil et ailleurs, les paysans continuent à refuser de se faire exploiter et de laisser leurs terres devenir stériles ou uniformes pour le bénéfice de quelques compagnies agroalimentaires. La désobéissance est une conquête, elle est une solidarité aussi. Elle est un acte qui permet la parole et l'explication lorsque le silence et les paroles doctes sont là pour épaissir le brouillard.

➔ **BLOCAGE** ➔ **CRITICAL MASS** ➔ **PAVÉ** ➔ **TAZ** ➔ **RÉAPPROPRIATION** ➔ **AFFIRMATION SUBVERSIVE** ➔ **DÉSOBÉISSANCE CIVILE**
⇨ **CLONER JOSÉ BOVÉ** ⇨ **FAUCHER**

NOUVEAU DÉSORDRE MONDIAL ET SOLIDARITÉS INTERNATIONALES

Nous sommes nés dans un moment où le monde bipolaire était dans les livres d'histoire. Les discours du rideau de fer nous paraissaient tellement cocasses, les affrontements politiques entre communistes et libéraux folkloriques. Nous lisions ces pages d'une histoire révolue avec un sourire aux lèvres : à cette époque, les chars soviétiques menaçaient donc d'entrer d'un moment à l'autre en Europe ? Il y avait le bien d'un côté et le mal de l'autre... pour nous, tout cela s'était effondré, tout était devenu simulacre. Et voilà que l'on nous parle à nouveau de « nouvel ordre mondial », et que l'on entend ces mêmes discours du « monde libre » contre les « États voyous » – comme s'ils ne l'étaient pas tous – ou du fameux « axe du Mal »... Ou peut-être est-ce simplement que nous nous mettons soudain à écouter...

Pour nous comme pour l'essentiel des êtres humains, le nouvel ordre du monde est un désordre : pas un joyeux bordel, pas une belle folie, une violence permanente et entretenue. La mondialisation qui ne laisse pas circuler librement les hommes et les femmes est le paradis des armes, des outils de mort, de la peur et de l'argent. Notre monde est autre et nous le faisons vivre.

GLOBAL ACTION DAYS, NOTRE RÉVOLTE EST AUSSI TRANSNATIONALE QUE VOTRE CAPITAL

Une machine souple et pleine d'imagination anime ce monde des luttes et invente de nouveaux modes, de nouveaux mondes. Sur les listes de discussion, dans nos boîtes e-mail, on peut lire : faisons surgir partout des jardins et des carnavals, transformons nos villes grises et tristes en fêtes et nos ordres en joyeux désordres, désuniformisons pour un temps le monde partout où nous sommes !

Nous voici réunis en Espagne pour une nouvelle rencontre intergalactique, où se construisent d'autres mondes, et s'élaborent des projets pour faire résonner la révolte aux quatre coins du monde ; c'est là que naissent les journées d'action globale, construites comme des journées de solidarité, initiées partout, relayées partout, chacun construisant ses tactiques et ses revendications locales. Elles ont vite pris la forme de gigantesques carnavals anticapitalistes, se réappropriant l'espace public pour des instants de fête dans une radicalité nouvelle. Tout se réapproprier : tel était le mot d'ordre : « *Reclaim the streets* », « *Reclaim the night* », « *Reclaim the city* »... Chacun déclinait ce slogan, le détournait même en un paradoxal « *Reclaim the money* » brandi par les militants pour un revenu universel d'existence en Italie. Là s'inventent des modes d'appropriation de l'espace, visuels à travers les gigantesques tripodes qui bloquent les rues, sonores dans des free parties mobiles, remplies de personnages masqués ou dénudés, dansant et scandant des slogans. Les média-activistes sont en pleine activité, fiévreuse : les journées d'action globale sont des petits territoires de lutte qui communiquent sur le Net, par les images qu'ils envoient d'un peu partout. On rêve de pouvoir se saluer, alors on s'invente des clins d'œil, une pancarte qui évoque un autre pays en fête, une marionnette, un déguisement, ou une simple couleur.

À Londres, la convocation à la manifestation ressemblait plus à une invitation à la fête : de grandes affiches pastichant les publicités des années 1950, des détournements en tout genre.
Nous sommes venus comme pour une fête, et nous avons pris les masques que l'on nous distribuait : ils étaient verts, rouges, noirs et dorés, et ils contenaient une règle du jeu. Nous devrions suivre notre « couleur » dès que la petite musique de *Mission impossible* passerait sur les chars. À un certain moment, tout le monde bouge. Impossible d'entendre la petite musique, mais il est vrai que la clameur des gens recouvrait les sons. Devant les yeux médusés de la police, le rassemblement se divise en quatre parties, qui vont dans quatre directions différentes... Et ce n'est qu'au cœur de la City que nous nous sommes rejoints, pour une fête gigantesque, transformant cet espace de la finance en lieu de gratuité, transformant les bornes d'incendie en fontaines, les murs en œuvres d'art. Il faisait beau et chaud dans Londres cet après-midi-là. Les couleurs se sont mélangées, nous nous sommes déshabillés, certains avançaient et dansaient complètement nus dans les rues des banques qui ont l'habitude de ne voir défiler que les costumes gris et les cravates. *This is not a protest. This is some kind of artistical happening* [ce n'est pas une manifestation, c'est une sorte de happening artistique], voici ce que répètent inlassablement les messages de la police...

➾ **INTERNATIONALE** ➾ **GLOBAL** ➾ **CARNAVAL** ➾ **MASQUE** ➾ **DÉGUISEMENT** ➾ **STREET PARTY** ➾ **SURPRISE (EFFET DE)**

⇨ **ORGANISER UNE STREET PARTY**

MISSIONS CIVILES INTERNATIONALES

Avril 2002, en Palestine. Le char se rapproche. Je me demande pourquoi j'ai voulu faire une chose pareille. Tu es folle, c'est la guerre ici, ce n'est pas comme dans d'autres pays, où tu peux braver la légalité, désobéir, sans trop de risque. Là, ils ont de vraies armes, ils sont dans un char et tu es minuscule. Oui, mais tu es entre eux et d'autres minuscules comme toi, encore plus vulnérables parce que considérés comme ennemis. Bon, c'est sûr, c'est important d'être là, c'est même normal d'avoir peur. Nous sommes arrivés ici plein d'enthousiasme, avec des projets que nous avons longuement discutés, et puis la guerre a repris, tout à coup, et nos discussions sont devenues plus dures, il fallait entrer dans l'action tout de suite.

Oui, j'ai peur, mais le char s'est arrêté. Les soldats nous regardent d'un air inquiet. Que peuvent-ils se dire ? Est-ce que de voir des « internationaux » les fait un peu douter de leur mission, est-ce que les retarder, ce n'est pas seulement faire gagner un peu de temps à la population civile, est-ce que ce n'est pas aussi faire gagner un peu le doute en brisant le face-à-face haineux ?

Pas le temps de penser trop à ce qui se passe dans la tête de ce jeune homme. Nous nous attachons les uns aux autres, nous nous sourions pour nous réconforter, nous pensons au camp derrière nous où l'électricité vient à peine de revenir, où les ambulanciers ont encore besoin de temps pour pouvoir soigner les blessés de ces derniers jours. Les retenir, rien qu'encore un peu, avant qu'ils ne détruisent à nouveau. Et puis raconter, témoigner... il faut rester là, décidément.

Et puis c'est le miracle. Ils reculent, nous laissant au milieu de la route, après nous avoir dévisagés avec incrédulité. Encore une fois la non-violence est désarmante, même pour un gros char kaki. Alors les autres équipes, qui étaient restées dans le village, peuvent tranquillement continuer à remettre en place les meubles, les objets, les habitudes de la « vie normale ».

À l'autre bout du monde, avril 2002...

Soudain, une éruption, une nouvelle, mais pas de ces nouvelles distantes, de ces nouvelles de l'impuissance. Nos amis, nos frères, nos compagnons sont entrés dans l'histoire une nouvelle fois, fortement, puissamment. Ces corps vêtus de blanc, qui affrontent les chars et les mitrailleuses, pénètrent là où la violence a violé les droits et la liberté, là où hier ils avaient percé les murs qui défendaient misérablement une « autorité palestinienne » moribonde, éclairée aux chandelles... Ils entrent et les soldats ne tirent pas. Ils entrent et disent simplement qu'ils vont rester. Ils nous appellent, partout sur les fameux réseaux de la résistance à faire passer, à poursuivre, à continuer. Puisque les gouvernements ne feront rien, c'est à nous de forcer le passage, de dire très fort notre résistance, de protéger les affaiblis et ceux qui sont tenus en respect au bout des canons et des fusils. Enfin, quelque chose se produit. Quelque chose qui semblait tellement relever de l'impuissance, et qui se transforme une nouvelle fois en puissance, forte, massive, dans cette « autre chose » que nous avons construite, cet objet politique non identifié qui soulève les montagnes. Je sais qu'ils n'ont pas hésité, qu'ils ont encore une fois conquis la peur et apprivoisé les hésitations par la parole et le partage, qu'ils n'ont pas masqué et pas louvoyé pour se retrouver au cœur de la bête. Je sais qu'ils parlent toutes les langues, mais qu'ils se comprennent et se connaissent et se reconnaissent. Je me sens comme si j'étais avec eux, comme si je pouvais ressentir leur colère comme leur joie. Ce n'est pas de la joie que je ressens, c'est cette même poussée d'adrénaline, je la reconnais. Celle qui me porte et me protège devant les cordons de flics et les poussées de violence, celle qui me fait hurler de colère ou de joie. Cette fois elle est là, à distance, alors que je n'ai pas vu ces chars et ces fusils.

➾ **MISSION CIVILE** ➾ **NON-VIOLENCE ACTIVE** ➾ **INSOUMISSION**

JUSTICE MONDIALE ?

Aujourd'hui le Tribunal pénal international (TPI) est né. Moi qui ne suis pas avocate ni même grande légaliste, j'ai de l'admiration pour ceux qui ont passé des années à avancer vers cette idée et sa réalisation. Un travail de fourmi, de récolte de données, de pressions sur les gouvernements pour que les droits de l'homme ne soient pas un simple habillage décoratif dans les déclarations des puissants. Pour que les violations de ces mêmes droits de l'homme ne soient acceptables pour personne, petits ou grands, et surtout grands.

Je pense à ces femmes qui incarnent la mémoire et la quête de justice. Elles étaient avec nous dans les rues de Buenos Aires, inlassablement brandissant les portraits de leurs enfants disparus, torturés et massacrés par les bouchers de la dictature. Je pense à leurs sœurs dans les rues de Santiago du Chili, aux mères des Indiens du Mexique, mais aussi aux mères des massacrés d'Algérie qui demandent vaillamment des explications au président Bouteflika qui leur répond par le pire des mépris, celui d'une « concorde civile » qui demande l'oubli dans le sang... Je pense que la révolte repose sur cette mémoire-là qui est la nôtre parce qu'elle est celle des opprimés. Elle se décline en noir et par les visages des femmes. Notre révolte est globale parce qu'elle a un espace mondial, mais aussi parce qu'elle a un temps, une histoire, une patience face à l'immédiateté et la violence du présent et des passés. Le refus de laisser passer est la justice, pour les enfants que nous sommes comme pour les pères et les mères, les morts comme les vivants.

Il est dans les luttes des sphères de la patience, de la récolte et de la mémoire cultivée : rassembler des preuves, tenir et tenir encore, revenir à la charge pour que justice soit faite et transmettre, inlassablement. L'image de ces femmes qui égrènent les noms des disparus, un à un, qui donnent les noms plutôt que des chiffres, est bien celle qui révèle le visage de cette lutte-là. Les morts et les victimes ont des noms et ont eu des vies et des parcours, ils ne sont pas des statistiques, des registres comptabilisés dans les dommages des multiples guerres. Femmes en noir, femmes voilées de douleur, qui passent dans les rues des capitales et affrontant l'autorité, elles disent toutes cette justice-là, récoltée patiemment par les avocats, relayée aussi par les luttes actuelles, par les enfants d'aujourd'hui, à Gaza, à Belgrade, au Rwanda, en Tchétchénie ou à Mexico.

➠ **MÈRES DE LA PLACE DE MAI** ➠ **MÉMOIRE** ➠ **COMMÉMORATION**

LA DÉFENSE DU BIEN COMMUN, MOUVEMENTS CONTRE LA PRIVATISATION ET LA MARCHANDISATION

Nous voulons tout. Il semble que ce slogan puisse être interprété comme celui des temps de l'individualisme et de la consommation. Pourtant, il va bien au-delà, il est le signe de l'appropriation collective. Les arts, les élans et nos vies nous poussent toujours plus vers la communication : non pas cet objet flou qui ne communique qu'un spectacle uniforme mais un véritable échange qui nous enrichit et nous nourrit. Les univers du Net sont les nôtres, nous les avons conquis dans de petits terrains de la subversion, de la gratuité dans un monde où tout s'achète. Mais la conquête passe aussi par le plus petit, par la conscience que ce monde est le nôtre, et qu'il nous faut pourtant reconquérir jusqu'à cette pensée-là, jusqu'au pouvoir de penser librement, de choisir. Et la résistance s'organise pour que ce qui nous est dû, à tous, nous revienne, demeure et s'agrandisse.

1995, UN SERVICE PUBLIC

Paris n'est plus qu'un immense embouteillage et pourtant tout le monde a le sourire. Des gens se découvrent, d'autres découvrent les joies du vélo ou de la marche à pied, même sous la neige et le froid de ce mois de décembre : « Tous ensemble, tous ensemble ! » crient les manifestants entre deux chants et des courses dans les rues. Les longs défilés sont remplis d'une énergie incroyable. Moi qui pensais que c'était triste de défiler pour la Sécu et ce vieux service public dont on ne sait plus trop ce qu'il est, comme si on mettait déjà un pied dans l'univers mortuaire des jours où l'on est décrété inutile... Moi qui pensais que de toute façon je ne voulais pas travailler... Les gens de métier sont là pour se battre, *Charlie Hebdo* reprend les « gros mots » en titrant « Cette année, la messe de minuit sera remplacée par le grand soir ! » Les manifestants se mettent à chanter *L'Internationale*. Ils envahissent les gares et les établissements au son de leurs slogans, ils tiennent AG sur AG, avec tous ceux qui viennent les voir, les chômeurs et les jeunes étudiants, les retraités venus les soutenir...

Autour du feu qui protège du froid vif et des piquets maintenus, il y a des paroles échangées, et chacun a l'impression réelle de s'enrichir des autres. Partager le bien commun, le service public, c'est le centre de ces conversations, soutenir les aspirations de ceux qui sont étouffés dans leurs boulots de merde, maintenir des lieux où le travail n'est pas forcément l'esclavage. Moi, je suis en grève depuis le début, facile vu que je suis chômeuse. Mais je me découvre des « collègues » devenus des camarades de lutte. Dans les assemblées des cheminots, des postiers ou des étudiants, on réfléchit tous vraiment ensemble à ce que c'est que le travail. Pas simplement le boulot, le gagne-pain, quelque chose dont on se débarrasse pour pouvoir faire ce qui nous plaît vraiment. Dans le chantier de cette « paralysie » comme disent les journaux, il y a de la créativité, de la vraie activité, pas seulement de l'agitation, pas le rythme infernal de ceux qui passent leur temps à aller d'un point à un autre sans se retourner ; dans cette apparence de vieux monde, avec les chants et les métiers réapparus dans la rue, il y a du futur et de l'utopie. Je m'y attarde, j'y apprends les chansons et les raisons de se battre.

➜ **CHANSONS** ➜ **INTERNATIONALE** ➜ **COORDINATION** ➜ **AG** ➜ **APPEL** ➜ **DÉBRAYAGE** ➜ **GRÈVE** ➜ **GRÈVE GÉNÉRALE** ➜ **JUPPÉTHON**

UNAM, MEXICO, POUR LE SAVOIR GRATUIT

On arrive sur une grande pelouse, un peu élimée. Des jeunes gens sont installés, tranquillement. Ils discutent, jouent de la musique, prennent à partie les passants. On découvre quelques cabanes, desquelles sortent d'autres visages un peu échevelés, des silhouettes endormies qui se dirigent vers le fond de l'esplanade. Nous sommes dans l'Aguascalientes de l'université de Mexico. Non, ce n'est pas un petit club, ni un camping, ni une maison des étudiants, c'est un campement installé à l'entrée de l'université, au milieu de l'esplanade de la faculté de lettres et de philosophie et c'est bien plus que cela.

> « El Aguascalientes Espejo de Agua » est un espace de rencontre, de convivialité, de libre expression et de construction collective. Il représente une armée de respect de la différence, sans hiérarchie, dans laquelle se combinent des histoires, des temps et des pensées. El Aguascalientes n'appartient à personne, il est à tout le monde, c'est un espace autogéré ouvert à des propositions multiples. El Aguascalientes n'est pas un lieu défini, c'est une provocation pour penser et exprimer, pour formuler et partager des utopies, pour imaginer des horizons, pour se transformer. El Aguascalientes est une plate-forme pour la rébellion créative qui trouve forme avec les apports du collectif variable qui le constitue. C'est ainsi que tout le monde comprend : il n'y a pas d'avant-garde, pas de lignes définies, pas de niveaux. C'est ainsi que nous sommes tous : « El Aguascalientes Espejo de Agua ».

Tout est géré par les étudiants eux-mêmes et les amis de passage, qui préparent tous les jours des repas en fonction de ce qu'ils ont pu trouver, qui proposent des cafés, et qui animent des discussions, assemblées ou débats à la radio du campus, installée dans le camp. Les six mois de grève de l'année 1999 et l'occupation de l'université ont marqué le paysage, ainsi que la répression qui a suivi et abouti à la réouverture du campus, alors que l'occupation se poursuit. Les étudiants et ceux qui les ont rejoints ont gagné, par leur persévérance, face à un pouvoir « moderne » qui voulait tout privatiser, tout marchandiser. Ils ont surtout réussi à construire autre chose, à faire de cette banale université un vrai lieu d'échange des savoirs et des expériences.

➡ **MÉDIAS INDÉPENDANTS** ➡ **OCCUPATION** ➡ **CANTINE MILITANTE**

PROPRIÉTÉ INTELLECTUELLE, ALIÉNATIONS ET PETITES SPHÈRES DE LIBERTÉ

L'exctasy aide à sentir les ego se fondre et se confondre, mais ce qui compte, c'est la musique : au-dessus du rythme, tu mets une couche d'harmonies, puis des rythmes secondaires, des couches et des couches de choses. Des chants, des synthé ou simplement du gros bruit. Tu mélanges ça à des lasers et de la lumière aveuglante dans une pièce pleine de gens doucement illuminés, de bonbons et de sifflements, et là il y a trop de stimulation. Les êtres humains ne peuvent soutenir autant de stimulation. Leur cerveau commence à jeter des choses. Ce qui veut dire, donc, qu'il est possible d'insérer du subliminal. Quand on arrête l'une des couches de la musique, qu'on les fait taire, immédiatement, de grosses portions de cerveau se retrouvent libérées, c'est comme si tu étais un explorateur, qui cherche et cherche encore dans la jungle dense pendant des semaines et que, tout à coup, tu trouvais un océan. Une étendue vaste, brillante et vide. Quoi que tu rencontres ensuite, cela va te sembler énorme. Cela va te sembler énorme et important. C'est une technique classique de lavage de cerveau : tu stimules intensément, tu coupes d'un coup la stimulation, et tu insères le message que tu veux faire passer.

Heureusement, la plupart des gens qui touchent à tout ça sont des musiciens comme moi. Nous avons au moins le soupçon que le contenu — cette vieille chose du sens — est à peu près mort, et nous n'essayons pas d'utiliser ces techniques pour propulser un message. Moi, je suis juste content d'insérer des messages étranges, des clips bizarres, des choses qui n'ont pas de sens. C'est tout ce que j'ai à dire, que la vieille culture, la linéaire, celle du contenu, de l'autorité, de la propriété intellectuelle, est morte, qu'elle ne nous parle plus.

Moi et d'autres artistes que je connais, nous utilisons les raves pour faire de la propagande. Le message que nous délivrons dit juste que le contenu de toute propagande — présente dans tout document culturel — est manipulable. Si tu penses que le contenu est manipulable, alors il cesse d'avoir du pouvoir. Le message que j'impose est une inoculation. Une exposition à une petite dose de propagande qui crée une immunité. J'aime penser que j'enseigne à mes auditeurs que toutes les choses qui ont un contenu peuvent être considérées comme suspectes. Si les multinationales ont l'intention d'utiliser les méthodes des raves pour faire leur promotion, pour vendre des corn flakes ou des Cadillac, elles arrivent trop tard. Le contenu ne peut plus atteindre le public visé.

Pourtant, il y a ce sentiment d'être cerné. Là où la propagande est morte, il y a encore de la propagande. Là où tout est privé, les brèches, les utopies, les espaces de liberté doivent toujours plus déjouer les ruses et creuser, voire fuir plus loin. Pour ceux qui pensent qu'il ne faut pas se rendre, que l'ubiquité du Mac World n'est pas une fatalité, il reste des espaces pour l'optimisme, des laboratoires pour se réapproprier le monde. L'expérimentation permanente, les pièges tendus sans relâche aux entreprises de séduction de ceux qui nous gouvernent parce qu'ils nous « ciblent » dans leurs campagnes, parce qu'ils veulent tout faire pour nous attirer, sont devenus une lutte infinie. Devant nos ordinateurs, par les musiques et les textes que nous échangeons, par l'information que nous fabriquons, par les contacts que nous multiplions, nous creusons les brèches. La jubilation naît dans cette résistance. Elle donne sans cesse de nouvelles idées et de nouveaux objets. Le logiciel libre existe, des quartiers entiers s'équipent de Wi Fi, des télés pirates sont captées avec un simple récepteur artisanal.

Le Net n'est pas l'outil d'émancipation qui nous est présenté dans les publicités, pas plus que le téléphone portable ou le fax ; mais il est un espace que nous revendiquons comme public, dans lequel nous construisons des sphères de gratuité, condition d'une réelle liberté. Ici comme ailleurs, nous occupons, sans règles, et nous tenons, aussi longtemps que possible, en construisant une culture où l'autorité de l'auteur, du créateur, où la centralité et la hiérarchie sont remises en question et transformées par le jeu de l'échange : une mélodie sur une autre, des rythmes qui se chevauchent, des savoirs qui se répondent, des expériences qui s'échangent.

➡ **COMMUNICATION GUÉRILLA** ➡ **CULTURE JAMMING** ➡ **FREE PARTY** ➡ **HACKLAB** ➡ **HACKTIVISME** ➡ **COPYLEFT**

RÉAPPROPRIATION DES RICHESSES

Voler, redistribuer... on peut prendre sa calculette et constater ce que redistribuer les richesses de la planète pourrait changer à la vie de millions de personnes. On pourrait simplement comparer les dépenses des plus riches pour leurs animaux domestiques et les sommes laissées aux plus pauvres d'entre nous pour se nourrir. Mais on n'aurait peut-être rien montré d'autre que la malheureuse évidence.

Les Robins des bois, les pirates et autres braconniers contemporains s'emparent de ces évidences-là. Ils prennent, ils se servent, parfois simplement pour quelques heures, plus pour semer la zizanie que par attrait pour la marchandise. Gestes gratuits, bouleversements dans ce que l'on n'interroge jamais, résurrection des gueux et de leurs révoltes.

LA « TAXE ROBIN », RECETTES POUR APPRENTIS ROBIN DES VILLES ET DES SUPERMARCHÉS

Pour « taxer », se rendre dans un grand magasin, si possible accoutré de manière un peu fantaisiste, suffisamment pour attirer l'attention du vigile pour qui un homme c'est un homme et ça ne s'habille pas en fille, et vice versa, en tout cas pas dans son magasin. Bien regarder les yeux du vigile lorsqu'il voit s'approcher toute une troupe de ces êtres étranges et sans-gêne, qui défilent tout autour de lui puis dans son magasin comme des mannequins professionnels. Lui sourire et rejoindre ses amis. Faire quelques petits tours avec distinction et élégance dans la boutique, choisir des fringues et les passer, passer des fringues à ceux qui occupent les cabines, tournoyer, virevolter et ressortir, les corps couverts d'habits passés sous les autres.

Le lendemain. Entrer dans un autre magasin, faire un sourire au vigile et répéter la même scène. Cette fois-ci, on se déshabille dans le défilé et dans les cabines, on ôte les vêtements emportés la veille dans une autre chaîne pour les placer dans ce magasin-là, après légère transformation. Ils portent de nouvelles étiquettes « YOMANGO » (je mange, je dérobe), ils ont été modifiés, mais tout semble comme inchangé après le passage de ces aimables mannequins.

> **Y**OMANGO est une marque dont l'objectif principal, comme celui de toutes les marques importantes, n'est pas tellement la vente de marchandises, mais l'acquisition massive d'un style de vie. « Ose désirer. » YOMANGO est tout le contraire d'une pratique activiste ennuyeuse de réaction : c'est la prolifération articulée de gestes créatifs. Nous ne « volons » pas, nous « mangeons » : nous faisons de la magie, nous libérons le désir, l'intelligence et la liberté cristallisés dans les « choses » offertes à la vente. Le marché se nourrit de nos idées, des formes de vie, des multiples façons dont les gens s'expriment par la parole, les vêtements, les gestes, la sexualité... Le commerce s'approprie tes désirs, tes attentes, ton expérience qu'il te rend sous une forme aliénée, séparée de toi, convertie en « choses » que tu peux acheter. Le style YOMANGO propose de se « réapproprier », légitimer et étendre l'« expropriation » de ce qui, en fait, juste avant sa transformation en « choses », appartient au commun. YOMANGO est très fort en toi.
> YOMANGO ne connaît pas la légalité ou l'illégalité, mais dans tous les cas, un type de légitimité qui est autre : celle qui surgit d'en dessous, du quotidien, du désir de vivre

avec liberté et créativité. « Acheter » est un acte d'obéissance. YOMANGO est un style désobéissant. De même que le marché cristallise ton désir et ta créativité en choses commercialisables, régule et contrôle ton envie de communauté, de vivre des expériences partagées, dans ces grandes surfaces et centres commerciaux aseptisés qui se présentent comme les nouveaux espaces publics et qui en réalité sont une contradiction inhérente : espaces publics privatisés. Dans ces lieux, la puissance communautaire est régulée par l'induction de la circulation et des comportements, en accord avec d'étranges rituels surcodifiés. L'abondance est l'autre face de la précarité. YOMANGO propose de sortir des balises signalant les chemins établis pour contredire les routines. C'est un nouveau mode de vie qui subvertit les espaces d'agrégation commerciale. YOMANGO est une entreprise franchisée que tu montes quand tu veux. Le style YOMANGO est un processus ouvert. Crée des outils, des prototypes et des dynamiques qui fluent et prolifèrent, qui espèrent se voir réappropriés et circuler. Une marque qui est à tout le monde. Qui va et vient du commun.
Et rappelle-toi : YOMANGO, seulement dans ton centre commercial.
YOMANGO, parce que le bonheur ne peut s'acheter...

À l'espace HUB de Florence, Forum social européen, novembre 2002, une « MegaCenaDinnerTransEuropea ». Un appel dans toutes les langues nous invite à « libérer nos instincts organiques des chaînes de la vieille militance, à faire resurgir nos désirs ». Il s'agit d'une action gastro-insurrectionnelle, qui vise à la satisfaction directe, sans médiation, de biens comestibles, à la libre circulation de ces biens, sans argent, dans toute l'Europe. C'est une trêve dans les réunions, une rencontre alimentaire, de narration, de réappropriation des sens, contre la politique de la faim, de l'ennui, de l'autisme. Nous réclamons une prolifération d'instants et une haute intensité de plaisir. Cette grande rencontre internationale autour du vin et des victuailles de qualité en appelle à tous les sommeliers hérétiques, aux cuisiniers libertaires, aux producteurs bio, aux cuisiniers militants, aux conteurs, aux alcooliques, au peuple des tavernes, des auberges... pour contribuer au projet. Car la lutte pour le pouvoir commence par l'estomac.

Pendant quelques jours, des groupes ont proliféré dans la ville de Florence, en quête des meilleures choses pour le banquet. Ici, des jeunes filles se déguisent en femmes enceintes pour remplir leur ventre de jambons et de fromages, ailleurs, d'autres militants du goût étudient les angles morts des caméras de surveillance dans les magasins pour trouver les bons vins et s'habillent avec ce fameux pantalon créé par nos tailleurs, à large braguette, dans lequel on peut glisser toutes sortes de marchandises... On découvre les codes barre, les étiquettes qui biiip, on apprend à éviter les biiip... et toute cette joyeuse troupe converge vers l'espace HUB, chacun vide son panier, son ventre, ses manches, ses sacs... et la lutte peut commencer au sons des fanfares et des chansons !

➾ **RÉQUISITION** ➾ **DÉTOURNEMENT** ➾ **DÉCALAGE** ➾ **DISTRIBUTIONS GRATUITES**

TRANSPORTS GRATUITS

Un bus puis l'autre, en parcourant la ville, nous avons bien surpris les voyageurs ronronnant dans leur train-train, un peu exaspérés, et amusés de voir des trublions entrer dans leur espace, aussi remuants qu'insolents.

Un métro, un train pour aller de l'autre côté des frontières. Rien ne pouvait nous arrêter. Fraudeurs, oui. Une vie entière de fraude clandestine et puis là, la fraude tous ensemble, la fraude à voix haute pour dire que tout est à nous, et surtout les services dits « publics ». Ils nous enlèvent les bancs publics, les hérissent de barres de fer pour qu'on ne puisse plus s'y allonger, ils ferment les parcs qui pourtant vivaient la nuit, ils mettent des tourniquets et des portes automatiques aux entrées des stations, des sbires partout et des caméras pour dissuader. Il n'est plus possible de se faufiler, disent-ils. Alors bon, allons-y franchement. Prenons le droit, prenons le train.

Et puis, tant qu'à prendre le train, bouleversons-le, mettons-le sens dessus dessous, occupons-le avec des sons et des danses, sortons-le du silence de mort ou des paroles de haine. Redécorons-le, transformons les publicités en dessins, détournons les messages et les sommations à consommer. Ces lieux qui sont censés nous transporter d'un point à un autre, qui ne sont conçus que pour nous mener de la maison au travail, et vice versa, et peut-être aussi pour nous déposer devant les magasins, les lieux de consommation, il nous prend l'envie de les subvertir, de reconstruire les trains de l'aventure, ceux où l'on pouvait regarder le paysage et même se pencher par-dessus la vitre, ceux où le regard n'était pas sans cesse arrêté par une interdiction, une publicité ou un contrôleur. Rien que d'imaginer que le métro puisse ressembler à l'Orient-Express, rien que de le transformer avec un orchestre ambulant et quelques petites choses à manger, et tout le métro-boulot-dodo est rompu.

➾ **RÉQUISITION** ➾ **AUTORÉDUCTION** ➾ **FALSIFICATION, IMPOSTURE**

LA TERRE À CEUX QUI LA TRAVAILLENT, LE MOUVEMENT DES SANS-TERRE BRÉSILIEN

Dans un espace plein d'une terre vierge, des corps surgissent, nourris par de l'eau qui s'écoule dans les grottes qui les abritaient. Ils sont boueux, mais plein de vie, ils sont rayonnants. Ils disent ce que signifie la conquête d'une terre, le retour à la vie, le retour à la dignité. Ils se lavent dans l'eau, ils s'ancrent dans la terre, ils renaissent littéralement. Il s'agit là d'une *mystica*, une cérémonie d'appropriation de la terre par les sans-terre du Brésil ; ils retrouvent là les traditions ancestrales de leur sol, mais ils disent aussi simplement le sens de leur lutte. Ils meurent de ne pas avoir de terre, ils meurent de lutter pour la terre, mais ils continuent, obstinés, armés de fourches et de pioches pour labourer et tirer le fruit de la terre, pour nourrir leurs familles et dire haut et fort que la terre doit appartenir à ceux qui s'en nourrissent, pas à ceux qui exploitent jusqu'au sang les travailleurs. Leur combat est lent, douloureux souvent. Mais il crée littéralement une autre société. Ils ont des écoles, des églises, des règles de vie et des compétences qu'ils échangent. La lutte est aussi et surtout le lieu où la parole s'apprend et s'échange, infiniment, où la perception de l'autre est le seul guide valide, où la communauté se construit quotidiennement.

Mais il faut les voir monter leurs cabanes en deux temps trois mouvements, ils piochent et creusent, amènent des rondins de bois et recouvrent le tout d'un toit de fortune, fait de bâches de plastique. Sous cet abri, une maison naît très vite, des couches, un espace pour faire à manger et pour passer des soirées ensemble, avec les amis ou la famille, autour d'un repas et d'un verre. On investit très vite les lieux, qui vivent, comme par enchantement. Il y a l'école, les lieux collectifs, toujours un espace pour les assemblées. Là, dans cette agora nouvelle, ils reçoivent et expliquent, discutent infiniment, évaluent le chemin parcouru.

➾ **OCCUPATION** ➾ **ÉDUCATION POPULAIRE** ➾ **ASSEMBLÉE**

LES GUEUX DANS LE GRAND MAGASIN

C'est la saison des fêtes, la fin de l'année. Les magasins regorgent de jouets et de victuailles. Les boîtes aux lettres et les yeux débordent de slogans publicitaires. Sous les guirlandes et les lumières, sous les exhibitions de mannequins pailletés, les bouches de métro apportent quelques bribes de vraie chaleur à des corps sans forme même pas déguisés en père Noël pour obtenir quelques pièces. C'est la saison des morts de froid, c'est la haute saison des morts de désespoir.

Nous arrivons devant le groom tout pimpant qui tend des chariots dorés à des « dames bien » blasées et aussi dorées que ses faux galons. Avec assurance mais en forçant un sourire, nous nous saisissons nous-mêmes de caddies et nous déambulons. Les allées sont pleines de gens qui dégustent, discutent, font des courses bien autrement que dans les hypermarchés et qui ne connaissent des soupes populaires que le paysage des queues et de la fumée dans le froid des rues. Les rayons sont gorgés de produits de luxe : des vins à plus de 1 000 francs, des champagnes, des huîtres, du foie gras, des chocolats... nous remplissons, remplissons, frénétiques. Nous ne choisissons que le meilleur pour notre fête, ce qui brille, ce qui nourrit, ce qui comble. Les yeux se tournent vers nous, et puis se détournent, très vite. Les dames bien pressent le pas. Les gueux ont quitté leurs trottoirs et se trouvent dans l'endroit où l'on a le moins de chances de les trouver, dans les rayons de l'inaccessible. Ils font du bruit, ils crient dans un mégaphone et ils parlent entre eux très fort, brisant l'atmosphère feutrée de cet endroit où les gens ont le temps, même la veille des fêtes.

Nos caddies sont pleins à ras bord. La négociation s'engage avec le gérant qui nous « gronde », l'air complètement ahuri. « Nous aurions pu vous livrer des produits : des pâtes, du riz, des pizzas, du lait pour les enfants... » Mais il ne comprend pas. Il ne comprend pas que nous ne voulons pas de sa charité, que nous voulons la fête et ce qui va avec. Nos caddies, nous ne les échangerons pas contre des produits de « première nécessité », nous ne renoncerons pas à la fête au nom de sa conscience. Pour les enfants, nous voulons des bons chocolats et ces jolis petits amuse-gueules, pour nous du champagne et des plats de princes.

Cette discussion s'éternise, elle nous agace. Il est temps de rentrer tous ensemble pour préparer le festin. D'un seul élan, nous décidons de franchir les caisses. Les forces de police qui se sont déployées tout autour du magasin nous regardent passer avec ces caddies en pleine rue sans y croire. Ils n'interviennent pas... ce ne serait pas très joli de taper sur des SDF comme ils disent comme ça, à la lumière des guirlandes et devant les vitrines pleines de jouets... les caddies dorés entrent avec nous dans le métro. Et le festin peut commencer, pour tout le quartier.

➠ AUTORÉDUCTION ➠ PRIX LIBRE ➠ PLATE-FORME REVENDICATIVE ➠ VIVRE (ART DE)

SALARIÉS JETABLES ?

Licenciements et flexibilité, précarité, intermittence et chômage, fin de droits, insertion, allocations, temps partiels. Voici les mots du travail contemporain. Érigé toujours en valeur absolue, le travail définit des zones d'exclusion sociale, des zones d'exploitation sous couvert d'une fausse idée de la liberté. Alors la liberté se prend, le travail tel qu'on nous l'impose se rejette ou se réinvente. Exclue, moi ? Toi-même.

MAYDAY

Le Mayday ou le 1er mai est traditionnellement le jour où l'on se souvient de la lutte de millions de gens dans le monde pour leurs droits, leur vie et leur liberté. Les célébrations du Mayday sont donc des moments de mémoire, de retour à l'histoire commune de nos luttes dans des mondes qui changent. Après le Grand Soir, le 1er mai est la journée des prolétaires d'aujourd'hui, précaires et chômeurs, il est aussi célébration de la paresse dans un monde où le travail est une valeur qui exclut tous ceux qui ne peuvent pas ou ne veulent pas participer. Bribes de 1er mai.

Des chars, des déguisements, une marche-danse et des slogans chantés, une parade des précaires. À Milan, des milliers de personnes se retrouvent dans une grande street party intergalactique : syndicats et précaires, « *chainworkers* » en révolte contre la nouvelle organisation du travail flexible et de nos villes sans centres et sans vie, habitués des centres sociaux plus que des supermarchés. Dans ce nouvel activisme social se rencontrent salariés précaires des multinationales payés des clopinettes, livreurs de pizzas et caissières de supermarché aux horaires plus que flexibles, agitateurs brandissant de nouvelles recettes contre l'omniprésence de ce travail qui n'est plus métier, qui n'a plus de lieu, qui ne tolère plus la lutte pour les droits.

À Londres, nous avons réveillé le souvenir de l'histoire des luttes en célébrant la potentialité de transformer des espaces stériles de notre ville en des écosystèmes sains, divers et utiles. Les gens ont jardiné, ont construit des plans d'eau, ont joué dans le sable et dansé autour du « Maypole » installé dans une rue libérée de ses voitures.

Nous ne manifestions pas. À l'ombre d'un inutile Parlement, nous plantions les graines d'une société où les gens ordinaires contrôlent leur terre, leurs ressources, leur nourriture et les décisions qu'ils prennent. Le jardin symbolisait une urgence à devenir autosuffisant au lieu de dépendre du capitalisme. Il célébrait la possibilité d'un monde qui prônerait la coopération et le partage plutôt que l'exploitation, l'individualisme et la compétition. Nous étions heureux que l'objectif de redessiner la place du Parlement, de faire participer des milliers de personnes dans ce travail constructif et agréable, et d'intégrer tout le monde à la prise de décision ait été atteint [...].

Nous sommes évidemment conscients que des millions de personnes ont donné leur vie en luttant pour la liberté. Nous savons que des millions sont encore en train de mourir tous les ans dans de nombreuses luttes pour l'indépendance, la liberté et les droits humains. Nous respectons et rendons hommage à ceux qui sont ou ont été préparés à se dresser contre le fascisme, l'impérialisme et la dictature. Ceci dit, nous ne rendons pas forcément hommage aux généraux et à la classe dirigeante qui

ont envoyé ces hommes à la mort pour protéger les privilèges et le pouvoir de quelques-uns. L'horreur de l'envoi de millions de personnes dans les tranchées montre la stupidité de tout slogan possible ou de toute pierre lancée.
Mayday raconte une grande histoire de luttes des peuples pour le progrès et pour une société décente. Nous honorons tous ceux-là aujourd'hui et nous continuerons cette tradition.
Mayday est Rouge pour la journée internationale des travailleurs, Vert pour la mémoire des fêtes de la fertilité, signal de la renaissance et de la transformation, et Noir pour les anarchistes exécutés pour avoir lutté pour une journée de travail plus courte dans les énormes grèves de 1886.
Mayday est un moment où le rouge, le vert et le noir convergent dans l'espoir et le possible. Mayday est le jour où nous célébrons la réalité de nos désirs.

Buenos Aires. Pour nous, la fête des travailleurs est celle de la mémoire. Nous avons dessiné un parcours pour nous souvenir de ceux qui ont disparu depuis l'hiver dernier. Nous avons choisi ce jour pour demander justice. Ceux qui sont morts étaient les prolétaires de l'Argentine d'aujourd'hui. Ils étaient travailleurs précaires, jeunes gens révoltés parce que corvéables à merci, qui étaient descendus crier leur ras-le-bol. Ils étaient chômeurs dressant leurs piquets sur les routes de la communication, coupant la route aux privilégiés, et à leurs assassins aussi. Buenos Aires célèbre aussi la fête du travail, et nous choisissons nos cibles, nos formes ; nous qui n'avons plus d'usines à occuper, nous allons redécorer ces McDonald's qui vantent leurs sandwichs à 1 peso qui n'est plus un dollar alors que nous ne payons plus qu'en patacones. Et le défilé d'aujourd'hui fera se rejoindre les mille aspects de la lutte contre la précarisation de nos existences.

➔ **CENTRES SOCIAUX** ➔ **DESTRUCTION DE SYMBOLE**

GRÈVES

Livreurs et arpenteurs de rayons de supermarché, déserteurs involontaires des centres-ville pour les nouveaux hypercentres de la consommation que l'on nous vend comme des lieux de vie, nous revenons vers les centres du pouvoir. Jetables, lavables, remplaçables, interchangeables, à mi-temps, jusqu'à mi-vie, présents partout dans le paysage mais invisibles car fondus sous les uniformes et les déguisements. Emplois-jeunes pour quelque temps, intermittents sous le costume de Mickey Mouse, réservistes de l'armée du marché du loisir emballant à l'infini des hamburgers dans des boîtes formatées et insipides comme le goût de la salade sortie des sachets.
De ce monde-là, sont sortis du bruit et des chants aussi, des cris, réinventant les

travailleurs dans un autre monde du travail où l'on voulait nous faire croire que les petits boulots c'était la liberté, que les syndicats c'était du passé, et que McDo, Pizza Hut, Carrefour, Disney et les autres ne voulaient de toute façon que le bonheur de l'humanité. Derrière les sourires et les publicités, il a fallu expliquer les conditions réelles de travail, les brimades et la fragilité, il a fallu aussi dire qu'il était possible, en étant tout petits et « jetables », de crier assez fort pour résister.
Alors il y a eu des grèves, et encore des grèves : l'occupation du restaurant McDo de Saint-Germain, puis de Strasbourg-Saint-Denis, la lutte des Pizza Hut et les livreurs qui occupaient leurs mobylettes, la grève d'amazon.com qui occupait le web... Stupeur. Alors comme ça, ce n'est pas forcément le bonheur ? Travailler et étudier en même temps, ce n'est pas ça qu'ils veulent les jeunes, l'autonomie d'emballer le plus vite possible des hamburgers à la chaîne ? ce n'est pas le monde que ces femmes ont toujours désiré, laver et balayer pour rien les chambres d'hôtel des représentants de commerce ou des touristes dans les hôtels du groupe Accor, elles qui sont sans-papiers ? On disait fort qu'on ne voulait pas être transformé en steak haché... On se rendait soudain visible ; insensiblement, les interchangeables existent : ils sont noirs, femmes, étudiants ou pas, arabes, français, sans-papiers, clandestins, invisibles à haute voix. Cette transparence, cette lumière soudaine, elle montre les reliefs d'un repas mal partagé, elle montre ce qu'est devenu le droit du travail dans ces lieux de la précarité installée, comme si l'on ne pouvait pas s'étonner d'une telle alliance de mots : la précarité érigée en système, elle devient objet politique. Et elle sécrète la grève, et la lutte.

➡ **GRÈVE** ➡ **OCCUPATION** ➡ **BOUCHE OUVERTE**
⇨ **COMMENT FAIRE PERDRE 2 000 EUROS À MCDO** ⇨ **FAIRE UN PIQUET DE GRÈVE**

SALARIÉS JETABLES, COCA-COLA CONNECTION...

Je suis colombienne. Un pays de coca, un pays en guerre, dit-on. Nous sommes dans cette zone où l'on naît « terroriste », où l'on te force à choisir ton camp sans te laisser le temps de comprendre. Je suis employée chez Coca-Cola. Logique. Travailler pour une grande multinationale, c'est rassurant peut-être. Pourtant Coca-Cola en Colombie, comme tous les autres, laisse tuer les syndicalistes qui réclament des droits. Les miliciens qui nous menacent ne le font pas au nom d'une quelconque guerre locale, ou au nom d'une vendetta, ils sont là pour nous faire taire, et parfois ils réussissent à nous rendre silencieux, à jamais.

Je suis sud-africain. Ici aussi, Coca-Cola, c'était un bon job. Pourtant ici aussi, on meurt. On s'amaigrit, on souffre, et puis on meurt. Parce que la médecine du travail, personne ne connaît dans ce bout de l'Afrique. Alors on se tait. On meurt du sida comme partout ailleurs dans le pays, mais on ne le dit pas, parce que sinon c'est la fin, parce que la couverture sociale n'existe pas pour nous. Je suis syndicaliste et j'essaie de parler, j'essaie de faire parler mes camarades et mes collègues. Silence. Juste quelques râles et quelques cris parfois.

Nous sommes arrivés à New York. Assemblée des actionnaires de Coca-Cola. Nous sommes là, en plein milieu de Time Square, syndicalistes, étudiants et militants d'Act Up, bien décidés à parler. Nous parlons donc. Nous lançons une campagne, nous nous unissons pour dire que des employés de Coca-Cola meurent, à petit feu ou violemment, partout dans le monde, pour que chaque gorgée ait le goût de ce sang-là, pour que chaque distributeur de boissons porte une inscription avec le nom de ces morts inconnus.

De l'autre côté... La mondialisation, c'est aussi cela. Des boulots moins chers accessibles partout dans le monde pour les multinationales, alors on ferme, vous êtes trop bien payés, vous n'aviez qu'à faire des sacrifices, ou alors renoncer même à tout pour être compétitifs. Pas de yaourts, de pneus ou d'électroménager chez nous. Les jeans, ils les font aussi bien au sud. Parce que la mondialisation, ça permet de partager le travail. Ici, on ne fera plus que des choses propres et technologiques, nobles, et les T-shirts, les pantalons, les baskets, les Égyptiens, les Tunisiens ou les Thaïlandais les feront... C'est bien pour tout le monde, la mondialisation. Et puis vous ne pouvez pas décemment protester parce que l'on va embaucher dans les pays du tiers monde, tout de même... Eh bien si, on peut protester, dans la rage, et même défendre les travailleurs de ces pays-là, que les mêmes patrons vident à coups de pied dès qu'ils n'en ont plus besoin, qu'ils empêchent de s'organiser, qu'ils exploitent en donnant l'impression d'être philanthropes.

➡ **ULTIMATUM** ➡ **CAMPAGNE**

⇨ **PERTURBER UNE ASSEMBLÉE D'ACTIONNAIRES**

À HARVARD, LE « PRESTIGE » NE NOURRIT PAS LES TRAVAILLEURS

Des tentes sur le gazon anglais au milieu des façades des collèges. Entre les tentes, des fils à linge sur lesquels sont suspendus des papiers. On y lit les témoignages des salariés de la prestigieuse université. Récits des trajets pour se rendre dans le quartier de Cambridge, des heures perdues, relevé scrupuleux des payes touchées, des horaires accomplis, du travail pénible et de la famille qui est entretenue seulement par ces maigres subsides. Pourtant nous sommes dans le cocon de l'élite américaine. Des études chères, des étudiants bien propres sur eux et des filières prestigieuses qui nourrissent les hauts postes de l'État et des entreprises privées. Le contraste est choquant. Il a décidé ces étudiants à mener une campagne pour un revenu décent et égal, pour les droits syndicaux des travailleurs de l'université.

Après des journées d'occupation du campus, des milliers de tracts distribués, les travailleurs de la cantine touchent un salaire qui est encore très largement en dessous du minimum. Nous avons réussi à faire augmenter leur paye (passée de 9 $ de l'heure à 10,85), mais ce n'est pas assez. Le minimum ici à Cambridge est de 11,11 $. Est-ce que ces 26 cents pousseraient notre prestigieuse université vers la ruine ? Il faut tout conquérir patiemment, même les droits les plus élémentaires. Il faut se rendre présents, partout.

Le 8 mai 2001, nous avons mis fin à notre occupation du bâtiment de la présidence. Nous avons obtenu une augmentation pour les agents de sécurité et les concierges, nous négocions encore pour les agents de cantine. Mais beaucoup de travail reste à faire. Harvard n'a pas encore signé un contrat global où l'université s'engagerait à donner un salaire décent à ses employés, pour que les travailleurs et leurs familles ne vivent pas dans la pauvreté. Notre sit-in concernait aussi les travailleurs qui fabriquent les uniformes de Harvard dans des sweatshops, et là-dessus la présidence n'a pas bougé d'un pouce.

Nous voulons le prestige de la justice. Pas d'exploitation sur nos campus, pour commencer, et nulle part ailleurs.

➡ **CAMPAGNE** ➡ **OCCUPATION** ➡ **PLATE-FORME REVENDICATIVE**

WORLD COMPANY

Le monde est siglé, marqué, possédé. Imaginez un monde où notre regard ne serait pas sans cesse arrêté par des images publicitaires, par des slogans. Imaginez notre langage sans ces formules qui tournent et retournent dans la tête. Imaginez notre imagination mise au service d'autre chose que la consommation. Imaginez que nous sortions de ces gestes quotidiens : écouter, voir, subir par tous les moyens les injonctions à l'achat, à un mode de vie conforme, même s'il se dit différent à tout prix. Ce monde-là est à débusquer : en révélant la violence qui se cache derrière le joli monde des marques, en subvertissant les espaces conquis par d'autres images ou simplement par d'autres pratiques.

DU SWEATSHIRT AU SWEATSHOP

« Made in the USA » : le label ne garantit pas que les travailleurs derrière le label ont été payés au salaire minimum garanti, dans des conditions décentes. Des « sweatshops », ateliers de la sueur, ont été découverts dans des villes comme New York ou San Francisco. Les travailleurs sont obligés de travailler pendant de longues heures pour des salaires de misère, dans des lieux bondés, à peine aérés. Ces ateliers clandestins peuvent être fermés – et dans certains cas peuvent être obligés de dédommager les employés – s'ils sont découverts par des officiers légaux. Malheureusement, nombre d'entre eux fonctionnent impunément depuis des années.

L'une des meilleures manières de mettre fin à ces pratiques est de préférer les entreprises qui s'engagent à respecter les droits des travailleurs, ceux des consommateurs, des communautés et de l'environnement. Et de boycotter, et d'attaquer systématiquement celles qui ne le font pas.

Wal-Mart, une chaîne de produits discount présente dans les villes et dans les campagnes américaines, fait des efforts pour hisser son image de magasin familial. Des hôtes vous accueillent à l'entrée, vous font des signes amicaux en vous montrant une carte de fidélité. La devanture est rouge-cerise, blanche et bleue, elle vous rappelle les routes de l'Amérique centrale. Et le dessin animé amusant de sa publicité à la télé fait tout pour que les consommateurs n'oublient pas que les prix sont bas, très bas. Pourtant, derrière toute cette image, Wal-Mart cache une impressionnante quantité de vêtements qui sont faits dans des sweatshops. À l'usine de Beximco, dans la zone franche du Bangladesh, 1 000 travailleurs environ, surtout des jeunes femmes, confectionnent des jupes et des pantalons pour 9 à 20 cents l'heure, alors que le minimum légal au Bangladesh est de 33 cents de l'heure. Ces travailleuses font 87 heures par semaine, sans paiement d'heures supplémentaires. Elles n'ont pas de couverture maladie ou de congé de maternité. Elles n'ont pas non plus le droit de s'organiser, ou de se rassembler simplement. Et ce n'est pas un exemple isolé, les mêmes zones de non-droit existent et alimentent Wal-Mart au Salvador et au Mexique. Voici ce que répètent inlassablement les étudiants en lutte contre les sweatshops, après avoir obtenu que leurs universités cessent d'y acheter leurs sweatshirts s'ils continuaient à être fabriqués dans des conditions indignes. Ils apprennent de jour en jour à regarder les étiquettes, à les révéler aussi, harcelant régulièrement les GAP, Nike et autres Wal-Mart, à l'aide du relais des syndicalistes.

➠ **COMMERCE ÉQUITABLE** ➠ **NAMING AND SHAMING** ➠ **HARCÈLEMENT** ➠ **CONTRE-EXPERTISE**

LE COMMERCE DES SANS-PAPIERS, « DEPORTATION CLASS »

Les entreprises aujourd'hui tiennent à leur « image de marque » plus qu'à tout. Michael Moore fait frémir le pédégé de Nike, les chartes morales s'accumulent et les engagements font partie des arguments de vente. Tout a été transformé en slogan publicitaire, petit à petit, et même McDo veut nous faire croire que ses menus peuvent participer d'un régime équilibré pour les enfants, même le WEF de Davos veut nous faire croire que la « performance » est maintenant du côté du microcrédit pour les pays les moins avancés, que les plus riches travaillent pour le bonheur de l'humanité... Alors il fallait inverser, profiter de cette nouvelle mauvaise conscience, comme le langage de la publicité, transformer l'image de marque directement pour obtenir qu'ils cèdent. L'attaque demande du souffle, elle est à chaque fois à répéter, et les engagements ne durent que le temps de la mémoire, et jusqu'au plus offrant, ou au plus séduisant, ou au plus nouveau.

Nous avions tout essayé : envahis, les aéroports, bloqués, les trains, occupés, les églises et les immeubles. Nous qui voulions les frontières ouvertes et les gens accueillis, choisissant de vivre là où il leur plaisait d'être, subissant surtout les parcours de la souffrance que sont ceux de l'immigration « clandestine »... Ce n'était déjà pas un Éden qu'ils rencontraient en arrivant, après bien des péripéties, dans ce Nord invivable. Mais c'était peut-être mieux que ce qu'ils laissaient. Et nous pensions qu'il était juste de les aider, d'être avec eux, clandestins nous aussi s'il le fallait.

Mais il fallait trouver le moyen de dire, de dénoncer, face à la pression sécuritaire qui faisait des « illégaux » des dangers et des boucs émissaires. Il fallait rappeler où se trouvait l'injustice, et faire bouger. Alors nous avons repris ces discours de la violence légitime pour les retourner, et nous avons attaqué au cœur de la cible, les compagnies aériennes qui se faisaient les complices des « reconduites à la frontière », ces embarquements violents et inhumains qui se déroulaient sous les yeux des passagers outrés. La rébellion de certains de ces passagers n'avait pas non plus suffi. Le cœur, c'étaient ces fameux actionnaires, les petits, ceux qui demandent de temps en temps des comptes, ceux qui demandent de plus en plus autre chose que simplement des chiffres.

Alors nous avons fabriqué de beaux dépliants publicitaires, plus vrais que nature, de la Lufthansa, vantant les mérites de la nouvelle classe introduite dans les avions : la « *deportation class* ». Nous en avons fait le descriptif, détaillé, en forme de slogan publicitaire. Et nous avons distribué ce bel objet à l'assemblée des actionnaires. Renverser le marketing, détourner les formules percutantes des publicitaires pour dire la vérité, pour faire bondir et provoquer le scandale, le dégoût, c'était l'objectif. Ce remue-ménage a porté ses fruits : les compagnies, aujourd'hui soucieuses de leur image (qui vaut de l'or, bien plus que ce qu'elles produisent en réalité), ont été sensibles à ce tapage. Et Lufthansa, comme avant elle Sabena, a dû décréter qu'elle ne servirait plus à la « déportation » des sans-papiers. Désormais, il faudra réquisitionner des avions pour accomplir la basse besogne. Les passagers sont vigilants, les complices se défilent.

➡ **CULTURE JAMMING** ➡ **DÉTOURNEMENT** ➡ **FALSIFICATION, IMPOSTURE**

⇨ **EMPÊCHER UNE EXPULSION DE SANS-PAPIERS** ➡ **PERTURBER UNE ASSEMBLÉE D'ACTIONNAIRES**

MCDONALDISATION ET DÉ-MCDONALDISATIONS

T-shirts avec le « M » de McDo détourné en Merde, en Malbouffe ou autre, restaurants attaqués à coups de pavés ou de cocktails Molotov, le clown Ronald enlevé et torturé, hamburgers utilisés comme les symboles de l'étouffement planétaire sur des affiches, grèves des salariés, occupations des enseignes, attaques à la boule puante, buffets campagnards bio dans les drive-in, démontages de restaurants en construction... énumérer les actions contre McDonald's relève de l'inventaire à la Prévert. La journée anti-McDo, le 13 octobre, montre cette diversité. Mais à la présence totalitaire de ces fast-foods répond une continuité des actions contre ce symbole de la World Company : contre la McDonaldisation, contre la Mc-précarité, le Mc-système, ce grand M de plus en plus protégé par les polices du monde, et de plus en plus fragilisé par les peuples du monde.

Mais nous avons réussi à effacer les McDo, à force de harcèlement. Dès que nous arrivons dans une ville pour manifester, ils disparaissent comme par enchantement. Maquillage provisoire, autodestruction et disparition. Les villes sont libérées, les façades en vitrine où les consommateurs sont d'ordinaire exposés sur les slogans publicitaires, et tout ce jaune agressif s'efface pour laisser la place à des contreplaqués offerts à notre éphémère et diverse créativité. Nous nous en emparons sans faire la fine bouche, et la ville se transforme radicalement. Dessins, graffitis, slogans, collages... Renversés, effacés dans une zone autonome temporaire non pas conquise mais offerte, gracieuse... qui signifie aussi que le chiffre d'affaires des restaurants de la ville sera amputé de ces journées-là, journées sans McDo, et sans tous les autres participants du Mc-système.

Respirez, redécouvrez, dégustez la ville sans McDo ! Disparue cette odeur nauséabonde de frites recuites à cet angle de rue, disparue la frénésie des enfants devant l'ignoble clown qui les attire vers l'antre des nuggets gorgés d'huile ou vers les jeux abrutissants où l'on peut gagner encore plus de nuggets... Envolées les affiches avec les offres promotionnelles ciblées qui vous agressent, qui vous demandent de manger toujours plus, toujours plus la même chose... En vacances, les employés déguisés en pingouins pour des clopinettes ou peut-être même avec nous pour redécorer les façades.

➾ **DÉTOURNEMENT** ➾ **HARCÈLEMENT** ➾ **DESTRUCTION DE PROPRIÉTÉ**

NUL N'EST ILLÉGAL

Une carte d'identité, un passeport, un monde de mobilité et de nomadisme global, sans doute. Tout cela nous est donné comme le signe extérieur du paradis dans lequel nous vivons, entre les paysages de cocotiers qui nous invitent à aller pour rien dans des pays où l'on bronze pendant que d'autres travaillent pour nous, dans des pays où les prisons regorgent de prisonniers politiques mais où la douceur de vivre est bien là, pour nous. À notre nomadisme répond un autre nomadisme, celui de ceux à qui on gueule « vos papiers ! », ceux qui sont sommés de s'identifier pour pouvoir être tolérés, ceux qui tremblent à chaque pas dans la rue de se retrouver dans un avion en direction de ces mêmes pays où nous bronzons et où ils meurent. Ce sont les « illégaux », les « clandestins », les « gens du voyage » aussi, du mauvais côté du nomadisme contemporain tant vanté sur les plaquettes.

SANS-PAPIERS, EXPULSÉS

Fatigué de voyager comme un être humain ? Voyage comme une valise !
Renonce à ton droit de circuler librement... et tu verras, relax !
N'aie pas peur pour ta sécurité, tremble pour ta vie.
Pendant le vol, nous nous chargerons de remplir toutes les normes de sécurité, nous te maintiendrons à l'aide d'accompagnateurs et te bâillonnerons avec un linge mouillé et, si ça ne suffit pas, nous t'attacherons à un siège confortable.
Les statistiques européennes sont formelles : voyager comme expulsé est beaucoup plus sûr que d'être simplement à bord comme simple passager (plus de 1 000 morts en 2001).
Nous ne sommes pas seuls, nous sommes européens... (et toi, non)
Nous suivons la dernière mode made in Bruxelles. À l'intérieur de la zone Schengen, nous éliminons les frontières, mais, tout autour, nous construisons des nouvelles barrières. Ne crois pas pouvoir te débarrasser de nous à l'intérieur de l'Union européenne : nous appartenons à l'alliance pour la déportation, qui unit une dizaine de compagnies aériennes spécialisées dans les expulsions en Europe.

Par la terre, par la mer et par les airs.
De plus, nous comptons aussi un éventail large de moyens de transport alternatifs (lignes aériennes, compagnies d'autobus, de ferrys...) en fonction de ta destination finale.
Et le meilleur...
Voyager avec nous ne te coûtera pas un euro.
Visite nos centres de rétention.
Si tu ne trouves pas de vol pour ta destination préférée (guerre civile, dictature, pauvreté...), nous nous engageons à t'accueillir, gratuitement, dans l'un de nos centres de rétention (présents partout en Europe). Violant tous les droits humains, nous ferons tout pour que tu te sentes comme à la maison.
Émotion, risque, aventure ! Tu auras tout à la grande en tentant d'éviter notre système intégré de vigilance extérieure. Cette prestation n'est pas gratuite, consulte les prix dans ton agence locale de trafic de personnes.

➪ **FAIRE UN PASTICHE DE SITE PARFAIT**

PASSER, FAIRE PASSER, S'ARRÊTER, OCCUPER. DES CAMPS *NO BORDER* À SAINT-BERNARD

Femme et sans-papière, je passe et je passerai. De lutte en lutte, j'installe mon campement et mes désirs sur les frontières de cette Europe maudite. Ici et là, nous créons d'autres passages, nous avançons, nous nous installons. Nous rejoignons ceux qui nous abritent, nous accueillent, pensent que nous sommes leur richesse ; eux, citoyens européens rebelles, qui se déplacent avec nous. Personne n'est illégal, personne ne naît dans l'illégalité, la terre est à nous, à eux comme à moi.

C'est simple d'exister, il n'y a ni patente, ni visa, ni argent à verser pour arriver sur terre. Pourtant nous ne sommes pas tous nés du bon côté. Il a fallu fuir, et payer, et trembler. Alors ces frontières de la prison monde, je sais pourquoi je veux les abattre. Non, je ne suis pas un envahisseur, je ne suis pas née pour empêcher d'autres personnes de vivre comme elles le souhaitent, mais j'estime que j'ai le droit de choisir ma vie, moi aussi, même si je suis née dans le mauvais hémisphère.

Aujourd'hui, le campement s'est installé sur la frontière entre l'Allemagne et la France. Cette frontière n'existe plus que pour moi et mes frères sans-papiers. Il y règne comme une atmosphère de sieste permanente... et pourtant la violence qui s'y exerce est pire que jamais. Elle traque la couleur des peaux, l'air apeuré, l'absence d'aisance, la pauvreté en somme et ses signes.

Les « gens normaux » ne voient pas cela. Ils ne connaissent pas ces barrières invisibles. Les policiers font partie du paysage, ils ne sont pas des remparts pour ceux qui ne les voient plus, pour ceux qui ne sont pas cibles. Alors il faut passer, sans cesse, et le luxe de la lutte, c'est le moment où l'on s'arrête. À Saint-Bernard, nous nous sommes arrêtés. Ça n'a l'air de rien de s'arrêter dans une église. Et pourtant, pour nous, c'était rompre le mouvement incessant, la fuite permanente, c'était cesser d'être cachés, s'exposer, afficher la cible. L'église devait nous protéger, les compagnons affluaient pour nous servir de bouclier, pour être avec nous et afficher eux aussi leur prétendue illégalité. Ils avaient aussi signé de leur nom leur illégalité déterminée. Ils avaient accueilli, hébergé, aimé, des « clandestins en situation irrégulière », ils avaient désiré leur présence, ils étaient venus vivre auprès d'eux dans ce refuge improvisé... et ils avaient eux aussi été expulsés de cet abri sans ménagements, avec la hache que le pouvoir appelait « humanité et cœur ».
Pourtant nous avons gagné, de petites choses énormes. Nous avons gagné parce que nous avons changé les mots, parce que les « clandestins » sont devenus sans-papiers, pauvres parmi les pauvres, privés de cette liberté tant vantée dans cette France, dans cette Europe. Parce que les « délinquants » sont apparus comme ceux qui avaient le cœur et l'humanité dignes, avec ou sans papiers, face à la violence de l'État. Nous nous sommes arrêtés, nous avons tombé le masque qui nous était imposé. Et nous continuons à passer, à crier aussi, parce que cette victoire n'est pas définitive, parce que notre illégalité prend toujours de nouveaux visages : hier « misère du monde », aujourd'hui « terroristes » en puissance, notre visage d'être humain doit sans cesse être montré et notre liberté est toujours à conquérir, parce que personne n'est illégal.

➔ **GUERRE SÉMANTIQUE** ➔ **CLANDESTINITÉ**

CONTRE LE RACISME ET LA XÉNOPHOBIE

L'évidence, malheureusement. Là aussi, on pourrait croire que toute l'exaltation actuelle du métissage et de la mixité nous ferait vivre dans une société idéale où le racisme et la xénophobie ne seraient que de mauvais souvenirs... On en est bien loin. Des politiques migratoires des États à l'impunité des crimes racistes dans de nombreux pays dits démocratiques, à l'expansion continue des partis d'extrême droite, le combat est toujours difficile, de plus en plus serré, de plus en plus nécessaire.

« ON A MIS LE FEU AU FRONT NATIONAL »

1er mai 1995. Il est midi, c'est l'heure ! Les quatre militants de Ras l'Front perchés sur le toit de l'Opéra sont prêts. La tension est forte. Le Pen devrait prendre la parole d'une seconde à l'autre.

Pas question de lancer la banderole trop tôt, seulement quand le chef prendra la parole pour annoncer sa consigne de vote au deuxième tour des élections présidentielles. Toute la presse nationale et même internationale est là, objectifs et micros braqués sur le podium.

Avec angoisse, les quatre guettent la façade du Grand Hôtel, le troisième étage plus précisément, où devrait partir la première banderole. Tout est là, une banderole qui d'après nos calculs ne pouvait tenir que quelques minutes, puis une deuxième couche pour fignoler le boulot.

Le camarade enfermé dans sa chambre (de luxe !) attend, lui aussi en proie à une certaine tension. Il ne sait pas, il ne peut pas savoir ce que découvre le groupe de l'Opéra de son toit. Au même balcon de l'hôtel, une chambre plus loin, se trouvent la femme de Le Pen, ses accompagnateurs, ses invités personnels et un peu de sécurité ; pour mieux assister à la grand-messe. Chaud ! Fort heureusement, il ne le sait pas.

Le Pen se fait attendre, il est midi dix et toujours pas de discours. Il faudra attendre midi et quart passé pour que « Le Président » soit annoncé et se dirige vers le micro.

La suite est connue ; la première banderole est déroulée du balcon. La meute hurle.

Puis, dès que ce premier épisode est terminé sous les vivats de la foule rassurée, « la bande des quatre » franchit l'ultime rambarde, et lâche l'immense (et lourde) banderole de 100 m^2, juste derrière Le Pen, sur toute la façade de l'Opéra.

Être présents, perturber et assaillir la haine, petite histoire de Ras l'Front.

➡ **TESTING**
⇨ **BANDEROLE**

MÉMOIRES ET ÉCHO DES LUTTES

« Ici, on noie les Algériens. » La Seine a porté en octobre 1961 ce message éphémère. Aujourd'hui, nous portons cette image, un quai de Paris avec ce graffiti. Notre histoire est celle de ces Algériens qui furent jetés à la Seine et que l'on retrouva, après ce sinistre 17 octobre 1961, cadavres à la dérive, un peu plus loin, comme rejetés, vomis, par la ville, capitale de cette France que nous habitons.

Pour que justice soit faite, il faut lutter contre les tueurs du présent, mais aussi refuser l'oubli des tueurs du passé, garder en mémoire le crime d'État qui fut perpétré dans cette capitale.

La reprise de la mémoire, c'est cette manifestation monstre qui parcourt la ville en ce 17 octobre 2001, quarante ans plus tard. Il y a cette plaque, obtenue à force de luttes, pour que l'un des ponts de la ville reste le témoin de ce moment d'histoire. Il y a le travail du récit, du souvenir, la lutte face à Maurice Papon, préfet de police au moment des faits, accusé de complicité de crime contre l'humanité pour ses actes pendant la Seconde Guerre mondiale, mais pas jugé pour ce massacre-là, celui d'enfants, de jeunes et de moins jeunes, celui de tous ceux qui avaient décidé de défiler, endimanchés et sortis de leurs bidonvilles pour entrer dans la capitale et braver le couvre-feu qui voulait les cacher encore plus aux regards... alors qu'ils demandaient simplement l'indépendance de leur pays.

Le 17 octobre 1961, il y avait eu aussi des bus de la ville réquisitionnés pour la basse besogne du racisme d'État. Il y avait eu des hommes et des femmes parqués dans des stades, « questionnés », entassés comme du bétail, et puis assassinés, jetés à la Seine. Pour que justice soit faite aujourd'hui, cette mémoire est notre lutte, comme celle qui reconnaît que nous sommes fils de cette haine-là et que la mémoire des Français d'aujourd'hui passe des deux côtés de sa frontière.

Encore les flux et les reflux de la mémoire : « La Méditerranée traverse la France comme la Seine traverse Paris », disait le général de Gaulle à la tête de son empire... La Méditerranée aujourd'hui continue de charrier du sang comme la Seine l'a fait en cet octobre-là.

Des radeaux, des chaloupes, toutes sortes d'outils pour tenter de traverser cette petite mer, notre mer. Et une chasse à l'homme encore, à cet homme de l'autre côté, l'Africain, l'autre indésirable que l'on prend comme cible, que l'on vise et que l'on noie, encore et encore. Les côtes de notre Europe sont devenues des points d'observation de cette terreur-là, tout près de nous, bien loin de l'histoire et des plaques de commémoration, mais bien en écho.

Je pense à ces plages ratissées par des patrouilles au sud de l'Andalousie, à ce détroit de Gibraltar qui voit mourir tous les jours les passagers venus de l'Afrique si proche, à ces morts qui ne suffisent pas, qui ne suffiront pas à dissuader d'autres passagers d'aller mourir ou s'échouer sur les plages où ils sont cueillis par les patrouilles. En Méditerranée, on pratique depuis une éternité une pêche barbare qui fait rougir la mer parce qu'on y massacre les thons pris dans d'énormes filets en faisant couler beaucoup de sang. Il y a quelques jours, au milieu de ce sang et dans les filets des pêcheurs, on a retrouvé des Tunisiens morts en essayant de franchir la frontière interdite. Ils étaient certainement eux-mêmes pêcheurs de thon, ou descendants de pêcheurs, nourris jusque-là par cette même mer qui les a avalés.

➠ **COMMÉMORATION** ➠ **MÉMOIRE**

MON CORPS M'APPARTIENT

Les politiques nous serrent au plus près de nos corps. C'est peut-être là qu'on touche la racine même des combats. Le contrôle des corps, c'est celui des soins, le démantèlement des protections sociales, mais aussi le contrôle plus indirect de l'industrie des médicaments, qui dépense des fortunes pour les produits de beauté et « oublie » de fabriquer des médicaments contre les pandémies qui touchent les pays les plus pauvres. C'est aussi ce que l'on met dans nos assiettes, cette bouffe normalisée, uniformisée et sans goût, cette bouffe potentiellement dangereuse. Et ce que nous revendiquons, c'est aussi le choix de notre corps, de notre identité, de notre sexualité, parce que l'ordre moral est toujours là dans le libéralisme féroce, il le justifie et le met en rang. Dérangeons-le.

MON CORPS MORT

« **M**oi, séropositif et désespéré, je veux rendre à la mort-par-sida son plein sens politique, trop souvent tapi sous une débauche de fleurs. Je veux mourir avec fracas, je veux une mort visible et du tapage autour de mon corps, je veux des funérailles politiques. En ce sens vont mes dernières volontés que je laisse ici à mes parents et à Act Up Paris. Je veux que mes funérailles soient hautement médiatisées. Je veux que mon cercueil, de préférence léger, soit porté du lieu de mon décès à l'endroit où je serai incinéré, par une manifestation bruyante (slogans, chants, sifflets, cornes de brume, etc.). Je refuse toute allusion religieuse pendant mon incinération et autorise les discours politiques ayant pour trame le sida. Par la suite, j'autorise mes parents et amis à faire dire autant de messes qu'ils voudront, pour le repos de leurs âmes (non la mienne). (...) Enfin, par la suite, je veux que mes cendres soient dispersées dans l'hémicycle de l'Assemblée nationale, au moment jugé le plus opportun par mes proches, de préférence lors d'un relais médiatique direct et en présence d'un maximum de députés. » Alain, 1992.

« Le jour de ma mort, le certificat de décès mentionnera : "sida". Je veux que mon cadavre soit jeté devant l'Élysée. Je veux que le président de la République sache qu'il est responsable de ma mort à cause de son indifférence et de son silence, muet sur la plus grave épidémie de ce siècle. Ma mort était annoncée, programmée. Je réclame un enterrement politique, bruyant et revendicatif. » Christophe, 1993.

➡ **ENTERREMENT POLITIQUE** ➡ **DIE-IN**

BOUSCULER

Ni héros, ni macho, ni martyr.

Mais qui sont ces êtres étranges qui parcourent la manif ? Des pompons, des chants, des danses et des costumes incroyables. Ils sont là pour nous encourager, ce sont des hommes et des femmes, normaux, habillés comme il leur plaît d'apparaître. Ils singent les pom-pom girls des matchs de football américain, ces sortes de spectacles de « jolies » filles normées, venues donner de la force aux vaillants guerriers qui envahissent le terrain. Alors nous aussi nous avons nos pompons, mais d'un autre genre, d'un genre incertain, d'un enthousiasme autre. Ils sont dans la guérilla, première ligne sur le terrain des luttes, en avant pour mener la danse au rythme de leur énergie. Car il s'agit bien de jeu, même si les enjeux sont graves, mais nous savons que nous voulons tout changer, en inventant d'autres jeux où la compétition n'a pas des règles dictées par le bon ordre social. Nos jeux sont dans le désordre de notre société. Les femmes et les hommes échangent leurs habits, mais pas seulement cette couverture-là, elles et ils sont entre les deux sexes, elles et ils sont les deux sexes à la fois. Les luttes féministes au cœur de la lutte passent aussi par ce brouillage-là. S'inventent dans le cœur de l'action tous les êtres étranges que l'on ne rencontre que dans les contes : fées, elfes, ewoks, clowns et magiciens, figures qui transgressent par la fantaisie les frontières que l'on voudrait effacer.

Avril 2001, Québec. Le mur de la honte est décoré de dessous féminins, petites culottes et soutiens-gorge tressés en guirlandes sur la grille. Une manifestation de femmes, exclusivement, qui est venue encercler le sommet des Amériques dans les carcans féminins, dans les fanfreluches des femmes telles qu'on veut nous les faire voir. Dérision et belle humeur.

Un peu plus tard, une assemblée. On parle dans toutes les langues, et surtout en français et en anglais, bien sûr. Et puis tout le monde s'exprime. Une personne prend la parole et propose de demander avant toute intervention à chacun s'il est un « she » ou un « he », il ou elle... car chacun doit pouvoir choisir son identité sexuelle, paraître « il » et vouloir être « elle », et vice versa. Le traducteur s'embrouille en formulant en français la question et commence par « il a dit... » Non, « elle a dit, pardon... » Il y a encore du travail, mais, malgré les difficultés à réaliser cette utopie-là, l'assemblée ne la rejette pas, tout le monde entend cette nouvelle frontière à faire tomber, déjà tombée dans nos jeux sur les apparences et nos luttes avec et sur les stéréotypes. Un regard « officiel » dirait que nous sommes fous, c'est bien que la normalité est un front de lutte en elle-même.

➠ **NON-MIXITÉ** ➠ **EWOKS**

PORNOGRAPHIES

Créons un laboratoire, une expérience encore. La pornographie met en scène les femmes pour les hommes. Elle transforme l'acte sexuel de deux femmes en une représentation pour les hommes. Pourtant, cette consommation du lesbianisme n'empêche pas la société des hommes d'avoir peur du désir féminin, de cette sexualité qui exclut la « puissance » masculine. Alors expérimentons une pornographie lesbienne, respectueuse de ce désir-là. Écrivons et mettons en scène nos désirs, nos fantasmes de femmes. À l'arrivée, il s'agit bien de pornographie, mais d'une pornographie qui gêne vraiment... pas la morale bourgeoise – heurtée par toute pornographie, même la plus commerciale et la plus révérencieuse –, mais les règles de la prétendue non-convention de l'érotisme dirigé essentiellement vers les hommes. Le monde du commerce sexuel est le lieu de nos expérimentations. Nous avons imaginé des cabarets où nous disposions de nos corps, où nous le vendions pour le plaisir d'autres femmes, des lieux où les hommes se sentent forcément hors des normes du désir et du plaisir parce qu'il leur faut pour cela quitter la conquête et ses attitudes, accepter l'égalité ; littéralement, accepter de renoncer à leur rôle social, à ce qu'ils considèrent comme leur nature. La provocation, parce que c'en est une, vise à dévier, à faire bouger les repères de l'identité sexuelle, à comprendre qu'un autre désir est possible, et que le lien commercial n'est là que pour renforcer un pouvoir.

Un autre laboratoire. Parce que, même si les images de la pornographie sont souvent celles de femmes, la pornographie nous parle des hommes. Nous avons entendu des voix de colère, de désespoir, de condamnation, d'humiliation et de violence. Une seule chose unissait ces voix : très peu d'entre elles provenaient d'hommes, et particulièrement d'hommes hétérosexuels. Pourtant, nous sommes ceux qui produisent la pornographie, qui l'achetons, qui nous masturbons dessus. La pornographie, secrète, couverte, nous laisse dans le silence, nous fait peur. C'est de ce silence-là que je voulais sortir. Je voulais comprendre ma dépendance. J'avais le sentiment confus que cette dépendance pouvait m'en expliquer bien d'autres. Moi, militant, féministe, je me réfugiais régulièrement dans ces box du commerce sexuel, honteusement mais sans pouvoir m'en défendre. Je combattais la mauvaise conscience et la honte, je n'arrivais pourtant pas à me rendre aux arguments de ceux et celles qui tempêtaient contre la pornographie. Alors, en allant jusqu'au bout, en poussant à l'aveu d'autres hommes aussi, en expérimentant d'autres formes de pornographie, en suscitant le désir d'hommes hétéro en m'exposant moi-même, j'ai compris que la pornographie telle que je la subissais était l'expression d'un désir non commandé, le désir de l'autre envers moi, une satisfaction narcissique plus qu'une volonté d'exercer ma puissance. Alors j'ai compris aussi que c'était la consommation pure, celle du vide absolu, puisqu'elle se consomme par moi et avec moi ; c'est le désir consommé, allié avec un zest de morale et de transgression, les ingrédients idéaux de la consommation, les outils du publicitaire parfait, renforcés toujours par ceux qui les dénoncent, parce que cet opprobre les sert, renforce encore le désir. Le sex shop est comme une interdiction de fumer ou de boire pour un enfant, ses vitrines sont comme ces publicités pour Camel où le gentil chameau semble apprivoiser chaque enfant et le pousser à la consommation de tabac. Rien de plus, rien de moins...

➡ **LABORATOIRE**

POLICE PARTOUT...

La globalisation est aussi celle de la police et des pratiques sécuritaires. Dans le nouveau monde tel qu'on nous le dessine, le danger est partout, les insécurités sont notre ennemi principal. L'aisance et la croissance auraient pour parallèle le développement d'une peur, peur de perdre ses biens, peur dans un ordre de plus en plus inégalitaire qui met les riches en face des pauvres et, entre eux, un dispositif policier de plus en plus « performant ». Partout dans notre riche Nord, les polices s'organisent, se modernisent, se font visibles pour rendre visible le pouvoir. Alors que la sphère publique, celle de la citoyenneté et du vivre ensemble, s'amenuise, l'ordre public fait spectacle et réprime. Les législations s'harmonisent pour criminaliser et réprimer certains d'entre nous en particulier : les plus démunis, les rejetés, les contestataires, ceux qui font désordre en général. Partout les prisons se remplissent, les rues se garnissent de caméras et de police. Et partout l'opposition devient un jeu périlleux, la résistance doit entrer dans ce monde-là, elle doit désobéir pour affirmer une autre légitimité, au risque de sa liberté et de son intégrité physique parfois. La ruse ici est au centre. Mais le jeu est sérieux.

JEU DE PISTE AVEC LES CAMÉRAS DE SURVEILLANCE

New York, 1998. Rudolph Giuliani, maire de New York, invente la « tolérance zéro ». Il invente une peur diffuse, du crime à gogo, cette insécurité qui enfante un système : la sécurité. Il s'agit là de traquer tout ce qui menace l'ordre, partant du principe qu'il y a une relation de cause à effet entre les petites perturbations de ceux qui ne veulent pas rentrer dans le moule ou qui simplement ne sont pas nés dans le moule (de la mauvaise couleur, ou trop pauvres, ou inadaptés), et ce qu'il considère comme des grandes perturbations, les crimes, les vols, les atteintes à la propriété… Cette politique se traduit par une violence généralisée, cette fois monopolisée par les agents de sécurité, essentiellement la police, mais aussi la prison et l'enfermement étendu, et la multiplication des caméras de surveillance, censées dissuader les éventuels criminels et bien montrer aux braves gens, comme à ceux qui doivent dorénavant trembler, que l'État et ses sbires contrôlent tout. Tout cela ramène chacun à sa citoyenneté sous surveillance.

Une guérilla s'est installée à New York, menée par quelques situationnistes d'un nouveau genre. Ils créent des scénarios et les jouent en utilisant les caméras de surveillance, partout où ils le peuvent, où ils le veulent : dans la rue, dans un magasin, dans une école… C'est comme si cette caméra produisait un spectacle, brouillait les codes de la réalité et de l'image en elle-même. Le spectacle s'adresse à un double public : ceux qui sont de l'autre côté, le système de contrôle, quel qu'il soit, et le public réel, dont l'attention est attirée sur la surveillance et qui peut assister à la subversion. Parfois, le groupe de guérilla choisit même une régularité hebdomadaire pour mettre en scène l'intervention comme un rendez-vous, une émission de télévision.

Les spectacles abordent la « ville nouvelle » sous tous ces aspects : le meurtre d'Amadou Diallo, tué de 41 balles dans le corps par la toute fraîche police de la tolérance zéro alors qu'il n'était pas armé et qu'il passait juste par là, la question des sans-abri expulsés le plus loin possible de la ville pour qu'ils n'empêchent pas les bons citoyens de dormir sur leurs deux oreilles. Le discours et les pièces pointent les abus de la police, les détentions arbitraires, les passe-droits, la répression contre les fumeurs de hash, le prix des loyers, la gentrification des quartiers, la destruction des jardins communautaires, de vieux immeubles et d'îlots entiers. Ils racontent la ville et révèlent la « tolérance zéro ». Mais, surtout, ils révèlent comment la politique — qui se résume à la police — cible les pauvres, les handicapés, les minorités ethniques. Ces happenings théâtraux, subvertissant tout le système de la « nouvelle politique urbaine », ont régulièrement provoqué l'intervention de la police.

➪ **VIDÉO CAMERA PLAYERS**

PAS DE JUSTICE, PAS DE PAIX

Dammarie-lès-Lys, France, 2003.

La façade de la barre HLM est couverte de banderoles, le mot de justice se répète comme à l'infini sur ce support monotone, les murs eux-mêmes rejettent la police et ses assassinats. En deux jours, deux des enfants du quartier sont morts, Xavier et Mohamed, l'un tué d'une balle dans la tête par un policier sur lequel il avait tiré avec une carabine à plombs, l'autre d'une chute en scooter au cours d'une course-poursuite avec la BAC [brigade anticriminalité]. Pourtant, il n'y a pas d'émeute. Juste une colère froide, affichée, énoncée, partagée dans le quartier. Les associations, les familles, les militants ne demandent qu'une chose, en plus de la justice, ils veulent rester ensemble. Ils plaident l'incertitude. Ils sont dans la retenue. La question est toujours la même. Après l'humiliation des années « touche pas à mon pote », l'exaltation du métissage et de la « mixité sociale » — quelle blague... — pour cacher la désertion, la violence qui s'exerce pendant que des âmes pleines de bonne conscience demandent des plans pour rénover les façades — laissez-les, les façades, elles portent les traces de nos luttes et de nos rêves —, ou pour ajouter un panier de basket, ou lutter contre la ségrégation à l'entrée des boîtes de nuit — oui, les boîtes de nuit, quand le droit aux loisirs remplace les droits tout court... Quant aux jeunes assassinés par la police, on les évoque avec des périphrases, ou on arrête vite de les évoquer pour parler des voitures qui brûlent de rage. C'est pour cela que Dammarie fait silence, pour cela que ce sont nos murs qui parlent, disent la colère et réclament justice.

Les droits niés ici, il faudrait plus de murs encore pour pouvoir les écrire, les fatalités admises s'y ajoutent, la perspective de la prison, l'abandon, la fragilité, la précarité, les parcours scolaires toujours plus courts, les humiliations policières — celles que nous font subir tous les jours ces policiers que nous connaissons pas cœur, qui nous vomissent par cœur et qui se plaignent de ne plus avoir le courage de venir dans nos cités... première nouvelle ! « Tes papiers ! Tu l'as eue où cette mob ? Pourquoi t'es assis là ? Pourquoi là maintenant ? », voici le refrain quotidien de cette prétendue désertion...

Cette vie-là, c'est celle qui consiste à « se rapprocher de la prison ou de la mort un peu plus vite que les autres... » [La Rumeur]

Nous sommes à New York, au début des années 1990, la guerre des gangs semble faire rage. Les journaux se font l'écho de cette violence et de cette « insécurité » qui règnent dans certains quartiers. Mais le maire a promis de remettre de l'ordre dans tout cela. Que se passe-t-il en réalité ? On ne cesse de voir apparaître un groupe, présenté comme une sorte de secte de Latinos. La peur s'est installée. Pourtant, si on les regarde de plus près, si on prend la peine d'écouter ce qu'ils disent, ces femmes et ces hommes des quartiers populaires de New York, on entend bien autre chose qu'un dialogue de film de Scorsese. Ils demandent justice, ils demandent un traitement égal, ils combattent l'organisation en clans de leurs quartiers, prônent un combat irréprochable contre l'injustice. Les armes doivent tomber, les trafics doivent cesser pour la conquête de droits politiques. Des frères tombent, assassinés, par la police ou dans la violence urbaine, et ce cycle doit s'arrêter. Des parents orphelins se sont joints à la lutte, des femmes, des sœurs, des frères. Le cycle de la violence et la violence d'État sont contrariés : ils ont décidé de cesser de mourir pour rien, de ne plus remplir les prisons.

Et pourtant les journaux continuent à les décrire comme un gang organisé, dangereux et violent. Ils répondent aux agressions incessantes, ils se laissent fouiller trois fois par jour, ils se laissent suivre par la police, ils s'entourent d'avocats et dépensent des sommes démesurées pour se défendre et se faire entendre.

Elle est dure, cette lutte, et c'est bien difficile de convaincre les frères et les sœurs d'accepter ces humiliations. Et c'est pourtant tout ce qui importe : ce travail de dignité, à l'intérieur du groupe. Il ne s'agit pas de sacrifice mais d'efficacité politique. Il faut prendre conscience que c'est la politique qui permet d'affronter la violence d'État, mais aussi de se faire la voix des détresses des quartiers. Il est bien plus facile de négocier avec la police pour un trafic de drogue, d'esquiver les opérations de maintien de l'ordre lorsqu'on n'est pas en quête de justice. Il faut construire des images, des signes de reconnaissance, les plus forts possible pour tenir, ensemble. Ce qu'ils construisent, ils le soudent autour de leurs couleurs, « *black and gold* », ils sont noirs et or, c'est avec ces signes-là qu'ils apparaissent, qu'ils se saluent, qu'ils se reconnaissent et se font reconnaître. C'est par la parole aussi, les discours et la poésie, les fêtes de solidarité lorsque certains sortent de prison, lorsque d'autres ont réussi à l'école, ou simplement lorsqu'ils se retrouvent pour être ensemble.

➡ **CHANSONS**

⇨ **CONNAÎTRE SES DROITS/FACE À LA POLICE**

PRISONS

Papon libéré. Maurice Papon, inculpé de complicité de crime contre l'humanité, pitoyable vieillard qui fut protégé et vécut bien tranquille jusqu'à cette vieillesse toujours indigne, pendant laquelle il ne cessait de vouloir encore fuir le jugement. Maurice Papon, préfet de police de la ville de Paris pendant le crime raciste du 17 octobre 1961. Il est déclaré sénile et impotent et sort de prison debout, avec toute l'arrogance dont il est capable, suivi par des caméras de télévision.

Parmi ceux qui voient sur leurs écrans de TV ce vieillard odieux sortir, il y a les prisonniers. On y meurt, en prison, de vieillesse et de maladie, lorsqu'on ne s'appelle pas Maurice Papon. Alors la liberté de Papon accentue les souffrances de ceux qui meurent, qui sont rongés dans leurs cellules par une double peine : la privation de liberté et la privation de soins.

Pendant que Papon sort, les malades enfermés, exclus parmi les exclus, victimes souvent de l'ostracisme des autres et de l'administration pénitentiaire se comptent. Alors, dans les cellules d'une prison, un appel a circulé, un appel pour faire libérer tous les autres impotents, inconnus et oubliés, qui demandent à pouvoir ne pas être punis doublement. Les prisonniers à l'origine de l'appel n'ont eu comme réponse que le mitard, l'isolement absolu, alors que les autres manifestaient leur solidarité comme ils pouvaient, symboliquement, dans le silence.

Dehors, Act Up manifeste dans le « monde normal » pour donner les noms de tous ceux qui meurent à petit feu du sida en prison.

DÉSOBÉIR EN PRISON, PAR LA SOLIDARITÉ

Sœurs et frères,

Que ma parole se transforme en courant d'air pour traverser barreaux, murs et frontières et arriver jusqu'en cité ardente. Recevez mes salutations respectueuses et amoureuses.

Militer n'est pas sans risques. Ma situation carcérale le prouve humblement. On veut faire de moi un délinquant, un casseur violent, voire un chef de bande (hi ! hi ! hi !), alors que je ne suis qu'un modeste (?) désobéissant.

Soit. La prison. Même pas mal !

Les individus peuvent être détenus, pas le collectif. Que notre belle barbaventure ouvre une brèche de plus dans l'abominable conditionnement qui maintient la cité dans la superstition de la marchandise et l'égoïsme de la plus-value !

Mutants agiles, vous le savez, notre énergie est contagieuse et nous sommes des millions partout sur la planète bleue.

Valeureux frères et sœurs, continuez à déserter la mort qui veut nous gouverner.

L'empire, c'est plus qu'une bande de vipères lubriques ou un système de contrôle mondial, c'est aussi un virus qui peut s'introduire et proliférer en chacun de nous. Il veut tout bouffer et surtout phagocyter la critique qui le sape.

Même pas peur ! On lui fera boire la TAZ. Notre émancipation et notre dynamique ne pourront être vaincues. C'est trop tard : on a pris la tangente.

Résistance et autonomie. « Nous sommes invincibles parce que nous sommes une armée de rêveurs. »

Votre liberté, c'est la mienne. Rien pour nous tout pour tous.

P1, centre pénitentiaire du Luxembourg, Sandweiler, grand-duché du Luxembourg, Europe, planète Terre, Le 19 avril 2003.

➔ **OBSERVATOIRE**

⇨ **CONNAÎTRE SES DROITS...**

« DON'T HATE THE MEDIA, BECOME THE MEDIA »

Satiété du spectacle, paysage bouché, engorgé, vidé de sens et rempli de vide. On le sait, on le dit et le redit, mais comment se passer de ce vide-là, comment sortir de ce monde du spectacle ? Et surtout comment s'en servir, le transformer, l'utiliser pour faire passer autre chose. Nous élaborons des luttes sur différents fronts vis-à-vis des médias : une critique du fonctionnement même de ce domaine, à la merci d'intérêts financiers, économiques et politiques même dans les démocraties, et bien sûr sous les régimes dictatoriaux ; une critique d'un langage sensationnaliste et des constructions de la réalité télévisuelle donnée comme plus réelle que ce qu'elle filme, et donc une réappropriation du discours, de la parole ; la construction enfin d'autres médias, conçus par et pour des militants, donnant une vision de l'intérieur, laissant la parole à la sphère des contestataires. Cet objectif-là est résumé dans la petite phrase titre, slogan des médias alternatifs : remplacer la haine par une réponse, une élaboration positive.

LE JOUR OÙ LA TÉLÉVISION A CESSÉ DE FONCTIONNER...

Nous sommes en décembre 1995. Un plateau avec des invités, des caméras qui peuvent les prendre sous tous les angles : ils sont les « experts », les politiques, les différentes voix de l'univers médiatique. En duplex, sur des écrans qui zappent, des porte-parole, des visages anonymes de militants pris sur le lieu de leur lutte : des étudiants, des cheminots, des postiers... pas besoin d'en savoir plus. Ils figurent, ils sont posés comme un décor sur la scène de la télévision et leur rôle est d'amorcer les commentaires de l'intérieur du cercle médiatique...

Mais soudain le rythme des « débats » se transforme. Les décors bougent, ils sont vivants. Comme ils ont pris la rue, ils prennent l'image. Petit à petit, on commence à deviner un écriteau sur l'écran des étudiants. Sur la pancarte, un simple constat : le nombre misérable de minutes de parole laissées aux manifestants par rapport à celles du conclave. On le voit passer et l'on se prend à compter. On entend soudain que les experts s'autorisent, qu'ils parlent pour ceux que l'on voit s'agiter derrière, qu'ils mettent des mots sur leurs mots, pour les étouffer, les rendre fades, faibles. La caméra cherche maintenant les paroles silencieuses des « décors » : on lit dans les yeux, on comprend les visages, on devine des appels. Et on entend enfin : autour d'un brasero, « le postier », une parole simple, un antimédiatique, un débit heurté, légèrement bégayant et une voix douce, sans certitudes ni affirmations. Il dit les raisons de la colère avec douceur et clarté, on voit à peine son visage, il parle longuement et plus personne n'arrive à le zapper. Il n'a pas la parole de ceux qui font la télé, il n'a pas non plus la parole du « décor », de celui qui « fait vrai ». Il dit vrai, tout simplement, et l'on se prend à l'écouter, et à écouter les autres, ceux qui ont surgi du décor.

La télé a cessé de fonctionner.

➪ **AVEC LES MÉDIAS...**

MÉDIA-ACTIVISME

Je suis le sentier, ma caméra le long du corps. Les images suivent mon pas et celui de la marche. Contrairement à celles des journalistes, tendues, dressées, brandies, ma caméra est à l'intérieur, dans la lutte, elle se fond au mouvement.

Des images, il y en a mille, il y en a partout, à en vomir. Et pourtant, elles sont vues et diffusées, et ne cessent de répéter les mêmes mensonges, qui tous détournent le sens de ce que nous faisons. Les paroles médiatiques sur nos mouvements sont des commentaires, de l'extérieur, ce sont des productions de discours « sur »... et nous voulons un discours « de », une parole qui émerge de la lutte. Personne ne met en question ce que disent les images, et nous voulons apprendre à les interroger, à les décrypter, à les dévoiler. Parce que la vérité n'est pas brute comme les effets de réels d'une télévision à œillères. Parce que la réalité a ses lenteurs qui n'autorisent pas le zapping. Ma caméra glisse et prend son temps, elle ne cherche pas à capter « ce qui compte », tout compte. Ses accélérations sont celles de ceux qui m'entourent, ses battements de cœur aussi.

Pourtant je sais que mes images sont témoins, qu'elles sont là aussi pour protéger la mémoire. Je me sens investi d'une drôle de mission, dans cette jungle mexicaine.

Les pieds nus, les visages si beaux, les routes de boue et de ravins, et ma caméra Elle est parole et je sais déjà un peu ce qu'elle devra dire, ce mouvement, cette marche, ce pas lent qui ne se précipite jamais, et la colère dans les visages, la colère généreuse qui parle.

Collecter. Un flot d'images et de voix, « *the whole world is watching* ». Peut-être bien que nous nous sommes nous-mêmes ensevelis sous cet amas d'images et de voix que nous avons construit. Nous construisons du discours et de l'image au kilomètre, tous les angles sur cette charge policière à Gênes, tous les angles sur les Palestiniens pris en otage par les chars israéliens, tous les angles à Dakar, à Djakarta et cette illusion incessante que cela peut changer quelque chose. Oui, il faut conserver cette illusion. Cela ne changera rien sinon dans la mémoire des combats, celle des vaincus dont il nous échoit de porter les luttes encore. Les images nous accompagnent, elles nous reconnaissent comme nous les reconnaissons. Nous ne produisons pas de la contre-information, pas plus que nous ne produisons de « contre-pouvoir », nous écrivons une autre histoire.

➜ **MÉDIAS INDÉPENDANTS** ➜ **VIDÉOACTIVISME** ➜ **DOCUMENTAIRE**

ÉPILOGUE : LENTEUR DE LA GUÉRILLA

La guérilla que je raconte ici est faite de mots surtout. Elle ne se conçoit que dans l'échange constant, dans la réflexion et dans l'appropriation par chacun des actes qu'il choisit de faire, qu'il crée, qu'il élabore avec d'autres. Elle est politique parce qu'elle prend sens, non seulement par le message qu'elle adresse, qu'elle communique, mais aussi et peut-être surtout parce qu'elle contribue à donner du sens à l'intérieur, parce qu'elle fonde des communautés, des solidarités dans l'action et par l'action. Nous sommes symboles, nous sommes acteurs, mais surtout nous existons dans nos mots et nos actes, nous essayons, lentement et avec persévérance, de rester à l'écoute, de respecter les autres, qui sont avec nous, à nos côtés. La violence du système est grande, elle ne doit pas être combattue en instaurant la violence parmi nous. Elle doit être combattue en construisant du pouvoir, en donnant du pouvoir, en s'en donnant, en en donnant aux autres, en le communiquant en permanence. La solidarité n'est pas un vain mot, la guérilla n'est pas une action contre la montre, elle est lente parce qu'elle se dit, s'élabore dans des paroles communes. La solidarité commence au plus petit. Elle commence dans la main qui se tend avec de l'eau lorsque les gaz lacrymogènes ont brouillé la vision et que l'on manque de s'étouffer, elle se poursuit en prison, elle se poursuit simplement dans le regard posé, les mains serrées, la question ou la conversation amorcée dans la rue. Il faut voir ces cercles qui se constituent dans les situations les plus invraisemblables entre les militants, réunis sur une route ou un bout de trottoir pour décider ensemble de la marche à suivre. Il faut écouter ces élaborations d'une démocratie où chacun participe, mais surtout où chacun sait toujours où il est, c'est-à-dire d'abord avec les autres.

Désobéir à un ordre injuste, c'est aussi créer autre chose, c'est élaborer en permanence, dans l'acte même de désobéir, d'autres relations entre les hommes, entre les mondes. Les mondes de la désobéissance qui sont les nôtres sont des Babel, des univers de rencontre où l'on apprend à se comprendre dans toutes les langues, où l'on attend patiemment que tout le monde ait compris, où l'on tente de comprendre jusqu'à ce qui peut paraître le plus difficile, la peur des uns, la témérité des autres.

2

RÉPERTOIRE DES FORMES DE LUTTE

A

AG. Abréviation pour « assemblée générale ». Des amphis enfumés, des heures de débats, de grands moments d'éloquence, des manœuvres de couloirs, des votes à main levée, et le cœur qui se gonfle au moment de voter la grève.

Pendant un mouvement social, les assemblées générales sont les lieux où s'élaborent les revendications, où se prennent les décisions et où s'organise la lutte. Tous les matins ou tous les soirs, on fait collectivement le bilan de la journée précédente, on évalue l'évolution du rapport de forces, on vote pour ou contre la reconduite de la grève, on débat des perspectives du mouvement (rythme de mobilisation, extension à d'autres établissements, d'autres secteurs, etc.), on décide des actions à mener (manifestations, rassemblements, etc.), on rédige des communiqués, des appels, des tracts, on élit éventuellement un comité de grève, on élit des délégués pour la coordination nationale si elle existe.

Il existe différentes sortes d'assemblées générales, en fonction – entre autres – de l'échelle de la mobilisation : AG locale, dans une boîte ou dans une fac ; AG départementale, réunissant plusieurs établissements d'un même type ; AG interprofessionnelle (ou « interpro ») qui rassemble plusieurs secteurs en lutte pour coordonner leur action par la base.

Le fonctionnement en « assemblées générales souveraines » est une manière d'organiser le mouvement social qui répond à une exigence d'unité et de démocratie : nous décidons tous ensemble, depuis la base, dans une instance qui nous réunit tous et qui est la seule habilitée à prendre des décisions au nom du mouvement.

➡ **GRÈVE** ➡ **COORDINATION**

ABSTENTION. Non-participation au vote. Théorisée par les courants anarchistes, l'abstention révolutionnaire est liée à une critique de la « démocratie bourgeoise », à la fois de ses formes (par exemple le fait que les mandats ne soient pas révocables, ce qui équivaut à donner un chèque en blanc aux élus), et de son rôle idéologique (entretenir l'illusion que l'avis de chacun compte à égalité, donner une légitimité à la classe dirigeante, faire croire que l'on peut changer les choses « de l'intérieur »). Refuser de participer aux élections, pièges à cons, tient d'un choix moral (ne pas cautionner le système) et stratégique (déplacer les conflits politiques de la scène électorale vers le terrain des luttes sociales). À l'extrême gauche, un débat classique oppose les partisans de l'abstention systématique à des courants plus pragmatiques qui pensent pouvoir occuper le terrain de la campagne électorale sans se trahir. L'abstention ne prend sa véritable force que lorsqu'elle devient massive, En mars 2002, en Kabylie, l'appel au boycott des élections législatives est suivi par plus de la moitié de la population. À une telle échelle, l'abstention sape la légitimité « démocratique » dont se pare le pouvoir politique.

→ **ACTION DIRECTE** → **ASSEMBLÉE** → **DÉMOCRATIE PARTICIPATIVE**

ACTION DIRECTE. Agir directement, sans détour, sans intermédiaire, et sans délai. Des sans-logis qui réquisitionnent un immeuble vide font de l'action directe. Les mêmes sans-logis qui lancent une pétition pour inscrire le droit au logement dans la constitution font de l'action indirecte. Agir directement, cela signifie :

Face à une injustice, intervenir pour l'empêcher. Contre les expulsions de sans-papiers, ne pas se contenter de crier au scandale devant les images de personnes bâillonnées et scotchées sur leur siège : se rendre en groupe à l'aéroport pour empêcher l'embarquement.

Agir nous-mêmes, sans médiation, sans transférer ou déléguer notre « parole » ou notre « message » à des représentants politiques institutionnels. L'action directe implique l'auto-organisation.

Ne pas attendre. Refuser de mettre en *stand by* notre révolte d'ici et de maintenant, que ce soit au nom du respect de la loi, de l'attente du Grand Soir ou de la confiance dans la lente marche du progrès.

En France, l'expression « action directe » évoque le groupe du même nom, sa stratégie d'attentats ciblés et d'assassinats politiques et son parcours tragique. Historiquement pourtant, ce n'est pas l'action armée clandestine qui la définit. Forgée à la fin du XIXe siècle par Fernand Pelloutier, syndicaliste et organisateur des premières bourses du travail, l'expression désigne à l'origine la stratégie du syndicalisme révolutionnaire : organiser l'affrontement de classes directement dans le monde du travail, sans le détour de la politique parlementaire. L'action directe est alors synonyme d'auto-organisation dans la lutte. Elle comprend presque toute la palette de l'action syndicale : grève, piquets, sabotages, boycottages, mais aussi mutuelles, coopératives ou caisses de secours. Si le recours à la violence n'est pas exclu, il n'est pas constitutif de la stratégie.

Récemment, le coup d'éclat du *Direct Action Network* dans les rues de Seattle a popularisé le vocabulaire et les pratiques de l'action directe non violente (c'est-à-dire sans atteinte aux personnes) : blocage, occupation, sit-in, guérilla, gardening, etc.

→ **AUTO-ORGANISATION** → **DÉSOBÉISSANCE CIVILE** → **BLOCAGE** → **OCCUPATION** → **GUÉRILLA** → **GARDENING**

ACTION SYMBOLIQUE. Action ne visant pas forcément à une effectivité directe ni à obtenir un quelconque dysfonctionnement, mais exprimant une idée avec des images. Ex : les die-in qui miment des victimes du sida, organisés par Act Up, et celles des bombardements pendant les guerres. Il peut s'agir simplement de dessiner des silhouettes de personnes sur le sol (comme pour une enquête sur un meurtre), ou d'écrire un message par un assemblage des corps des manifestants. À Sydney, en février 2003, des centaines de femmes nues se sont

réunies pour inscrire dans un champ, avec leurs corps, un symbole de paix.
Un autre type d'action symbolique peut consister dans la transformation radicale d'un paysage pour un temps donné. Certains groupes ont ainsi fait des happenings contre la guerre dans des quartiers entiers en transformant les noms des rues, en encerclant et en rebaptisant des bâtiments et des institutions : les banques signalées comme des zones de guerre, les rues prenant les noms des villes bombardées, etc.
Le 30 juin 1993, Act Up rebaptise la place de la Concorde « place des Morts du sida » et enfile une capote de 30 mètres de haut sur l'obélisque.
À l'occasion du sommet de la Terre à Johannesbourg, en septembre 2002, le réseau écologiste Les Amis de la Terre a disposé 6 000 statues devant le centre de conférences, pour « faire entendre aux gouvernants du monde entier qui arrivent ce dimanche, la voix des plus pauvres, des victimes de l'apartheid écologique planétaire ».

→ LIE-IN → DIE-IN → VOMIT-IN → CHAÎNE HUMAINE → GIRONTONDI → DESTRUCTION DE SYMBOLE → DÉMONTAGE SYMBOLIQUE

AFFINITÉ (GROUPE D'). Groupe de personnes ayant décidé de mener ensemble une action, une manifestation. Ces groupes peuvent comprendre de 5 à 500 personnes, partageant une tactique et surtout une confiance réciproque.
À l'intérieur des groupes d'affinité on se répartit les rôles : porte-parole, soutien juridique et médical... Certains groupes affinitaires se constituent en groupes techniques : observateurs légaux, secouristes, éclaireurs pour ouvrir la route, groupes cuisine et boisson pour les actions longues.
Les différents groupes d'affinité peuvent éventuellement se regrouper dans des « blocs » correspondant à un type d'action commune, en fonction du niveau de risque choisi, des revendications, du déguisement, de la sensibilité politique...
Chaque groupe est autonome dans ses décisions. Pendant une action, les membres du groupe affinitaire peuvent se réunir pour analyser la situation, et décider ensemble de ce qu'il faut faire. Chaque groupe délègue ensuite un porte-parole au *spoke council*, c'est-à-dire à la réunion des porte-parole de tous les groupes.
L'organisation en groupes d'affinité est fondée sur le principe de l'auto-organisation et de la décision décentralisée. Elle multiplie les initiatives possibles et transforme tous les participants en organisateurs.
La structuration en groupes affinitaires vient du mouvement anarchiste espagnol, organisé sur ce modèle dès la fin du XIXe siècle. Le mouvement altermondialisation les a redécouverts en 1999, à Seattle.

→ SPOKE COUNCIL → NUAGE DE PAPILLONS (TACTIQUE DU) → BLOC → BLACK BLOC → PINK AND SILVER BLOC → LEGAL TEAM → MEDICAL TEAM

AFFIRMATION SUBVERSIVE. Dire oui pour dire non. Procédé ironique fondé sur l'antiphrase (dire le contraire de ce que l'on veut laisser

entendre) et sur la caricature (imiter en exagérant).
En 2000, en pleine collecte de fonds pour les candidats George W. Bush et Al Gore, des activistes créent les « Billionnaires for Bush or Gore », réseau de millionnaires en costume qui se rassemblent devant les conventions républicaines et démocrates aux cris de « libérez les grandes fortunes », « les multinationales sont des citoyens comme les autres », ou encore « votez pour qui vous voudrez, nous les avons déjà tous achetés ». Lorsque la télévision interroge les manifestants, ils expriment leur soutien aux deux candidats, et regrettent que l'inégalité sociale ne progresse pas plus vite dans le pays.
Comme toutes les blagues au second degré, l'affirmation subversive peut s'avérer délicate à manier : elle ne fonctionne qu'avec la partie du public qui comprend le clin d'œil. À l'inverse, le procédé peut servir à prendre au piège des adversaires dénués d'humour. Après avoir racheté le nom de domaine « gatt.org », tombé en désuétude en 1994, les Yesmen, ont réalisé à cette adresse un vrai-faux site de l'OMC, graphisme identique mais textes modifiés, avec juste ce qu'il faut d'exagération pour que la confusion avec l'original demeure possible. Les Yesmen reçoivent régulièrement des mails adressés au président de l'OMC, et des invitations à intervenir dans de grandes conférences internationales. Le 16 août 2001, à l'université de Tampere, en Finlande, dans un congrès sur l'avenir de l'industrie textile, Hank Hardy Unruh, représentant de l'OMC, déchire son costume et exhibe une combinaison moulante dorée munie d'une sorte de pénis géant. Le speaker explique qu'il s'agit d'un prototype révolutionnaire permettant aux managers de rester en contact permanent avec leurs travailleurs dans les usines du monde entier grâce à des puces implantées dans l'épaule de chaque employé. Le parterre d'éminents scientifiques de DRH, de P-DG et d'universitaires écoute sans broncher. L'assistance n'avait pas davantage réagi quelques minutes plus tôt, lorsque l'imposteur s'était livré à un long développement sur les avantages économiques de l'esclavagisme aux États-Unis avant la guerre de Sécession et s'en était pris aux luttes d'indépendance nationales, traitant Gandhi d'idiot aux « réflexes protectionnistes néfastes ». En inventant des supporters encombrants ou des porte-parole un peu trop francs, la tactique de l'affirmation subversive démasque joyeusement le discours des dominants.

➠ **COMMUNICATION GUÉRILLA** ➠ **FALSIFICATION, IMPOSTURE**

AGIT-PROP. Terme d'argot bolchevique, contraction d'agitation et de propagande.
Pour Lénine, l'agitation et la propagande se définissent comme deux manières complémentaires d'appeler les masses à l'action. Le propagandiste utilise principalement l'écrit pour exposer la nécessité d'une transformation sociale. À l'inverse, l'agitateur est d'abord un orateur. Il utilise un petit nombre d'idées fortes

pour susciter chez les masses un sentiment de mécontentement et de révolte.

L'agit-prop désigne l'ensemble des activités du parti destinées à susciter l'adhésion aux thèses révolutionnaires : rédaction de brochures, de journaux, de tracts, conception d'affiches, organisation de réunions publiques, mais aussi réalisation de spectacles politiques. Au tout début des années 1930 en Union soviétique, le cinéaste Medvedkine invente le « ciné-train », à la fois studio, salle de montage et salle de projection mobile permettant de produire et de diffuser des films documentaires au plus près des travailleurs.

➠ **DAZIBAO** ➠ **THÉÂTRE** ➠ **DOCUMENTAIRE**

ANTIPARASTASE. Figure de rhétorique : reprendre à son compte les noms injurieux donnés par l'oppresseur et les revendiquer comme une fierté. Exemples : « nigger » pour les mouvements noirs américains, « pédégouines » pour les Panthères Roses, groupe de lutte contre la domination de l'hétéronormâlité.

➠ **MASQUE** ➠ **GUERRE SÉMANTIQUE**

APPEL. Texte d'appel à la mobilisation avec un mot d'ordre central, un bref argumentaire, des revendications et un rendez-vous pour l'action. Un appel est signé par une pluralité de signataires.

Au début d'un mouvement étudiant, une AG « partie » en grève la première dans une ville peut lancer un appel pour étendre le mouvement dans d'autres facs, réunir une coordination, organiser une journée de mobilisation, lancer une manifestation nationale, etc.

Un appel peut servir de base à une campagne unitaire. Parce que l'enjeu est la ligne politique de la campagne, le texte est longuement discuté. Certaines nuances sémantiques indécelables aux yeux du lecteur profane peuvent cacher des abîmes de divergences politiques qui sont parfois l'héritage de dizaines d'années d'ergotage fratricide entre groupuscules d'extrême gauche.

Aujourd'hui, on assiste au lancement de plus en plus fréquent d'appels élaborés à l'échelle internationale. La première manifestation mondiale contre la guerre le 15 février 2003 avait par exemple été « appelée » par le Forum social européen de Florence.

➠ **MOT D'ORDRE** ➠ **COLLECTIF** ➠ **AG** ➠ **UNITAIRE** ➠ **COORDINATION** ➠ **JOURNÉE D'ACTION** ➠ **MANIFESTATION**

APPEL DU 18 JOINT. « Tout ce qui était solide est parti en fumée », KARL MARX.

Appel à la dépénalisation du débat sur les drogues douces lancé par le CIRC (Centre d'information et de recherche cannabique).

Slogan fétiche : « Enfermez Jean-Marie, libérez Marie-Jeanne. »

➠ **DISTRIBUTION GRATUITE**

ARCHIMÈDE (TECHNIQUE D'). La légende raconte que le mathématicien grec Archimède mit le feu aux navires romains en se servant de miroirs pour concentrer les rayons du soleil. À Gênes, pendant le G8, les animateurs du « projet Archimède » ont distribué aux manifestants des centaines de miroirs avec lesquels ils pouvaient éblouir les carabiniers.

ASSEMBLÉE. L'assemblée se distingue de l'assemblée générale par sa permanence et sa spontanéité. Elle n'est pas décisionnelle, même si elle peut le devenir ponctuellement. Elle est un lieu de discussion. Les assemblées sont des lieux où la parole doit pouvoir appartenir à tout le monde, sans système de représentation. Le nombre de ses membres doit donc être relativement réduit, et il faut être très attentif à ne pas confisquer la parole, veiller à permettre l'expression de ceux qui ne sont pas des professionnels du discours comme de ceux dont la pratique diffère de celle des militants aguerris.
Lors de l'insurrection argentine de 2001-2002, des assemblées populaires se sont constituées un peu partout. Elles formaient des sortes de petites communes de quartier où l'on refaisait le monde, mais aussi où l'on organisait les mobilisations. On y discutait aussi des moyens pour régler les problèmes concrets des uns et des autres face à la crise. Des *asembleas* étaient par exemple à l'origine de la création de nouveaux clubs de troc. Ces assemblées sont aussi, parce qu'elles émettent des avis et qu'elles proclament des désirs, des étapes vers une démocratie plus participative. En Argentine, elles furent privées d'un quelconque canal avec le pouvoir et les institutions, mais elles mirent dans la rue leurs revendications, élaborées dans ce cadre démocratique.

➾ AG ➾ DÉMOCRATIE PARTICIPATIVE

AUTOGESTION. Gérer les choses par soi-même. L'autogestion implique l'abolition de toute division entre ceux qui dirigent et ceux qui obéissent. Dans une organisation autogérée, les tâches de supervision, de prévision et de décision ne sont pas exercées par une caste spécialisée, elles sont une affaire collective.
Au sens économique, elle implique que les travailleurs gèrent eux-mêmes la production, sans patron. Ce fut le cas chez Lip dans les années 1970. Les coopératives ouvrières de production pratiquent aussi l'autogestion productive – qui est dans ce cas la conséquence de la propriété collective des moyens de production. Exemple : la mine de Tower Colliery au Pays de Galles, seule mine de charbon au monde rachetée et autogérée par ses travailleurs (on peut voir un très beau documentaire sur cette expérience anachronique, *Charbons ardents*).
Dans les années 1970, des débats sur la viabilité économique du modèle autogestionnaire ont agité la gauche politique et syndicale (notamment, à l'époque, avec des analyses divergentes du modèle yougoslave).
De façon générale, ses pratiques anthiérarchiques et antiautoritaires en font un concept central pour un autre projet de société.

➾ TRAVAIL SAUVAGE

AUTO-ORGANISATION. « L'émancipation de la classe ouvrière doit être l'œuvre des travailleurs eux-mêmes. » Cette phrase de Marx dans les statuts de la première Internationale est sans doute la formulation la plus célèbre du principe de l'auto-organisation. L'idée est que les groupes subissant une oppression spécifique doivent pouvoir construire eux-mêmes les instruments de leur lutte, et les diriger de façon autonome.

Outre à la naissance du mouvement ouvrier, ce principe a présidé à l'émergence d'un Mouvement de libération des femmes (MLF) non mixte dans les années 1970, ou encore, plus récemment, à la création du Mouvement de l'immigration et des banlieues (MIB). L'exigence d'auto-organisation et d'expression autonome n'exclut évidemment pas la participation à des mouvements plus larges.

➡ **NON-MIXITÉ**

AUTORÉDUCTION. Réduire soi-même le montant d'une facture en réaction à une augmentation des tarifs ou, plus généralement, face à tout prix jugé excessif. Cette action de désobéissance civile se fonde sur l'idée que les biens et les services de base doivent être accessibles gratuitement ou à des prix raisonnables.

Un matin d'août 1974, dans le nord de l'Italie, les usagers de la ligne de bus Pinerolo-Turin, des travailleurs, découvrent que le prix de leur ticket a augmenté de 30 %. En guise de protestation, ils posent des affiches aux arrêts de bus, appellent à des rassemblements devant le siège de la compagnie, et, surtout, font imprimer des coupons hebdomadaires sauvages, qu'ils vendent à l'ancien prix. Au bout de quelques jours de conflit, la régie de transport cède et rétablit l'ancien tarif.

Au même moment, la société publique ENEL, équivalent italien d'EDF, annonce une forte hausse de ses tarifs. La mesure touche directement les foyers les plus modestes, alors que les budgets sont déjà amputés par la hausse générale des prix. Commence alors un mouvement massif d'autoréduction des factures d'électricité. Rien que dans la ville de Turin, on collecte cette année-là plus de 140 000 factures autoréduites.

➡ **DÉSOBÉISSANCE CIVILE** ➡ **GRÈVE DES LOYERS** ➡ **RÉQUISITION**

AVIONS EN PAPIER. Le 5 janvier 2000, la force aérienne zapatiste a attaqué le campement de l'armée fédérale mexicaine avec des avions de papier. Les avions portaient des messages pour les militaires : « Soldats, nous savons que c'est à cause de la misère que vous avez vendu vos vies et vos âmes. Moi aussi je suis pauvre, comme des millions d'autres le sont, mais vous, vous êtes pires, parce que vous défendez ceux qui nous exploitent. »

Le 14 octobre 2002, trois Norvégiens étaient arrêtés pour avoir lancé des avions en papier en direction de l'ambassade des États-Unis à Oslo. Ils protestaient contre les bombardements américains sur l'Afghanistan.

➡ **ACTION SYMBOLIQUE**

B

BÂILLON. Mettre un bâillon pour défiler silencieusement, c'est signifier le silence imposé par le pouvoir. Ainsi, les femmes tibétaines apparurent bâillonnées avec les petits foulards de soie offerts aux délégations par le gouvernement chinois lors de la conférence mondiale sur les femmes organisée par les Nations unies à Pékin en 1995, signifiant l'oppression dont sont victimes les Tibétains sous la domination chinoise.

➽ **SILENCE**

BANQUETS. Au milieu du XIXe siècle, pour contourner l'interdiction des réunions publiques, les républicains déguisaient leurs meetings en grands banquets populaires. Les prises de parole politique commençaient à l'heure des toasts. Ces formes de meetings camouflés furent également utilisées sous le régime soviétique, et le sont encore dans des pays privés de liberté de réunion. On utilise dans ce cas des fêtes, mariages, enterrements, ou autres, pour « noyer » la prise de parole politique dans un rassemblement festif considéré comme anodin.

➽ **DÉGUISEMENT**

BARRAGES ROUTIERS. Entraver ou arrêter le trafic automobile, en occupant la chaussée. Il existe des barrages bloquants et des barrages filtrants.

Comme leur nom l'indique, les barrages bloquants bloquent : ils coupent entièrement la circulation. Les barrages filtrants opèrent un tri sélectif des véhicules. Dans un mouvement de routiers, les grévistes peuvent décider de n'intercepter que les poids lourds tout en laissant passer les voitures. Dans ce cas, le rôle du barrage filtrant est comparable à celui d'un piquet de grève « dur », empêcher les non-grévistes de travailler. En un sens plus large, on appelle « barrages filtrants » tous les barrages qui ralentissent la circulation sans la bloquer totalement, et ce même s'ils ne filtrent aucune catégorie de véhicules en particulier. Par exemple la vingtaine de barrages filtrants organisés tout autour de Toulouse, le matin du 5 juin 2003, en plein mouvement sur les retraites : à chaque point de barrage, des groupes de plus d'une centaine de personnes distribuaient des tracts aux automobilistes, discutaient avec eux et les dissuadaient d'aller travailler.

Plus que leur aspect symbolique, c'est surtout l'impact économique des barrages qui fait leur grande force dans un conflit social. Bloquer la circulation des marchandises et des travailleurs, c'est asphyxier le capital.

Pour organiser un blocage de grande envergure, il faut identifier une série de points névralgiques dans le réseau de transport (carrefours, plates-formes multimodales, sorties d'entrepôts, etc.), les répartir entre différents groupes, se déployer en même temps sur tout le territoire et réussir à tenir durablement les différents barrages.

En novembre 1996, sous le gouvernement Juppé, les chauffeurs routiers mènent un mouvement pour les salaires et les conditions de travail.

Ils réussissent à établir simultanément jusqu'à 250 barrages dans toute la France. Lorsqu'ils recommencent en novembre 1997, Jean-Claude Gayssot, ministre communiste des Transports envoie les CRS pour casser les barrages situés aux points les plus stratégiques. En novembre 2002, Sarkozy brise un nouveau mouvement en faisant du chantage au retrait de permis.

→ OPÉRATION ESCARGOT → PIQUET DE GRÈVE → BLOCAGE → PÉAGE GRATUIT → STREET PARTY → CARTOGRAPHIE MILITANTE → PIQUETES

BARRICADES. « Le soulèvement éclate. Aussitôt, dans les quartiers du travail, les barricades s'élèvent çà et là, à l'aventure, sur une multitude de points.
Cinq, dix, vingt, trente, cinquante hommes, réunis par hasard, la plupart sans armes, commencent à renverser des voitures, lèvent et entassent des pavés pour barrer la voie publique, tantôt au milieu des rues, plus souvent à leur intersection. Quantité de ces barrages seraient à peine un obstacle au passage de la cavalerie. [...]
Tandis que les insurgés fument leur pipe derrière les tas de pavés, l'ennemi porte successivement toutes ses forces sur un point, puis sur un second, un troisième, un quatrième, et il extermine ainsi en détail l'insurrection. [...]
L'essentiel, c'est de s'organiser. Plus de ces soulèvements tumultueux, à dix mille têtes isolées, agissant au hasard, en désordre, sans nulle pensée d'ensemble, chacun dans son coin et selon sa fantaisie ! Plus de ces barricades à tort et à travers, qui gaspillent le temps, encombrent les rues, et entravent la circulation, nécessaire à un parti comme à l'autre. » AUGUSTE BLANQUI, *Instructions pour une prise d'armes*, 1866.

BLACK BLOC. « [...] vous ne trouverez pas LA véritable histoire du bloc noir, ça n'existe pas. Ce qui existe, ce sont des contes, des bruits, des histoires, des non-événements, des traces... » LE BLOC NOIR, article d'une revue autonome allemande, septembre 1981.
Le Black Bloc, comme n'importe quel bloc, n'est pas une organisation, un groupe unifié permanent, mais une tactique. C'est un label libre de droit, une appellation incontrôlée.
Un Black Bloc se forme à partir de plusieurs groupes affinitaires qui se coordonnent pour mener une action commune. Parmi les grandes constantes, il y a d'abord la couleur noire. La couleur de l'anarchie, mais aussi celle de la nuit, où tous les chats sont gris. Le noir des foulards et des cagoules dissimule les visages et préserve l'anonymat.
Le répertoire d'action d'un Black Bloc comprend la destruction de propriété (bris de vitrines, sabotage de distribanque, cocktails Molotov), l'autodéfense contre les violences policières (désarrestation, ping-pong de lacrymos, projectiles divers, barricades) et les graffitis sur les zones libérées.
Du point de vue opérationnel, ces groupes se caractérisent par leur forte mobilité (tactique du nuage de papillons) et par leur grande capacité

à s'adapter aux nouvelles tactiques policières.

On trouve trace des premiers blocs noirs en Allemagne au début des années 1980, notamment lors des manifestations contre l'extension de l'aéroport de Francfort. Inspirés des autonomes allemands, les Black Blocs américains apparaissent pendant la première guerre du Golfe. En 1992, à Washington, ils brisent les vitres de la Banque mondiale pendant une manifestation antiguerre. On retrouve ensuite des Black Bloc à Seattle, à Prague et à Gênes.

➾ **BLOC** ➾ **GROUPE D'AFFINITÉ** ➾ **DESTRUCTION DE PROPRIÉTÉ** ➾ **PROJECTILES** ➾ **GRAFFITI** ➾ **TAZ** ➾ **NUAGE DE PAPILLONS** ➾ **PINK AND SILVER BLOC**

BLOC. Dans une manifestation ou une action, rassemblement de plusieurs groupes d'affinité qui revêtent la même couleur politique, les mêmes tactiques ou le même costume. Exemple : Pink and Silver Bloc, Black Bloc, Medieval Bloc avec casques et armures (Québec 2001), Clown Bloc avec nez rouges (Philadelphie 2000)...

➾ **GROUPES D'AFFINITÉ** ➾ **BLACK BLOC** ➾ **PINK AND SILVER BLOC** ➾ **DIVERSITÉ DES TACTIQUES**

BLOCAGE, OBSTRUCTION. À Seattle en 1999, le Direct Action Network a eu l'idée simple mais géniale de stopper les délégués à la sortie de leurs hôtels, et pas, comme d'habitude, à l'entrée (inaccessible) de la conférence.

L'obstruction peut viser directement ceux qui collaborent avec l'injustice que l'on combat, ou empêcher une construction (exemple : le tunnel du Somport dans les Pyrénées) ou un transport de marchandises.

En Italie, en 2003, les antiguerre ont bloqué des dizaines de convois de l'armée américaine à destination de l'Irak. « Parti d'une base américaine de Vicenza, un convoi destiné à la 173e brigade aéroportée a été bloqué par 200 désobéissants qui ont allumé des feux sur les rails et déployé une banderole : *Stop the global war*, dans la région de Padoue. Grâce à Internet et aux téléphones portables, le convoi a été suivi à la trace, puis bloqué ailleurs par des syndicalistes et d'autres désobéissants. »

➾ **BARRAGES ROUTIERS** ➾ **BOYCOTT** ➾ **DÉSOBÉISSANCE CIVILE**

BOUCHE OUVERTE. « L'expression est on ne peut plus significative. Il est, en effet, certain que bien des fortunes ne se sont édifiées que grâce au silence qu'ont gardé sur les pirateries patronales les exploités qui y ont collaboré. Sans le mutisme de ceux-ci, il eût été difficile, sinon impossible aux exploiteurs de mener à bien leurs affaires ; si elles ont réussi, si la clientèle est tombée dans leurs panneaux, si leurs bénéfices ont fait boule de neige, c'est grâce au silence de leurs salariés. Eh bien ! ces muets du sérail industriel et commercial sont las de rester bouche close. Ils veulent parler ! Et ce qu'ils vont dire va être si grave que leurs révélations vont faire le vide autour de leur patron, que sa clientèle va se détourner de lui... Cette tactique de sabotage qui, sous ses formes anodines et vierges de violence, peut être aussi redoutable pour bien des capitalistes que la brutale mise à mal d'un précieux outillage est en passe de considérable vulgarisation. C'est donc à elle que recourent les travailleurs du bâtiment qui dévoilent, à l'architecte ou au propriétaire qui fait construire, les malfaçons de l'immeuble qu'ils viennent de terminer, ordonnées par l'entrepreneur et à son profit : murs manquant d'épaisseur, emploi de mauvais matériaux, couches de peinture escamotées, etc. [...]

Que vont dire de la bouche ouverte les pointilleux et tatillons moralistes qui condamnent le sabotage au nom de la morale ? À qui des deux, patrons ou employés, vont aller leurs anathèmes ? Aux patrons, escrocs, spoliateurs, empoisonneurs, etc., qui entendent associer leurs employés à leur indignité, les rendre complices de leurs délits, de leurs crimes ? Ou bien, aux employés qui, se refusant aux malhonnêtetés et aux scélératesses que l'exploiteur exige d'eux, libèrent leur conscience en mettant public ou consommateurs en garde ? » ÉMILE POUGET, *Le Sabotage*, 1905.

→ SABOTAGE → POPULARISATION → NAMING AND SHAMING

BOYCOTT. Au sens étroit, refus d'acheter les marchandises d'une entreprise ou d'un pays. Au sens large, rupture de toutes relations avec une personne, un organisme ou un État.

Le terme vient de Charles Cunningham Boycott, intendant d'un grand domaine foncier en Irlande à la fin du XIXe siècle. Face à son refus de baisser les loyers, la Ligue agraire irlandaise appela les habitants de la région à cesser toute relation avec lui : les paysans cessèrent de travailler sur ses terres, les commerçants refusèrent de l'approvisionner et son courrier ne fut plus acheminé... Il céda et dut s'exiler.

Popularisée par Gandhi (boycott des produits britanniques en Inde) et par Martin Luther King (boycott des bus ségrégationnistes « Montgomery »), cette forme d'action appartient au répertoire de la non-violence.

Comme technique de lutte syndicale, le boycott peut renforcer l'effet d'une grève, l'objectif étant de faire baisser les ventes en même temps que l'on entrave la production. Lors de la grève des LU en 2001, il consiste à bâtir une sorte de front commun entre salariés et consommateurs pour faire pression sur la direction.

Au-delà du coût économique direct, le boycott tire son efficacité du péril qu'il fait subir à l'image de marque de l'entreprise. C'est ce qui a fait reculer la compagnie Shell face à Greenpeace en 1995 (Shell était accusée de vouloir saborder une plate-forme pétrolière dans la mer du Nord au mépris des conséquences sur l'environnement).

L'arme s'est aussi avérée efficace contre certains régimes politiques, le cas le plus célèbre étant celui de l'Apartheid. Lancé de l'intérieur par les mouvements de résistance sud-africains, l'appel au boycott a poussé les États à prendre des mesures d'embargo, et pris le gouvernement de Pretoria en étau jusqu'à sa chute.

→ GRÈVE → COMMERCE ÉQUITABLE → NAMING AND SHAMING

BRICOLAGE. « Le bricoleur est apte à exécuter un grand nombre de tâches diversifiées ; mais, à la différence de l'ingénieur, il ne subordonne pas chacune d'elles à l'obtention de matières premières et d'outils, conçus et procurés à la mesure de son projet : son univers instrumental est clos, et la règle de son enjeu est de toujours s'arranger avec les "moyens du bord", c'est-à-dire un ensemble à chaque instant fini d'outils et de matériaux, hétéroclites au surplus, parce que la composition de l'ensemble n'est pas en rapport avec le projet du moment, ni d'ailleurs avec aucun projet particulier, mais est le résultat contingent de toutes les occasions qui se sont présentées de renouveler ou d'enrichir le stock, ou de l'entretenir avec les résidus de constructions et de destructions antérieures.
L'ensemble des moyens du bricoleur n'est donc pas définissable par un projet (ce qui supposerait d'ailleurs, comme chez l'ingénieur, l'existence d'autant d'ensembles instrumentaux que de genres de projets, au moins en théorie) ; il se définit seulement par son instrumentalité, autrement dit et pour employer le langage même du bricoleur, parce que les éléments sont recueillis ou conservés en vertu du principe que "ça peut toujours servir". » CLAUDE LÉVI-STRAUSS, *La Pensée sauvage.*

→ KIT

BROUILLAGE CULTUREL. « Comment se battre contre des ombres ? "Brouillage" est le mot d'argot qui désigne la pratique illégale consistant à interrompre les émissions de radio ou les conversations entre amateurs de radio par des pets buccaux, des obscénités et autres blagues aussi improductives. Le terme "brouillage culturel" a été utilisé pour la première fois par le groupe d'étudiants Negativland pour décrire le sabotage des médias. "Le studio du brouilleur culturel est le monde entier", remarque un des membres du groupe, faussement sérieux. Catégorie élastique, le brouillage culturel accommode une multitude de pratiques subculturelles consistant à retravailler perversement des histoires destinées à la consommation de masse. Brouillage des transmissions, piratage informatique, télévision pirate et radiodiffusion, contre-surveillance vidéo – adaptations féroces des aventures pornographiques de Kirk et Spock, écrites par des admiratrices de Star Trek et publiées dans des fanzines underground – constituent différents modes opératoires du brouilleur culturel. »

BRUIT. Faire du bruit. Forme d'action consistant à occuper un espace par un énorme bruit. Une telle occupation sonore attire forcément l'attention sur la manifestation et permet aussi de couvrir d'éventuels autres sons : brouhaha de la Bourse et des boursicoteurs, débats infinis et réglés d'avance de parlementaires ou de magistrats... Pour faire du bruit, on

peut utiliser toutes sortes d'instruments : casseroles, cornes de brume, sifflets, klaxons, sirènes, grosses caisses, bidons, ou simplement applaudissements et cris.
Le concert de klaxons peut également être un moyen de contourner une interdiction. Ainsi, les opposants iraniens signifiaient en juin 2003 leur soutien au mouvement étudiant en klaxonnant devant l'université.

C

CACEROLAZO. Concert de casseroles devenu depuis décembre 2001 le mode de contestation et de reconnaissance des membres des assemblées de quartier en Argentine. C'est au son des casseroles sur lesquelles ils tapaient à l'aide de cuillères qu'ils se rassemblèrent, faisant déguerpir le gouvernement en place. Ce mode de contestation bruyante fut depuis « exporté » lors de diverses manifestations dans le monde : journées d'action globale en solidarité avec l'Argentine, mais aussi manifestations contre le Forum économique mondial à New York (janvier 2002) et « Grand Raffut des sans » à Paris en avril 2002.
⇢ **BRUIT** ⇢ **TANGO**

CAMPAGNE. Dans le vocabulaire militaire, une campagne désigne une série de batailles menées par une armée en vue d'atteindre un même objectif stratégique (par exemple : conquérir un territoire). De même, une campagne militante se définit comme un enchaînement d'actions en vue d'un même but politique (par exemple, le retrait d'un texte de loi).
Une campagne se prépare à l'avance. Il faut trouver les formes de mobilisation adéquates, imaginer plusieurs scénarios possibles, esquisser un calendrier des phases de la mobilisation, définir une série d'objectifs intermédiaires.
Mais, dès qu'une campagne réussit, elle change de nature et devient un mouvement. Elle échappe alors en partie à ceux qui l'ont initiée. Tout en conservant les grands objectifs de départ, il faut pouvoir changer ses plans et improviser en fonction de l'évolution rapide de la situation (extension de la mobilisation, événement imprévu, contre-attaque du gouvernement...).
Exemple : la campagne contre la loi Debré en 1997.
– **Décembre 1996.** L'Assemblée nationale discute du projet de loi Debré. Les personnes qui hébergent des étrangers en demande de visa seront tenues de signaler à la mairie le départ de leur invité. Cette déclaration obligatoire s'accompagne d'un fichage systématique et de sanctions contre ceux qui accueilleraient sous leur toit des étrangers en situation irrégulière ;
– **17 décembre 1996.** Droits Devant !, le CDSL, la FASTI, le MRAP et le GISTI s'inquiètent de ce projet et appellent les citoyens et les organisations démocratiques à s'engager dans une campagne de désobéissance civile au cas où la loi serait adoptée. Le collectif définit trois cibles pour sa cam-

pagne : les groupes parlementaires, invités à saisir le Conseil constitutionnel ; les maires, pour qu'ils refusent d'appliquer la loi ; et les citoyens, appelés à refuser la déclaration en mairie. L'appel ne rencontre pas beaucoup d'écho ;

– **janvier 1997.** Le GISTI lance sa « Pétition contre la déclaration-délation ». Le texte reproduit côte à côte un article de la législation de Vichy sur l'hébergement des Juifs et l'article de la loi Debré sur l'hébergement des étrangers. La similitude des formulations est frappante. La pétition s'adresse aux maires en leur demandant de refuser d'appliquer la loi. La campagne de sensibilisation commence à être relayée dans la presse ;

– **4 février 1997.** Le tribunal de Lille condamne une femme pour avoir accueilli chez elle un ami sans-papiers. Des cinéastes, dont Arnaud Desplechin et Pascale Ferran, décident de se saisir de l'événement pour lancer un texte contre la criminalisation de la solidarité ;

– **11 et 12 février 1997.** Parution conjointe dans *Le Monde*, *Libération* et *Les Inrockuptibles* du « Manifeste des 66 cinéastes ». Ce n'est plus un appel lancé aux maires, mais la revendication directe d'un acte de désobéissance.

« Nous sommes coupables, chacun d'entre nous, d'avoir hébergé récemment – pour des raisons personnelles ou professionnelles – des étrangers en situation irrégulière. Nous n'avons pas dénoncé nos amis étrangers. Et nous continuerons à héberger, à ne pas dénoncer, à sympathiser et à travailler sans vérifier les papiers de nos collègues et amis.

Suite au jugement rendu le 4 février 1997 à l'encontre de Mme Jacqueline Deltombe, "coupable" d'avoir hébergé un ami zaïrois en situation irrégulière, – et partant du principe que la loi est la même pour tous – nous demandons à être mis en examen et jugés nous aussi.

Enfin, nous appelons nos concitoyens à désobéir et à ne pas se soumettre à des lois inhumaines.

Nous refusons que nos libertés se voient ainsi restreintes. »

Le collectif des cinéastes fait sa première conférence de presse. Dans la foulée, le texte est repris par les écrivains, avec plus de 150 signatures en 24 heures. Dans les jours et les semaines qui suivent, le mouvement s'étend à toutes les professions. On collecte rapidement des dizaines de milliers de signatures.

Les jours suivants, tout le monde est surpris par l'ampleur de la mobilisation. Les politiques entrent en scène. La LCR et les Verts cherchent à élargir l'appel aux partis, aux syndicats et aux personnalités. Parallèlement, on décide de se rallier à une manifestation des sans-papiers. L'enjeu est de poursuivre l'élargissement de la mobilisation et de convertir le mouvement pétitionnaire en mobilisation de rue. Le but est d'accroître le rapport de forces politique pour faire reculer le gouvernement.

– **22 février.** Un nouveau texte paraît dans la presse. L'Appel des 121 noms « difficiles à prononcer ». Le jour même, une manifestation rassemble de 100 000 à 150 000 personnes.

➡ **COLLECTIF** ➡ **UNITAIRE** ➡ **PÉTITION** ➡ **MANIFESTE** ➡ **DÉSOBÉISSANCE CIVILE**

CANTINE MILITANTE. Cuisine collective itinérante. En Europe, lors des contre-sommets et des autres grands rassemblements internationaux, on mange la nourriture de « Rampenplan », collectif néerlandais chevelu de cuisine bio. Entièrement mobiles, équipées de véhicules, d'immenses marmites et de réchauds à gaz, les cantines militantes remplissent une fonction logistique essentielle. Elles peuvent se déplacer directement sur le lieu d'une action pour ravitailler les participants.

En Amérique du Nord, le collectif Food not bombs, « De la bouffe, pas des bombes », distribue des repas végétariens gratuits dans les parcs pour les sans-logis, participe aux campagnes contre les politiques de criminalisation de la pauvreté, et prend en charge l'intendance lors des actions.

➡ **VILLAGE** ➡ **AUTOGESTION** ➡ **VOMIT-IN**

CARAVANE. Manifestation sur un long parcours, associant plusieurs formes de déplacement et de véhicules (bus, vélos, remorques, voitures, trains, marche à pied). Lors d'une caravane militante, on peut faire des haltes pour manifester et surtout pour rencontrer des gens. La caravane en elle-même est la mise en mouvement d'une campagne, d'une idée. Elle a une direction, mais surtout un itinéraire avec des étapes. La caravane des zapatistes sur Mexico, dite caravane de la dignité rebelle, en février-mars 2001, était une marche symbolique sur la capitale, Mexico, mais elle avait pour étape essentielle la ville de Nurio où se tenait le Congrès national indigène, réunissant de nombreux représentants des Indiens du Mexique. Elle était également ponctuée d'interventions publiques pour populariser la lutte des Indiens et l'on a pu voir des millions de personnes la suivre à chaque étape, ainsi que des milliers de militants venus du monde entier pour y participer.

La caravane s'associe à des formes de lutte « coopératives », Indymedia a ainsi développé des caravanes qui se déplacent dans des régions en lutte où la communication est difficile. Ils se sont rendus en Amérique du Sud à l'hiver 2002, puis en Palestine en avril de la même année pour développer ou soutenir des médias indépendants locaux. De nombreux groupes appellent aujourd'hui à la convergence de caravanes vers le prochain sommet de l'OMC qui se tiendra en septembre 2003 à Cancun, Mexique.

➡ **MARCHES**

CARNAVAL. Moment populaire de fête et de contestation sociale, réinvesti par les militants. Les carnavals anticapitalistes prennent la forme de marathons festifs dans les lieux centraux du pouvoir, que l'on renverse par la fête et le détournement. Il n'y a pas de spectateurs dans un carnaval, il n'y a que des participants. Il s'agit d'une occupation des rues qui passe par la subversion des symboles et des idéaux de l'autorité. C'est un moment où les marginalisés reprennent le centre et y créent un monde à l'envers. Un carnaval inattendu est révolutionnaire. C'est une expression de la liberté faite de rires, de moqueries, de danses, de déguisements et de festivités.

➡ **PINK AND SILVER BLOC** ➡ **SAMBA** ➡ **MASQUE** ➡ **DÉGUISEMENT** ➡ **TRAVESTISSEMENT** ➡ **FREE PARTY** ➡ **STREET PARTY**

CARTOGRAPHIE MILITANTE. Une carte naît du transfert de la réalité sur un support réduit, à deux dimensions. C'est un schéma simplifié qui donne une vision du monde, et qui permet de s'orienter dans l'espace.

La cartographie est d'abord une branche de l'art de la guerre. Pour pouvoir élaborer une tactique, c'est-à-dire un plan permettant de coordonner efficacement les diverses actions pendant un combat, il faut connaître la configuration du champ de bataille. Dans les organisations en réseau, c'est-à-dire sans quartier général ni chaîne de commandement, la carte peut servir d'aide à la décision collective (par exemple : quels endroits bloquer ? quels lieux de rendez-vous fixer ?), d'instrument de coordination entre les participants (quel groupe d'affinité se charge de quel secteur ?), et de moyen pour se repérer sur le terrain (dans quelle zone suis-je prête à aller ?). En vue du blocage du G8 d'Évian, on pouvait trouver sur Indymedia des cartes interactives de la région.

Dans un registre voisin, les artistes anglais du projet « Bordercrossing guide » ont imaginé une cartographie des chemins de traverse à emprunter pour passer ni vu ni connu les frontières européennes. Ces passeurs virtuels offrent sur Internet (mais à partir d'un nombre restreint de points d'accès) les cartes, les itinéraires et les conseils pratiques pour échapper à la surveillance.

Le groupe « Bureau d'étude » s'est spécialisé dans la réalisation de cartes plus abstraites, des sortes d'organigrammes du pouvoir, qui exposent les ramifications d'institutions politiques, de multinationales, de réseaux d'influence ou de mouvements de résistance. Parmi leur réalisations : la carte des institutions européennes, la carte des monothéismes (Monotheism Inc.), celle du groupe du marchand d'armes français Lagardère (Lagardère chroniques de guerre), ou des dispositifs de contrôle contemporains (Refuse the biopolice !). Au début des années 1970, Oyvind Fahlström, peint des tableaux cartographiques. Dans sa série « jeu de Monopoly », il présente des diagrammes interactifs de la situation politique et économique mondiale, et invite les visiteurs à jouer en suivant les règles inscrites sur le tableau et en déplaçant des éléments magnétiques mobiles.

➡ **BLOCAGE** ➡ **CONTRE-EXPERTISE** ➡ **INFO POINT** ➡ **SCÉNARIOS**

CATAPULTE À OURS. « La police semble hésiter. Le groupe en charge de l'énorme machine la tend, la prépare. La police semble vouloir avancer mais des barrières antifoule installées par les manifestants l'en empêche. Feu ! Un premier ours en peluche, rose

avec de superbes oreilles, vole et atteint les rangs de la police. »
En avril 2002 lors du sommet des Amériques à Québec, des membres du « bloc médiéval », avec des chaudrons sur la tête et munis de boucliers de batterie de cuisine ont déployé une immense catapulte en bois couverte de graffitis en allemand au pied du rempart de fer qui délimitait la zone rouge.

➾ **BLOC** ➾ **PROJECTILES** ➾ **DÉCALAGE**

CENTRES DE CONVERGENCE. Dans la géographie des contre-sommets, les centres de convergence sont des lieux de rassemblement où les manifestants peuvent trouver toute l'information relative au déroulement des « opérations » : cartes, programmes des forums, emplacement et horaires des manifestations, des trainings, mais aussi les possibilités d'aider de diverses manières dans cette organisation (participer à un groupe, se porter volontaire dans les legal ou medical teams...). C'est un espace autogéré dans lequel se déroulent aussi une fois par jour les réunions d'organisation des manifestations, rassemblant les divers groupes affinitaires constitués, les individus et les groupes qui veulent s'agglomérer au fur et à mesure aux initiatives et en proposer d'autres. C'est au final une sorte de Babel géante et foisonnante.

➾ **SPOKE COUNCIL** ➾ **AFFINITÉS (GROUPES D')** ➾ **INFO POINT**

CENTRES SOCIAUX (*CENTRI SOCIALI*). En Italie, forme particulière de squat très répandue dans les principales villes du pays. Ils peuvent accueillir des habitants, mais leur vocation est surtout d'être des lieux de rassemblement. Ils accueillent des activités militantes, culturelles et sociales autour d'un projet politique commun. Ainsi, ils sont à la fois des lieux de reconnaissance militants (chacun aura sa « tendance », et les divers centres sociaux d'une même ville ont des tonalités différentes), et des lieux ouverts qui attirent un public notablement plus large que celui des seuls militants actifs. La culture alternative y trouve aussi un espace d'expression et d'expérimentation privilégié.
Le centre social du Forte Prenestino, à Rome, un ancien fort encastré dans une colline, a ainsi été aménagé en espace d'accueil pour artistes subversifs, il accueille des concerts en plein air qui peuvent attirer plusieurs milliers de personnes, on y organise également des projections, mais on peut aussi y trouver un jardin en terrasses où fleurissent toutes sortes de plantes rares et plus ou moins légales. Ces jardins sont longés par d'anciens bunkers aménagés en maisonnettes dans lesquelles on accueille des invités de passage.

➾ **SQUAT** ➾ **TAZ**

CHAÎNE. La chaîne signifie la solidarité de manière concrète. Elle sert à la mobilisation lorsqu'il s'agit de créer une chaîne de relais pour une cause, des messages qui passent pour informer les militants. Elle sert à appuyer une cause aussi lorsqu'elle matérialise directement le nombre des soutiens. Elle est aussi une forme de désobéissance. Les militants antinucléaires allemands utilisent régulièrement la forme de la chaîne humaine pour bloquer les transports de matériaux radioactifs.

On peut également renforcer une chaîne humaine en utilisant des chaînes en métal pour lier les militants entre eux. La force symbolique de l'action s'en trouve décuplée, mais il faut que les constituants de la chaîne se soient bien concertés sur le déroulement des opérations pour éviter les contraintes et les violences éventuelles.

➡ **GIROTONDIS** ➡ **BLOCAGE** ➡ **ACTION SYMBOLIQUE**

CHANSONS. Les chansons accompagnent la lutte, et parfois révèlent son sens. Mais les chansons sont aussi un mode de lutte : chansons révolutionnaires des chansonniers des boulevards aux XVIIIe et XIXe siècles, mais aussi rappeurs d'aujourd'hui. Le rap, même s'il a été en partie « digéré » par l'industrie du disque et le marketing, reste une musique de la lutte et de la rébellion, fondée sur l'improvisation et sur l'expression des rages et du quotidien des quartiers populaires partout dans le monde.

Au Brésil, les actions du réseau « hip hop » sont toujours scandées, rythmées et dansées. Elles dénoncent la misère sociale et la ségrégation raciale, et sont la voix des quartiers tentaculaires des banlieues des grandes villes contre les politiques de délaissement et de mépris, mais aussi contre les systèmes de clans et de mafia.

➡ **MUSIQUE**

CLANDESTINITÉ. La clandestinité militante est affichée. Un mouvement clandestin se doit d'apparaître comme tel : cagoules, conférences de presse avec des jeux de piste, pas de nom mais des surnoms, etc. Le clandestin, qu'il se cache pour des raisons réelles de menaces sur sa vie ou simplement pour signifier son refus de l'apparition, est toujours un peu pirate, un peu Robin des Bois, un peu super-héros.

Si cet affichage s'avère nécessaire, c'est parce que la clandestinité est un enjeu de guerre sémantique. Face au mot de clandestin utilisé par les gouvernants et ceux qui veulent toujours plus fermer les frontières, cherchant à frapper l'imaginaire en utilisant cette image d'hommes et de femmes qui entreraient dans notre Nord privilégié par tous ses pores, clandestinement, par des souterrains et des voies de traverse, le renversement de la clandestinité prend sens dans sa revendication et son affichage.

A Gênes, lors du sommet du G8 en juillet 2001, la première journée de mobilisation s'est faite sous le signe de la clandestinité affichée, les sans-papiers en tête d'une manifestation avec Manu Chao, le « clandestino » et ses musiciens. L'exposition de la clandestinité convoque la mémoire de la résistance, la dignité des passeurs de frontières qui sauvaient ceux qui étaient traqués et persécutés de l'autre côté. Elle fait référence aussi à l'illégalité légitime de ceux qui se considèrent comme solidaires des exclus et des refusés de nos sociétés : immigrés refoulés, consommateurs de drogue enfermés, prostituées harcelées, etc.

➜ **SUPERHÉROS**

COCKTAIL MOLOTOV. Engin incendiaire artisanal composé d'une bouteille d'essence et d'une mèche. Du nom de Vyacheslav Mikhailovich Molotov (1890-1986), révolutionnaire russe puis dignitaire soviétique sous Staline. Utilisé par les républicains contre les nationalistes durant la guerre d'Espagne, par les troupes finlandaises contre l'armée soviétique pendant la campagne d'hiver 1939, puis par cette dernière contre les nazis en 1941, le cocktail Molotov appartient d'abord à l'arsenal antichar.

Peu coûteux, relativement facile à réaliser, composé d'ingrédients que l'on peut détenir sans éveiller de soupçons, il est rapidement devenu l'arme par excellence de la guérilla urbaine. Employé dès 1943 par les insurgés du ghetto de Varsovie, il est plus tard devenu, avec le pavé et la barricade, l'un des emblèmes mythiques de mai 68. Mais l'engin a aussi été régulièrement employé pour les basses œuvres de l'extrême droite (attentats racistes, attaques de locaux politiques ou de manifestations).

Le cocktail Molotov est une arme dangereuse, aussi bien pour la cible visée, que pour ceux qui le lancent. Lorsque la bouteille se brise, elle libère le mélange d'essence et de liquide épaississant, qui s'enflamme au contact de la mèche, pouvant causer de très graves brûlures aux personnes présentes au point d'impact. Avant le lancer, le liquide volatil est théoriquement isolé de la mèche allumée, mais, pratiquement, la personne qui le tient n'est pas à l'abri d'un accident qui peut lui coûter une main ou une partie du visage.

➜ **ÉMEUTE** ➜ **PROJECTILE** ➜ **BARRICADE** ➜ **INSURRECTION** ➜ **DESTRUCTION DE PROPRIÉTÉ**

COLLECTE. Rassembler des fonds, des signatures ou des objets.

Exemple : les « pyramides de chaussures » contre les mines antipersonnel. Au cours de ces actions symboliques, Handicap International collecte à la fois des chaussures, des signatures sur ses pétitions et de l'argent.

COLLECTIF. Un collectif rassemble plusieurs organisations et/ou individus autour d'une campagne commune. Les différentes organisations se mettent d'accord sur un texte d'appel, une plate-forme revendicative et des forme d'action.

Exemple : le collectif lancé pour la campagne contre la double peine, « Une peine point barre »

➜ **CAMPAGNE** ➜ **PLATE-FORME** ➜ **UNITAIRE**

COMMÉMORATION. La commémoration militante se distingue de la commémoration officielle en cela qu'elle célèbre le plus souvent les combats des vaincus et des oubliés de l'histoire. Elle est un hommage à ceux qui nous ont précédés, mais elle est surtout un combat contemporain, contre l'amnésie qui sert les puissants, et pour la justice.

La forme de l'escrache, utilisée par les militants argentins, est une commémoration de lutte. Il s'agit d'aller couvrir le domicile d'un ancien bourreau de la dictature de textes et de photos des disparus. Ces actions coup de poing, tout à fait pacifiques, s'accompagnent d'une campagne auprès du voisinage. Les amnistiés de l'histoire et de l'oubli doivent être connus, révélés à ceux qui les entourent aujourd'hui. Ces actions ne remplacent pas celles d'une justice démissionnaire, elles servent simplement à éviter l'oubli, à réveiller les souvenirs.

C'est ce même travail de commémoration que mènent les associations pour la reconnaissance du crime d'État du 17 octobre 1961 à Paris. Des années de lutte sur tous les fronts et de commémoration militante ont abouti à une forme de reconnaissance officielle en octobre 2001 avec la pose d'une plaque à la mémoire des victimes par la mairie de Paris.

➜ **MÉMOIRE ET AMNÉSIE**

COMMERCE ÉQUITABLE.

Alliance de mots ou oxymore signifiant un aménagement avec le commerce et avec l'équité. Les produits labellisés « commerce équitable », dont les plus célèbres sont ceux du label Max Havelar sont des produits pour lesquels le prix payé aux producteurs ou artisans est garanti. Dans un univers où commerce équivaut à exploitation à mort, cette simple garantie apparaît comme une exception qui justifie que l'on « consomme moral ». Pour le moment, ces labels ne concernent que peu de produits et n'ont pas pris une ampleur qui les rendraient menaçants pour l'ensemble du commerce. Bien plus, le fait de commercialiser les labels équitables (comme les labels « bio ») est un atout pour les images de marque de certaines boîtes qui n'hésitent pas à en jouer pour vendre ces produits, et d'autres, bien moins équitables.

Les campagnes autour de « l'éthique sur l'étiquette » qui sont axées sur les conditions de production des produits commercialisés luttent pied à pied contre l'Organisation mondiale du commerce qui organise essentiellement la loi de la jungle. Elles ont aujourd'hui habitué une partie des consommateurs et des médias à regarder ces étiquettes, même s'il n'y a pas toujours d'alternative et que la tyrannie des marques et des chaussures achetées deux centimes en Thaïlande à des enfants et vendues cent euros à d'autres enfants obèses continue.

➜ **BOYCOTT**

COMMUNICATION GUÉRILLA.

La communication guérilla ne consiste pas à convaincre par des arguments ou par des faits, comme dans un tract traditionnel. Ce n'est pas de la contre-information. Partant du constat qu'il ne suffit pas de diffuser la « vérité », elle prend pour cible les signes et les modes de communication dominants. Mais, plutôt que de chercher à les détruire, elle cherche à les détourner. La métaphore de la guérilla exprime un positionnement tactique : une multitude d'embuscades ponctuelles plutôt qu'une grande bataille frontale. Définie par l'autonome a.f.r.i.k.a.-gruppe, Luther Blissett et Sonja Brünzels, la communication guérilla utilise deux grands principes : le « dépaysement » et la « suridentification ».

Le dépaysement vise à perturber la perception du spectateur en modifiant de manière imprévue le fonctionnement normal de formes, d'image ou d'événements codifiés.

Un premier type de dépaysement consiste à changer le contenu d'une forme préexistante. Il suffit par exemple aux écologistes anglo-saxons de maquiller trois lettres pour que le slogan de la compagnie pétrolière, « Go Shell », devienne « Go to hell ». Mais le procédé ne se limite pas au détournement graphique. Sous l'arc de Triomphe, en 1970, des féministes ont déposé une gerbe portant l'inscription « En hommage à la femme du soldat inconnu ». Le happening reprenait la forme classique de la cérémonie en transformant radicalement sa signification politique.

Inversement, on peut laisser le message inchangé, mais l'insérer dans un nouvel environnement. C'est la méthode de la recontextualisation. Par exemple, sur une affiche contre l'exploitation du travail en prison, le nom de la marque « Victoria's secret » devient la légende d'une photographie de prisonnier. Le secret n'est plus érotique (le sous-vêtement) mais social (les conditions de fabrication). Autre exemple, cette citation inscrite sur une banderole dans une manifestation contre les lois Sarkozy en 2002 : « Sarkozy, il faut lui marcher dessus, il paraît que ça porte bonheur (Jacques Chirac, 1995). »

Alors que le dépaysement fonctionne en créant un effet de distance chez le spectateur, le deuxième principe, celui de la suridentification, cherche au contraire dans un premier temps à coller le plus fidèlement possible à la logique interne de ce qu'il dénonce. Les discours dominants comportent un niveau implicite qu'ils peuvent difficilement assumer, mais auquel ils renvoient sous la forme de l'euphémisme et sur le mode de la connivence. Le procédé consiste alors à identifier et à exprimer ce discours sous-jacent sur un mode affirmatif pour susciter un effet de scandale et de ridicule. En 1975, un situationniste italien, Gianfranco Sanguinetti, a publié sous le pseudonyme de Censor un *Véridique rapport sur les dernières chances de sauver le capitalisme en Italie*. L'auteur, présenté comme appartenant à l'élite dirigeante, reconnaissait notamment l'implication des services secrets italiens dans les attentats attribués à l'extrême gauche. Le rapport, distribué d'abord à un nombre restreint de personnalités politiques, rencontra ensuite un certain succès et reçut même des éloges dans la presse de droite, avant que Sanguinetti ne se démasque, provoquant ainsi un énorme scandale.

➡ **AFFIRMATION SUBVERSIVE** ➡ **GUÉRILLA** ➡ **GRAFFITI** ➡ **FALSIFICATION, IMPOSTURE** ➡ **MASQUE**

CONSENSUS. Le consensus permet de valider une décision collective. Il se distingue de la décision à la majorité, dans laquelle la minorité se trouve « emportée » par la décision majoritaire. Obtenir un consensus est un travail lent et souvent complexe mais lui seul permet de faire en sorte que chacun se sente à l'aise dans le fonctionnement démocratique et trouve sa place dans une action ou un mouvement.
Le consensus, lent, conscient et obtenu par la discussion se distingue aussi radicalement du « consensus mou », opinion indéfinie, non mesurée et non mesurable, qui généralement valide l'ordre établi. Par exemple, lorsque Sarkozy dit « les gens ont peur » ou « l'insécurité règne », il présuppose qu'il y a un consensus autour de ces diagnostics, sans susciter une discussion sur les termes – qu'est-ce que cette peur ? de quelle insécurité parlons-nous ? Le consensus mou peut souvent servir de support à une stratégie de gouvernement qui entretient le flou et l'incompréhension des enjeux.

➔ **DÉMOCRATIE PARTICIPATIVE** ➔ **AG** ➔ **ASSEMBLÉE**

CONSULTA, VOTATION CITOYENNE. Référendum sauvage. Introduite en France en décembre 2002 sous le nom de « votation citoyenne » à l'occasion d'une campagne pour le droit de vote des étrangers, la consulta vient d'Amérique latine. Le 17 septembre 2002, au Brésil, une coalition regroupant notamment le mouvement des paysans sans terre et la CUT, principal syndicat du pays, appelait les citoyens à s'exprimer sur l'adhésion du pays à la Zone de libre-échange des Amériques. Plus de 10 millions de personnes se sont rendues ce jour-là dans les bureaux de vote improvisés et ont refusé à 98 % la signature du traité. Trois ans plus tôt, en mars 1999, 2,5 millions les Mexicains avaient voté en faveur des droits des peuples autochtones lors d'une consulta zapatiste.
Plus la participation est massive, plus la consulta peut révéler l'absence de représentativité des dirigeants et l'illégitimité de leur politique. En critiquant le déficit démocratique par la forme même du vote, elle illustre un désir de se réapproprier les procédures de décision et les prérogatives politiques de l'État. D'autant plus qu'elle a souvent lieu le même jour qu'une élection officielle, à proximité des bureaux de vote, la consulta se présente comme un vote parallèle, comme une sorte d'esquisse de double pouvoir.

➔ **DÉMOCRATIE PARTICIPATIVE** ➔ **PÉTITION** ➔ **ABSTENTION**

CONTRE-MANIFESTATION. Comme son nom l'indique, manifestation contre une autre manifestation ou contre un événement que l'on considère comme intolérable. Les contre-manifestations ne sont pas l'apanage de la droite réactionnaire, qui défile parfois avec toute sa bonne conscience pour la sécurité et l'ordre moral contre les fainéants, les homosexuels ou les délinquants qu'elle voit dans la rue. Des contre-manifestations régulières sont organisées contre les meetings et autres démonstrations de force des partis d'extrême droite. La lutte antifasciste, tenace et constante, considère qu'il ne faut jamais abandonner le terrain, jamais laisser le champ libre à la propagande raciste.

Le 31 mars 1997, 60 000 personnes ont défilé pendant la tenue du congrès du Front national à Strasbourg. Comme la ville n'avait pu refuser de prêter ses salles au parti d'extrême droite, elle avait accueilli en même temps les militants antifascistes pour que l'espace ne soit pas la tribune du parti raciste, mais aussi celui des autres voix contre lui.

➡ **MANIFESTATION**

CONTRE-EXPERTISE. Face à l'expertise libérale, convoquant des « spécialistes » avec des grilles de lecture précises pour nous expliquer qu'il n'y a pas d'alternative au système capitaliste, de nombreux groupes se sont constitués ces dernières années pour travailler sur des alternatives, pour produire des contre-expertises sur de nombreux sujets de société, mais aussi ponctuellement pour montrer que les licenciements boursiers ici ou là sont bel et bien abusifs, que le système des fonds de pension est bien un « piège à cons » (titre d'un ouvrage de F. Lordon, publié dans la collection « Liber, Raisons d'agir » en 2000). Un certain nombre de sites rendent disponibles ces contre-expertises, mais on peut les lire également dans des publications à bon marché permettant de donner un rapide aperçu des arguments.

Ces associations, comme la fondation Copernic en France, travaillent aussi à diffuser leurs réflexions en envoyant des contributions aux journaux et en intervenant le plus possible dans le débat public et médiatique. Ce travail permet de rompre le front de la « pensée unique », de déposséder les experts officiels de leur monopole.

➡ **THINK TANKS** ➡ **LOBBYING** ➡ **OBSERVATOIRE**

COOPÉRATIVES. Formes économiques alternatives fondées sur l'entraide et l'autogestion plutôt que la concurrence et l'exploitation.

Les coopératives de consommation pratiquent l'achat groupé pour faire baisser le prix unitaire des marchandises.

Dans une coopérative ouvrière de production, les travailleurs associés possèdent le capital de l'entreprise et en assurent collectivement la gestion. L'une des premières coopératives de production, une imprimerie autogérée, fut créée à Limoges au milieu du XIXe siècle par le socialiste Pierre Leroux. Il y eut aussi la verrerie ouvrière de Carmaux, mise en place sous l'impulsion de Jaurès.

➡ **AUTOGESTION** ➡ **COMMERCE ÉQUITABLE**

COPYLEFT. Jeu de mot sur « copyright ». Le copyleft est la « gauche d'auteur », une alternative au « droit d'auteur » tel qu'il existe avec ses conséquences restrictives sur la diffusion des textes, des images, des musiques, des données et des codes.

Le copyleft est une astuce juridique qui utilise le droit d'auteur pour garantir le droit inaliénable à la copie et à la libre circulation des produits du travail intellectuel.

Il a été inventé aux États-Unis par des programmateurs et des juristes qui défendaient le logiciel libre contre l'appropriation des codes informatiques par de grandes firmes privées. Techniquement, il prend la forme d'une licence de distribution, c'est-à-dire d'une notice à valeur contractuelle qui fixe les conditions d'usage et de reproduction du logiciel par les personnes qui l'acquièrent. Habituellement, ce type de texte stipule que toute personne qui copie le logiciel à d'autre fin qu'une copie de sauvegarde sera poursuivie. Mais, dans le cas d'un logiciel libre, la « licence publique générale » donne à l'utilisateur le droit de le copier, de l'étudier (lire le code source), de le modifier, et de le redistribuer (de façon gratuite ou payante), à la seule condition que la copie ou la version modifiée soit à son tour soumise aux mêmes conditions (http://www.gnu.org/philosophy/philosophy.html). Cette clause garantit que la rediffusion du code demeure, tout au long de la chaîne, libre. La licence publique crée les conditions juridiques d'un espace de travail coopératif protégé, que n'aurait pas rendu possible la simple mise dans le domaine public de programmes existants (hors licence publique, n'importe qui pourrait effectuer quelques modifications et s'approprier la nouvelle version du programme). Parce qu'il n'est pas verrouillé techniquement, et parce qu'on a le droit de le modifier, un logiciel libre est perfectible par chacun, et peut bénéficier des efforts d'une communauté indéfinie de programmeurs qui travaillent à l'améliorer. C'est ce qui explique par exemple les performances et la fiabilité du système d'exploitation LINUX, réalisé dans ces conditions.

La démarche du copyleft a été étendue à d'autres sphères de la production intellectuelle, avec des variantes dans les formulations selon qu'on l'applique à des œuvres d'art plastique, à de la musique ou à des textes.

Copyright 2003, Morjane Baba. Les copies de ce texte sont autorisées sur tout support pour peu que la mention de copyright et la présente notice soient conservées. Cette licence s'applique à l'ensemble des textes de l'ouvrage *Guérilla Kit.*

➠ **RÉQUISITION** ➠ **RÉAPPROPRIATION**

COORDINATION. La « coord » rassemble, pendant un mouvement, les délégués élus et mandatés par les différentes assemblées générales locales. Elle est censée représenter démocratiquement l'ensemble du mouvement, parler en son nom et sous son contrôle, par exemple lors des négociations avec le gouvernement. Il s'agit d'une sorte de parlement de la lutte.

Cette forme de représentation est née dans les années 1970 dans les mouvements étudiants, sous l'impulsion d'une extrême gauche qui cherchait à structurer les mouvements de masse conformément aux principes de l'auto-organisation et de la démocratie directe. Le fonctionnement en assemblées générales souveraines et en coordination nationale apparaît comme une alternative à la gestion de la lutte par les appareils syndicaux. Les secteurs étudiants et lycéens se prêtent d'autant plus à ce type de structuration qu'ils sont faiblement syndicalisés.

C'est en 1986, avec le mouvement étudiant contre le projet de loi Devaquet qu'une coordination nationale entre pour la première fois vraiment sur le devant de la scène. Dans un contexte de crise des formes d'organisation syndicale traditionnelle, le monde du travail s'empare rapidement de cette forme de lutte. À l'hiver 1986-1987, la grève des cheminots se dote d'une coordination nationale, sur le modèle de celle des étudiants, et contre l'avis d'une partie des appareils syndicaux qui craignent de voir la direction du mouvement leur échapper. La mise en place de coordinations se généralise ensuite (mouvement des instituteurs en 1987, des infirmières en 1988, des assistantes sociales en 1991) pour devenir une forme classique de l'action collective, au-delà des seuls mouvements de grève, avec par exemple la création de la coordination nationale des sans-papiers dans les années 1990.

Parce que les coordinations apparaissent comme les porte-parole du mouvement, elles sont l'enjeu de luttes de pouvoir entre les différents groupes politiques en présence. Ceux qui contrôleront la coordination nationale pourront maîtriser le mouvement, déterminer en partie ses revendications et ses rythmes. Les coordinations étudiantes en particulier sont les lieux de toutes les manœuvres et de tous les coups fourrés : votes arrangés, négociations entre factions politiques, faux mandats, noyautage... on a même vu des coordinations « torpillées » à la barre de fer et à la bombe lacrymogène. La question de la démocratie au sein des mouvements sociaux ne se résout pas uniquement par l'invention d'une meilleure forme d'organisation, c'est un combat permanent.

➡ **AG** ➡ **GRÈVE** ➡ **MANIFESTATION**

CORRUPTION DE MINEURS. Le 25 avril 2003, sept panthères roses sont interpellées pour « corruption de mineurs » devant un lycée parisien. Elles distribuaient des préservatifs masculins et féminins, du gel lubrifiant et un tract.

En réponse à un article du magazine *20 ans*, qui recommandait l'abstinence face aux risques de MST (« Même avec un bon préservatif, un bon gel, et une crème spermicide ultradouce, il faut être suicidaire pour tenter le diable »), le tract disait :

Sida et autres MST sont une réalité. Ça ne se lit pas sur le visage. Ça n'arrive pas qu'aux autres. Mais ce n'est pas une raison pour paniquer, ni pour bouder le sexe ! Léchez-vous, sucez-vous, pénétrez-vous, enculez-vous... Entre filles, entre garçons, entre filles et garçons. Avec des séronegs, avec des séropos. Et avec du latex ! À chaque jeu son jouet : capote (avec du gel à base d'eau), fémidon (préservatif féminin), digue dentaire (pour lécher cul et chatte).

➠ **DISTRIBUTION GRATUITE** ➠ **ENVAHISSEMENT DE PLATEAU** ➠ **ANTIPARASTASE**

COUPURE. Coupure d'électricité. Forme d'action radicale menée par les grévistes d'EDF.

Le 11 juin 2003, à Asnières, vers 20 h 10, alors que Jean-Pierre Raffarin, en meeting, s'était lancé le doigt levé dans une grande tirade sur le génie éblouissant de Winston Churchill, la salle a brusquement été plongée dans le noir.

➠ **SABOTAGE** ➠ **GRÈVE**

CRÈCHES MILITANTES. Mode de garde collective et féministe des enfants en bas âge. L'une des premières crèches militantes voit le jour en mai 1972, à l'occasion du meeting sur le droit à l'avortement organisé à la Mutualité par le Mouvement de libération des femmes (MLF). Ce jour-là, ce sont des hommes qui s'occupent de la crèche, accueillent les enfants et les prennent en charge pour la journée, pendant que des milliers de femmes se retrouvent pour engager collectivement la lutte pour le droit à la libre disposition de son corps.

La présence d'une crèche militante durant les grands rendez-vous militants (meetings, fêtes, réunions, forum, etc.) est une condition matérielle indispensable à la participation à égalité des femmes à l'organisation et à l'animation des mouvements, des syndicats ou des partis.

➠ **MANIF DE NUIT**

CRITICAL MASS. Littéralement, seuil de saturation numéraire ; manif non autorisée à vélo où l'objectif est d'arrêter la circulation automobile et d'occuper l'espace. Il s'agit d'ouvrir des passages au milieu des artères les plus fréquentées par les automobiles à l'aide d'une meute de vélos en colère pour ensuite se promener tranquillement dans la ville en pédalant. Le Critical Mass invente ses itinéraires au fur et à mesure, il envahit les espaces dans le désordre, en sens interdit, avec lenteur ou en accélérant, en un seul bloc ou en plusieurs.

➠ **SNAKE MARCH**

D

DANSE. Remplace la marche au pas, se conçoit comme anarchique et improvisée, mais aussi dans des chorégraphies préparées par groupes affinitaires. Il y a rarement des quadrilles dans la guérilla, mais il y a des tangos, des sambas, et surtout des danses barbares et jubilatoires. La danse se marie avec le tempo de l'action : suggestion de valse ou de tango pour le cocktail bloc ; danse africaine et samba pour se donner du courage lors d'une confrontation... ou l'inverse, parce qu'il faut rester digne dans la confrontation et qu'il n'est pas facile de taper un danseur de tango ou d'interrompre une valse endiablée.

➠ **TANGO** ➠ **SAMBA...**

DAZIBAO. Mot chinois pour désigner les tracts muraux de la révolution culturelle. Le premier dazibao, affiché à l'université de Pékin en 1965 dénonçait la nature réactionnaire de l'enseignement supérieur. Instrumentalisé par Mao qui placarde lui-même un dazibao intitulé « Tirez sur le quartier général ! », sur la porte du Comité central, il devient l'un des modes d'expression du mouvement de mai 68. C'est en fait un mélange de tract, d'affiche et de graffiti : un texte collé dans l'espace public, pour critiquer, dénoncer, polémiquer, qui reçoit des réponses, à leur tour elles aussi critiquées, rayées, réécrites sur le même papier.

➡ **GRAFFITI** ➡ **AGIT-PROP**

DÉBRAYAGE. Débrayer, c'est passer à la grève. Dans le vocabulaire du syndicalisme étudiant, lorsqu'on « débraye un amphi » on réussit à convaincre les étudiants présents d'arrêter le cours pour partir en manifestation ou voter la grève. Chez les salariés, un débrayage désigne une cessation de travail de quelques heures. Ce type d'action à durée limitée sert le plus souvent à lancer un coup de semonce à la direction, avant d'engager éventuellement un conflit plus dur. On l'utilise également de façon symbolique, par exemple pour exprimer une solidarité internationale. En mars 2003, les fédérations européennes des syndicats ont appelé à un débrayage à midi contre la guerre en Irak.

➡ **GRÈVE** ➡ **AG**

DÉGUISEMENT. La liberté dans le déguisement est le propre des carnavals et autres street parties, où on laisse libre cours à l'imagination. Lutter contre le conformisme ambiant et l'uniformité de notre monde triste passe aussi par la création d'autres apparences, diverses, colorées et déconcertantes.

Un autre type de déguisement renvoie plus à un travail chorégraphique d'ensemble : on peut choisir une couleur (le rose, par exemple) ou une thématique. Ainsi, une manifestation féministe à Bologne a utilisé le déguisement pour affirmer de manière énorme la radicalité des revendications : en tête, des femmes s'avançaient vêtues de gigantesques seins en postiche, brandis comme des armes et dénudés.

Certains déguisements permettent aussi de jouer un rôle particulier. Ainsi, les clowns, présents dans de nombreuses manifestations, interviennent sous ce déguisement dans le cours de l'action, prenant à partie les passants ou les policiers, introduisant une touche un peu absurde et décalée au milieu des slogans.

➡ **TRAVESTISSEMENT** ➡ **MAQUILLAGE** ➡ **MASQUE** ➡ **SUPERHÉROS** ➡ **STREET PARTY**

DÉCALAGE. La tactique du décalage consiste à créer le plus grand contraste possible entre son image et celle de l'adversaire, ou entre le rôle que l'adversaire veut vous faire jouer et celui que vous choisissez. Par exemple, face à des policiers armés jusqu'aux dents, danser la samba.

→ DANSE → GOMMONE → NUS → NON-VIOLENCE ACTIVE

DÉMOCRATIE PARTICIPATIVE. Contrairement à la démocratie représentative dans laquelle nous vivons, la démocratie participative est un système dans lequel le gouvernement par le peuple ne se contente pas de la délégation (via le vote) de représentants pour diriger la cité, mais propose une participation des citoyens dans la gestion et la prise de décision. Des formes de démocratie participative peuvent être introduites dans la gestion locale d'une ville ou d'un quartier à travers la consultation des habitants sur des projets, mais sa forme la plus aboutie consiste à faire émerger les projets de discussion entre les différents acteurs.

La municipalité de Porto Alegre, au Brésil, gérée par le Parti des travailleurs, a instauré un système de budget participatif : les investissements de la ville sont guidés par des assemblées de citoyens, avec les associations, et les différents élus. Ce système n'est pas une clé idéale pour la vie démocratique, mais il permet d'ouvrir une voie vers une prise en charge plus grande de la vie politique par tous et pour tous, il est aussi une école de citoyenneté dans son fonctionnement même, rompant avec l'abstraction du bulletin de vote.

DÉMONTAGE SYMBOLIQUE. Le 12 août 1999, à Millau, des paysans moustachus démontent le chantier d'un McDo contre une décision de l'OMC sur la taxation du roquefort. En 2002, des désobéissants italiens ont démonté un centre de rétention en construction à Bologne en s'inspirant des moustachus.

→ ACTION SYMBOLIQUE

DÉSOBÉISSANCE CIVILE. « Il existe des lois injustes : consentirons-nous à leur obéir ? Tenterons-nous de les amender en leur obéissant jusqu'à ce que nous soyons arrivés à nos fins – ou les transgresserons-nous tout de suite ? » HENRY DAVID THOREAU, *La Désobéissance civile*, 1849.

Du point de vue philosophique, la désobéissance civile fait jouer la distinction entre le légal et le légitime, et se justifie par l'urgence qu'il y a à agir pour faire cesser l'injustice. Du point de vue stratégique, il s'agit d'un moyen d'action directe pour modifier une loi, changer la politique d'un gouvernement, voire le renverser. Elle part du constat que le pouvoir politique ne peut pas s'exercer sans la collaboration collective plus ou moins volontaire de ceux qui y sont assujettis. Un refus généralisé de coopérer peut saper le pouvoir de l'État.

Il y a trois grandes catégories d'actions de désobéissance civile :

– **la transgression**, c'est-à-dire contrevenir à la loi ; qu'il s'agisse de la contester en particulier (manifeste des 343 contre l'interdiction de l'avortement, sit-in des Noirs américains dans les cafés interdits aux Noirs pendant le mouvement des droits civiques), ou simplement d'utiliser un mode d'action illégal (démonter un McDonald's, faire grève

sans préavis, faire une manifestation sauvage...) ;
– **l'insubordination** : refus d'exécuter des ordres ou des consignes iniques : soldat refusant la torture pendant la guerre d'Algérie, fonctionnaire rebelle sous Vichy. L'insubordination peut prendre des formes diverses, de la protestation verbale à la désertion, en passant par le sabotage, la désorganisation interne, la divulgation d'informations sensibles... ;
– **la non-contribution** : refus de payer les taxes, les impôts, appels au boycott commercial.

En mars 1930, Gandhi arrive sur la plage de Dandi, et puise de l'eau pour la faire évaporer au soleil. Il est aussitôt emprisonné pour avoir contrevenu à la législation coloniale sur la production du sel, monopole britannique. L'événement, connu sous le nom de « marche du sel », lance en Inde un immense mouvement de désobéissance civile contre la puissance occupante, qui obligeait les paysans indiens à payer pour un bien qu'ils avaient toujours récolté eux-mêmes.

Cette campagne, qui visait en premier lieu à désorganiser le système de perception des taxes, a eu comme deuxième effet d'engorger le système judiciaire et pénitentiaire. La désobéissance civile paralyse la répression étatique de deux façons : l'action de masse (mobiliser tellement de désobéissants qu'il devient impossible de les punir tous), et la non-violence, qui exhibe par contraste la brutalité disproportionnée de la réponse policière. Le pouvoir apparaît alors à la fois comme impuissant (ses lois ne sont plus appliquées) et injuste (il punit trop, et mal).

→ ACTION DIRECTE → INSOUMISSION, DÉSERTION → MANIFESTE → DÉMONTAGE SYMBOLIQUE → GRÈVE SAUVAGE → BLOCAGE → NON-VIOLENCE ACTIVE → BOYCOTT

DÉSOBÉISSANCE CIVILE ÉLECTRONIQUE. Concept inventé en 1995 par le Critical Art Ensemble. Action directe non violente sur les réseaux télématiques.

Partant du constat d'une métamorphose contemporaine du pouvoir, il cherche à renouveler les formes de résistance : le pouvoir ne serait plus localisé dans des bâtiments dont on pourrait faire le siège, mais dans des flux d'informations et de capitaux.

Le répertoire tactique de la nouvelle forme de désobéissance civique se construit par analogie avec celui de l'ancienne. Les sorties, les entrées, les conduits et autres espaces clés doivent être occupés par les forces contestataires.

Certaines règles s'imposent : bien choisir les cibles à bloquer (bannir absolument toute attaque sur des systèmes vitaux, par exemple le terminal informatique d'un hôpital), ne jamais lancer d'attaque électronique sur des individus (données personnelles, comptes bancaires), mais toujours sur des institutions.

→ NETSTRIKE → MAILBOMBING → HACKTIVISM

DIVERSITÉ DES TACTIQUES. Principe d'organisation des mouvements anticapitalistes. Objet d'une lutte sans cesse recommencée. Dans les mouvements actuels, il n'y a pas, par chance, de « comité central » ou de direction. Les mobilisations collectives s'élaborent et se construisent dans des séries de discussions en réseau. Des propositions sont collectées. Ainsi, certains se contenteront d'une manifestation autorisée d'un point à un autre, tandis que d'autres préféreront l'action directe contre des lieux symboliques, d'autres encore des attaques contre la propriété et les symboles du capitalisme, et d'autres enfin un parcours de manifestation dans une zone non autorisée. La diversité des tactiques constitue un dispositif décentralisé qui permet d'agir ensemble, et aussi de montrer sur le terrain la nature même des mouvements, divers mais unis, pour protester contre l'ordre néolibéral.

Le respect de la diversité des tactiques reste pourtant une lutte permanente : certaines tactiques peuvent mettre en danger d'autres choix. Ainsi, un groupe dont l'action peut susciter une intervention musclée de la police ne doit pas se trouver dans le même espace qu'un autre qui ne souhaite pas prendre ce risque. L'autre problème est celui du respect réel de cette diversité. Les discussions sur les tactiques mettent en jeu un rapport de forces à l'intérieur des mouvements, et il arrive très rarement que chacun soit considéré comme responsable de ses actions et choix.

Cette tension entre les « bons » et les « méchants » a atteint son paroxysme pendant les manifestations contre le G8 à Gênes en juillet 2001, exacerbée par des prises de position « unitaires » du Genoa Social Forum (GSF) s'identifiant à une désobéissance sans atteinte aux biens ou aux personnes, mais aussi par une stratégie policière alliant infiltration des groupes aux tactiques les plus mobiles et qui n'entraient pas dans le consensus du GSF avec une attaque systématique des cortèges du même GSF. Cette stratégie policière a été désastreuse pour la cohésion du mouvement, renforcée par les déclarations de « porte-parole » condamnant les violences de certains manifestants. Le respect de la diversité des tactiques passe par un postulat de base : aucun manifestant n'est censé dicter sa conduite à un autre manifestant, et encore moins jouer le rôle de la police, chacun assumant en conscience les risques qu'il prend et la stratégie qu'il met en œuvre. Les discussions entre les participants à une manifestation doivent servir à établir ce respect-là, sans que quiconque se sente investi d'une responsabilité collective autre que la solidarité.

➠ **AFFINITÉS (GROUPES D')** ➠ **LEGAL TEAM** ➠ **MEDICAL TEAM** ➠ **BLOC**

DESTRUCTION DE SYMBOLES.

Brûler des drapeaux, déboulonner des statues, déchirer des papiers d'identité...

➠ **ACTION SYMBOLIQUE**

DESTRUCTION DE PROPRIÉTÉ.

Tactique utilisée notamment par les Black Blocs. La destruction de propriété est à la fois une action directe (causer des dégâts matériels, s'attaquer au porte-monnaie), une action symbolique (faire éclater les murs de verre), et un acte de libération (espaces libérés, zones d'autonomie temporaire). Pour eux, briser la vitrine d'un McDonald's n'est pas de la véritable violence. Au sens propre, de la violence ne peut s'exercer que contre des personnes ou des êtres sensibles, pas contre des objets inanimés. Du verre cassé, ce n'est encore rien par rapport aux millions de vies brisées par les firmes capitalistes.

Le débat sur cette forme d'action n'est pas d'ordre moral, mais tactique. Il est tellement facile aux autorités d'instrumentaliser les images de destructions de propriété pour justifier les violences policières contre les manifestants...

➡ **BLACK BLOC** ➡ **ACTION SYMBOLIQUE**

DÉTOURNEMENT. « L'espace de la jouissance, qui serait l'espace approprié véritablement n'existe pas encore. Quelques cas dans le passé laissent place à l'espoir, mais le résultat ne correspond pas au désir.

L'appropriation ne peut se confondre avec une pratique proche d'elle mais distincte : le détournement. Un espace existant, ayant eu sa finalité (sa raison d'être, conditionnant formes, fonctions, structures) peut se trouver vacant et ensuite détourné. Donc réapproprié à un usage autre que le premier. Cas récent et célèbre de détournement : l'espace central des Halles à Paris, pendant une brève période (1969-1971). Les Halles, centre urbain destiné à l'approvisionnement, se changèrent en lieu de rencontre et de fête, en centre ludique pour la jeunesse de Paris.

Le détournement et la réappropriation d'espaces ont un grand sens et peuvent servir d'enseignement pour la production d'espaces nouveaux. Il se peut même que, pendant une période difficile au sein d'un mode de production (capitaliste) menacé et tendu vers sa reconduction (reproduction des moyens de production), les détournements aient plus de portée que les tentatives de création (de production). Ainsi les communautés s'installent dans des espaces morphologiquement antérieurs, non destinés à la vie communautaire. Il se peut que cette inadaptation joue un rôle dans les échecs de la plupart des tentatives communautaires.

Théoriquement parlant, il est vain d'opposer le détournement à la production. La pensée théorique a pour but et sens la production, non le détournement, qui n'est en soi qu'une réappropriation et non une création. Il ne met que provisoirement fin à la domination. » Henri Lefebvre, *La Production de l'espace.*

➡ **OCCUPATION**

DIFF. « diffusion ». Distribution de tracts.

DISTRIBUTIONS GRATUITES. Trois types de distributions gratuites :

– **à la Robin des Bois :** donner aux pauvres ce qu'on a volé aux riches. Noël des chômeurs, YOMANGO en Espagne... ;

– **à la paysanne :** faire goûter vos produits pour populariser votre lutte

(exemple Bové et son roquefort introduit clandestinement aux États Unis) ;
– à la panthère rose : diffuser des objets de première nécessité (des capotes par exemple).

➠ **CORRUPTION DE MINEURS** ➠ **POPULARISATION (ACTION DE)** ➠ **RÉQUISITION**

DIVERSION. Ruse pour détourner l'attention de l'adversaire. Pour investir un lieu, on peut par exemple envoyer des groupes leurres à l'autre bout de la ville qui font diversion pendant qu'un premier groupe entre discrètement dans le lieu visé.

➠ **OCCUPATION**

DOCUMENTAIRE. Le documentaire a une longue histoire militante : on peut citer, sur différentes questions, des documentaires qui ont permis de raconter des luttes, de faire la lumière sur des épisodes sombres de l'histoire : *Mourir à trente ans* sur les mouvements des années 1970, *Shoah* sur le génocide nazi, *Avoir 20 ans dans les Aurès* ou *La Guerre sans nom* sur la guerre d'Algérie, *Le Chagrin et la Pitié* sur la collaboration... Aujourd'hui, il peut être extrêmement formaté, tourné pour les usages de la société télévisuelle et de ce qu'elle est supposée « vouloir voir », mais il demeure une forme qui permet de laisser du temps à la parole, de donner à voir d'autres choses. Il laisse la place à un discours sur les événements, à une recherche sur les mécanismes de pouvoir.
Les média-activistes, en dehors du travail de couverture immédiate des événements dans le cœur de la bataille, font un travail de documentaire qui permet d'avoir des traces, des supports, de documenter une autre mémoire. Ainsi des cinéastes italiens ont-ils constitué un collectif sous le nom « Genova per Noi » (Gênes pour nous) pour produire des documentaires sur le contre-G8 de Gênes en juillet 2001. Ils ont ainsi produit quelques films, dont un sur le jeune manifestant assassiné par la police, Carlo Giuliani, *Ragazzo*.

➠ **MÉDIA-ACTIVISME** ➠ **VIDÉOACTIVISME**

DRACULA.

➠ **OBSERVATOIRE**

E

ÉDUCATION POPULAIRE. Dans les années suivant 1968, la question de l'éducation populaire était au centre des révolutions sociales et culturelles. Il s'agissait de sortir le savoir de ses temples et de développer une éducation pour tous, dans tous les lieux et à tous les âges, à travers des formes diverses, des cours du soir au théâtre populaire. L'institutionnalisation de la politique d'éducation populaire a rendu ce beau rêve un peu vain à présent, les inégalités devant le savoir et devant la culture étant de plus en plus grandes et les formes de transmission toujours aussi classiques et sacralisées. Par ailleurs, la remise en cause de la posture du maître, de l'avant-garde et de la figure de l'intellectuel a amorcé une critique virulente de l'éducation, qu'elle soit populaire ou pas, signifiant toujours la présence d'un éducateur – détenteur des clés du savoir – et d'un éduqué, qu'il faudrait « hisser ».

Aujourd'hui, cette terminologie est essentiellement reprise – non sans débat – par l'association ATTAC, « mouvement d'éducation populaire », dont l'objectif est d'informer et d'éduquer sur les alternatives à la mondialisation libérale et à la pensée unique. Les conférences organisées par les comités locaux d'ATTAC touchent des questions très variées, dépassant largement la question de la taxe Tobin, à l'origine de sa fondation. C'est le travail du comité scientifique de l'association, la popularisation d'autres travaux et les discussions des militants à travers différentes commissions, qui alimentent ces contre-expertises et ces ateliers de discussion.

➞ **CONTRE-EXPERTISE** ➞ **THINK TANK**

ÉMEUTE. L'émeute est un mouvement spontané de colère populaire. On parle souvent d'émeutes pour donner à ce terme un sens péjoratif. Pourtant, les premiers mouvements de résistance à la politique des organisations internationales, et en particulier du FMI et de la Banque mondiale, ont été des émeutes populaires, émeutes de la faim suscitées par les plans d'ajustement structurels, ou par les dévaluations subites des monnaies nationales. Dans les années 1980, les plans d'ajustement du FMI ont provoqué une augmentation spectaculaire du prix de denrées alimentaires de base (pain, farine, lait) en imposant la suppression de caisses de compensation permettant de maintenir des prix bas tout en préservant le niveau de vie des agriculteurs. Les sociétés du Maghreb ont connu les unes après les autres ces plans de la misère, suscitant des mouvements de contestation d'une ampleur telle que les gouvernements ont été forcés de désobéir à leurs banquiers mondiaux. Les mouvements de révolte en Kabylie et ailleurs en Algérie continuent, après des années de guerre civile, à prendre la forme d'émeutes. Une génération entière ne s'exprime, après des années de parti unique et de muselage, que par le cri. La manifestation plus classique et l'organisation sont vécues comme des collaborations avec un système injuste et corrompu. Mais les émeutes populaires suscitent aussi de nouvelles formes d'organisation, une démocratie directe des assemblées de villages et de quartiers. L'émeute est aussi une passerelle vers une réappropriation de la politique par les citoyens, c'est le cas des émeutes algériennes, mais aussi de la contestation populaire argentine de décembre 2001.

C'est aussi un moyen d'expression pour les sans-voix dans les sociétés du « premier monde », dites démocratiques, face aux injustices et dans l'exaspération des violences légales. En 1992-1993, une série d'émeutes a enflammé les banlieues de Los Angeles et de Las Vegas, à la suite de l'assassinat par la police de Rodney King, chauffeur de taxi à Los Angeles, et du meurtre d'une jeune adolescente noire, assassinée par une commerçante coréenne après une querelle. Des provocations policières extrêmement violentes ont engendré un cycle d'émeutes et une atmosphère de guerre civile s'est installée dans les quartiers noirs pendant deux saisons d'été.

ENTARTAGE. Lancer de tarte à la crème sur des personnages publics (célébrités, hommes politiques), gag visuel emprunté au cinéma burlesque américain (pour une sublime bataille de tartes, voir Laurel et Hardy, *The Battle of the century*).

Dans sa version militante, l'entartage subversif est d'autant plus réussi qu'il est drôle, ce qui dépend en grande partie de l'image de l'entarté (plus ou moins imbu de lui-même, plus ou moins sérieux...) et de la réaction qu'il adopte sur le moment. On se souvient de Bernard Henri Lévy, hargneux et dégoulinant de Chantilly, en train de courser son entarteur. Tarte à la crème, course-poursuite et bastonnade : sans s'en rendre compte, le « nouveau philosophe » avait ajouté la cerise sur le gâteau en retrouvant instinctivement les éléments traditionnels du spectacle de guignol.

Du côté des entarteurs, le lancer de tarte ne doit pas apparaître comme une agression physique. On peut prendre les précautions suivantes : utiliser de la vraie crème plutôt que de la mousse à raser, prendre garde à ne pas faire trop mal en écrasant le gâteau, et, éventuellement, crier des slogans idiots pour détendre l'atmosphère (par exemple, pour BHL : « Entartons, entartons les pompeux cornichons », et, pour Arielle Dombasle : « Entartons, entartons le couple cornichon »).

Le Belge Noël Godin, dit « Le Gloupier » a lancé la première tarte, en 1969, sur Marguerite Duras. C'était le début d'une longue série : Jean-Luc Godard, Patrick Bruel, Pascal Sevran, Patrick Poivre d'Arvor, Nicolas Sarkozy, Philippe Douste-Blazy, Bill Gates... En octobre 2002, Jean-Pierre Chevènement fait condamner Godin à 800 euros d'amende pour « violences volontaires avec préméditation ».

La première tarte politique remonte à 1970, aux États-Unis. Alors qu'il témoigne devant une commission sénatoriale sur l'obscénité et la pornographie, Tom Forcade, rédacteur en chef du magazine *High Times*, conclut sa grande tirade contre la censure en lançant une tarte à la crème sur le nez du sénateur le plus proche.

Mais le leader incontesté du lancer de tarte militant aux États-Unis est Aron Kay, alias « the Pieman ». Depuis les années 1970, il a entarté toute la crème du show-Biz, Andy Warhol, mais aussi des figures de proue de la droite américaine : l'antiféministe et homophobe Phyllis Schlafly (tarte aux pommes), l'ancien directeur de la CIA William Colby (gâteau bavarois et flan aux myrtilles).

Aujourd'hui, outre la mouvance de Godin en Europe, l'Internationale pâtissière se structure autour de deux groupes principaux : les entartistes canadiens (de dangereux « crèminels »), et la BBB (Biotic Baking Brigade) californienne, à l'initiative de l'opération « tempête du dessert » (*dessert storm*), campagne internationale d'action crémeuse contre le capital et l'État. En 1998, la branche Anti-Genetix de la BBB a revendiqué l'entartage (au tofu) de Robert Shapiro, P-DG de Monsanto.

➡ **DISTRIBUTION GRATUITE**

ENVAHISSEMENT DE PLATEAU. Faire intrusion dans un studio télé ou radio et prendre le micro d'assaut. Le 10 mars 1971, l'animatrice Ménie Grégoire est en direct de la salle Pleyel pour une émission de radio consacrée à « l'homosexualité, ce douloureux problème ». Mais la présentatrice ne sait pas que des militantes et des militants de ce qui va bientôt devenir le Front homosexuel d'action révolutionnaire se sont infiltrés dans la salle...

Extrait de ce grand moment radiophonique. (Rappelons que, en 1971, l'Organisation mondiale de la santé classait encore l'homosexualité parmi les maladies mentales et qu'on pouvait être condamné en France pour des relations homosexuelles avant dix-huit ans.)

MÉNIE GRÉGOIRE. [...] qu'est-ce que font les prêtres devant un homosexuel ? Qu'est-ce que vous faites quand on vient vous trouver en vous disant « je suis un homosexuel » ? Qu'est-ce que vous leur dites ? Vous les rassurez aussi ? Vous voulez répondre ?

LE PÈRE GUINCHAT. – Je suis un petit peu gêné pour répondre à cette question. Comme prêtre, eh bien, je fais partie d'une Église, et j'essaie d'être fidèle à un Dieu qui a donné un certain modèle de vie, qui n'est pas imposé, mais, pour être de la maison, il faut tout de même marcher dans le sens de ce modèle de vie. Après cela, il y a le fait concret. Je rejoins tout ce qui a été dit quand on a parlé de la souffrance de certaines situations. Alors là, moi aussi, j'accueille beaucoup d'homosexuels, mes confrères également, et qui viennent parler de leurs souffrances, cette souffrance-là, on ne peut pas y être insensible.

UNE VOIX. – Ne parlez plus de votre souffrance...

MÉNIE GRÉGOIRE. – Écoutez, alors là, je dis qu'il y a une chose tout à fait extraordinaire qui se passe, puisque la foule a envahi la tribune et que des homosexuels...

UN CRI DANS LE MICRO. – Liberté ! Liberté !

MÉNIE GRÉGOIRE. – Des homosexuels de tous ordres, hommes et femmes...

UN AUTRE CRI. – Nous demandons la liberté pour nous et vous !

UN AUTRE CRI. – Battez-vous ! Battez-vous !

Coupure du son, retour au studio et lancement du générique de l'émission.

➡ **KISS IN** ➡ **GAY PRIDE**

EUROGRÈVE. Grève organisée simultanément dans plusieurs pays d'Europe. La première date d'octobre 1992, journée unitaire des syndicats de cheminots des douze pays de l'Union contre la libéralisation du chemin de fer. Mais le terme « eurogrève » n'apparaît qu'en mars 1997, à l'annonce des licenciements de l'usine Renault de Vilvoorde. Les syndicats belges, espagnols et français ripostent par un arrêt de travail simultané.

➡ **GRÈVE** ➡ **GLOBAL ACTION DAY**

EWOKS (STRATÉGIE DES). Guérilla forestière contre l'empire. En 2002, le G8 se tenait au Canada, dans une petite station de montagne tapie au fond des bois, Kananaskis. Le DIST (Deconstructionist Institute for Surreal Topology) diligenta alors une grande étude stratégique sur la faisabilité d'actions de désobéissance civile dans un tel contexte.

« Kananaskis a été choisi par Big Cheese (TM) parce que l'endroit est isolé et parce que la seule route qui y mène est facile à bloquer. Cependant, Cheese a oublié une chose : l'endroit est isolé et facile à bloquer.

Le terrain est idéal pour les hippies, déplorable pour les flics. Imagine-t-on des troupes antiémeutes bardées d'armures en train de marcher à travers des forets denses ? Qu'est-ce qu'ils ont dans la tête ? Ils ont oublié le Vietnam ? Ont-ils oublié le *Retour du Jedi* lorsque les Ewoks ont botté le cul des Stormtroopers dans la forêt d'Endor ? »

➡ BLOCAGE ➡ GUÉRILLA

F

FALSIFICATION, IMPOSTURE. Procédé de communication guérilla : produire des faux (documents, événements, personnages), ou usurper une identité à des fins subversives. L'imitation doit être la plus convaincante possible, mais, à la différence de la contrefaçon frauduleuse, la supercherie doit être révélée à un moment donné. L'objectif est moins de tromper le public que de faire apparaître la manière dont il se laisse ordinairement abuser. Le faux est un test qui met à l'épreuve la crédulité des destinataires, un piège qui expose le fonctionnement de l'ordre du discours.

En 1996, le physicien Alan Sokal écrit un pastiche de philosophie postmoderne, bourré d'inepties scientifiques. Il envoie le texte à la revue américaine *Social Texts*, qui l'accepte. Après la publication de l'article, il révèle le canular, et s'en sert pour dénoncer le manque de rigueur dans l'usage des concepts scientifiques en sciences humaines. L'affaire Sokal provoque une des plus grandes polémiques épistémologiques de ces dernières années.

Le 3 décembre 2002, jour du dix-huitième anniversaire de la catastrophe de Bhopal, où des milliers de personnes avaient été tuées dans l'explosion d'une usine de pesticides américaine, des journalistes reçoivent un communiqué de la firme Dow Chemical, qui, tout en « déplorant sincèrement la catastrophe », affirme que ses « responsabilités vis-à-vis de ses actionnaires » l'empêchent de dédommager les familles des victimes. Un lien renvoie sur le site de Dow, sur lequel figure un rapport plus détaillé. Le communiqué et le site sont en fait de très bonnes imitations réalisées par les Yesmen, réseau mondial d'imposteurs militants. L'entreprise de pesticides est prise au piège : obligée de démentir publiquement l'authenticité du texte, elle ne peut que reconnaître l'exactitude des informations qu'il contient. C'est le déroulement typique de l'imposture subversive : fabrication du faux, diffusion, démenti officiel, aveu des imposteurs, scandale.

De fausses nouvelles peuvent produire de vrais événements. En 1975, à Berlin ouest, en réaction à la hausse des tarifs et pour revendiquer la gratuité des transports publics, les Cellules révolutionnaires impriment et distribuent 120 000 contrefaçons de cartes de métro. Plus récemment en Allemagne, on a inventé les fausses « journées du chaos » : il a suffit de quelques e-mails et de dizaines de tracts annonçant l'organisation d'une grande journée de bris de vitrines et de rassemblements punks à Hanovre en 1996 pour que des centaines de cars de police, et des troupes anti-émeutes se déploient dans une ville vide.

➞ **COMMUNICATION GUÉRILLA** ➞ **AFFIRMATION SUBVERSIVE** ➞ **NAMING AND SHAMING** ➞ **DIVERSION**

FANFARES DE LUTTE. La fanfare était, dans les cérémonies ouvrières du 1er mai, un élément essentiel. Elle joue le plus souvent des chansons révolutionnaires et des airs que chacun peut entonner. Trompettes, cors, cymbales, grosses caisses... accompagnent les manifestations et les actions avec harmonie. La fanfare peut aussi bien amener les gens à danser, à valser ou à chanter que donner à une marche un caractère solennel.

Les militants contre les marchands de sommeil, dans les années 1920, étaient accompagnés par une fanfare et organisaient des « grands raffuts » pour harceler les propriétaires et les concierges et accompagner les occupations.

Le Front musical d'intervention (FMI), fanfare parisienne, a constitué avec d'autres groupes européens, un réseau musical dans lequel les chansons et les airs, donc les mémoires de luttes, s'échangent entre les pays. On les a vus interpréter ce répertoire dans de nombreuses manifestations : lors de la caravane zapatiste, pendant les manifestations de Gênes, pendant le Festival des résistances et des alternatives à Paris, et en soutien aux militants italiens extradés par le gouvernement Raffarin récemment.

➞ **CHANSONS** ➞ **MUSIQUES**

FESTIVAL. Ensemble de manifestations militantes et festives. Le festival se distingue du forum par le fait qu'il est tourné essentiellement vers des rassemblements ludiques et festifs, happenings, expositions et fêtes sont aussi importants que les discussions et débats.

Chaque année, un Festival des résistances et des alternatives se tient à Paris autour du 1er mai (FRAP). Des dizaines de lieux, de squats et de groupes organisent ensemble cette multiplicité de manifestations, autour de la journée de la paresse, le 1er mai, conférences sur de multiples sujets, scènes de slam, pièces de théâtre en salle ou dans la rue, expositions... tout cela dans la convivialité et la gratuité.

➞ **FREE PARTY** ➞ **STREET PARTY**

FRATERNISATION. Les policiers ou les soldats, plutôt que de réprimer les manifestants, rompent les rangs et rejoignent l'insurrection.
Paris, le 18 mars 1871. Comptant récupérer des canons et quadriller Paris, Thiers défie les Parisiens, provoquant une insurrection pour mieux la réprimer. Mais le plan échoue. Face à la foule accourue pour sauver ses canons. Malgré les ordres des généraux de tirer sur le peuple, les soldats hésitent puis, crosse en l'air, fraternisent avec les femmes de Montmartre, dont Louise Michel.
➡ **INSOUMISSION**

FREE PARTY. Fête techno libre. Libre parce que gratuite ou à prix libre, et parce que sauvage (organisée en autogestion, hors du contrôle des autorités et du système marchand). Pour une nuit, on réquisitionne un champ, une friche industrielle, une route qu'on transforme en zone festive libérée, la tête dans les étoiles.
Organiser une free, c'est refuser les soirées T-shirt mouillé au Macumba Night, les verres à 10 euros, les videurs et le tri au faciès.
Grâce à un système de communication très efficace, les teufeurs parviennent à rassembler des milliers de personnes au nez et à la barbe de la police. On distribue d'abord des milliers de flyers qui annoncent la free, sans préciser le lieu. Ces tracts renvoient à un numéro de boîte vocale (infoline), qui donne au dernier moment les indications pour trouver le lieu.
Le 15 août 2002, plusieurs milliers de teufeurs convergent vers la frontière italienne, au col de Larche, dans les Alpes. Les CRS tentent de leur couper la route. Des affrontements éclatent. Un policier est légèrement blessé. Les routes de la région s'engorgent. La préfecture décide de lever ses barrages. La fête dure jusqu'à l'aube.
➡ **PRIX LIBRE** ➡ **STREET PARTY** ➡ **TAZ** ➡ **DÉTOURNEMENT** ➡ **RÉQUISITION** ➡ **SQUAT**

FUMÉE. En mars 1966, aux Pays-Bas, les Provos annoncent leur intention de perturber le mariage de la princesse Beatrix avec un prince allemand, ancien membre de la jeunesse hitlérienne. Ils commencent par faire courir les rumeurs les plus farfelues dans Amsterdam : ils auraient l'intention de verser du LSD dans les réservoirs d'eau potable, de bâtir un immense pistolet à peinture pour repeindre les époux... La presse s'inquiète de leurs plans secrets, la police mène l'enquête et 25 000 soldats sont réquisitionnés pour assurer la sécurité du mariage. Quelques jours avant la cérémonie, les militants disparaissent tous en même temps, pour échapper aux arrestations préventives. Le jour J, habillés en costard-cravate, ils réussissent à s'infiltrer dans la foule et à allumer d'énormes fumigènes, qui plongent tout le cortège dans une épaisse fumée blanche.

FORUM SOCIAL. Immense foire de la contestation, avec des stands et des merguez, ainsi qu'une forte concentration de T-shirts à l'effigie du Che et de vendeurs à la criée de journaux rares avec des titres d'un autre temps. On en repart la plupart du temps, les poches pleines de tracts – les plus longs sont les meilleurs –, les cahiers pleins de notes sur de multiples sujets, et le carnet d'adresses plein de nouveaux amis tout autour du globe.

Dans les forums sociaux se trouvent réunis des syndicats, des associations, des ONG, des partis, mais aussi des individus et des groupes informels. Tous présentent leurs activités et participent aux débats et aux ateliers. On y trouve différents lieux de réunion, différents types de prises de parole (conférences, débats, discussions plus horizontales, réunions politiques), un campement ou village, des espaces autogérés, des espaces plus officiels, des hôtels de luxe envahis par des militants. Un Forum social mondial se tient tous les ans (les trois premiers ont eu lieu à Porto Alegre, Brésil, celui de 2004 se tiendra en Inde), auquel s'ajoutent des forums sociaux continentaux, régionaux, thématiques, locaux, de ma ville, de mon quartier...

➡ **VILLAGES, CAMPS**

FUNÉRAILLES POLITIQUES. Cérémonie d'enterrement d'un homme ou d'une femme dont la mort est une question politique : militant assassiné, mort par sida ou mort par famine...

Les funérailles politiques peuvent être aussi de fausses cérémonies d'enterrement : enterrement d'un plan de réformes, par exemple le plan de réforme du régime des retraites autrement appelé plan Raffarin. Il s'agit de défiler en brandissant un cercueil figurant le projet que l'on désire enterrer. Le « juppéthon » de 1995 a été rythmé par de nombreux convois scandant et chantant « laissez passer l'enterrement du plan Juppé ».

G

GAY PRIDE. Ou plutôt « Marche des fiertés lesbiennes, gaies, bi et trans ». « Qu'est-ce qui peut bien réunir chaque année plus d'un demi-million de personnes dans la rue un après-midi de juin ? La lutte contre les discriminations ? La colère que nous inspire Christine Boutin ? La musique qui fait vibrer des pieds à la tête ? Ces beaux garçons, ces belles filles, ces belles créatures ? La foule bigarrée, ses sifflets et ses cris ? Le spectacle que l'on donne soi-même aux passants ? La drague ? Assurément un peu de tout cela. »

L'histoire a commencé le 17 juin 1969 dans un bar gay de New York, Stonewall, sur Christopher Street. Ce jour-là, lorsque la police débarque pour faire les habituels contrôles d'identité agrémentés d'insultes et d'arrestations arbitraires, les clients refusent de se laisser faire. Ils résistent. Des cannettes commencent à voler, puis des pierres. Les policiers appellent du renfort pour faire face à l'émeute. Plusieurs soirs de suite, les homosexuels affrontent la police dans les rues de Greenwich Village. L'année suivante, la première « Gay Pride March » est organisée pour fêter l'anniversaire des événements de Stonewall.

➾ ÉMEUTE ➾ MARCHE ➾ MANIFESTATION ➾ CARNAVAL ➾ TRAVESTISSEMENT

GIRONTONDI. Farandoles ou « rondes citoyennes ». En Italie, fin janvier 2002, des manifestants forment une chaîne humaine autour du palais de justice de Milan pour lui offrir une protection symbolique. Le mouvement des rondes pour la démocratie se généralise rapidement à toutes les institutions dont l'indépendance ou le fonctionnement sont menacés par la politique de Berlusconi (médias, établissements scolaires, hôpitaux...).

GLOBAL. ➾ LOCAL

GOMMONE. Caoutchouc en italien, première ligne constituée de pneumatiques utilisés pour repousser les charges policières. Le gommone permet de se protéger pacifiquement et « fait rebondir » les policiers. Cette technique est utilisée en particulier par les Tute Bianche et elle a permis une résistance spectaculaire de leur cortège à Prague (sommet de la Banque mondiale, septembre 2000). Elle a pour effet de rendre les charges policières particulièrement ridicules face à ces militants de caoutchouc.

➾ CHAÎNE

GRAFFITI. Les graffitis sont des modes de réappropriation de l'espace urbain en même temps qu'une forme de désobéissance aux sommations des gardiens de l'ordre. Les guerres passent par les murs, les murs sont des espaces offerts à la créativité et à l'appel à la lutte. En dehors du graffiti à « message directement politique », la culture du graf est une forme de résistance avec ses codes propres qui introduit un nouveau langage et une nouvelle communication sur les murs de nos villes.

Les villes qui voient passer des manifestations de la nouvelle lutte anticapitaliste se trouvent transformées dans leur paysage même. Il y a de la lecture sur les préfabriqués posés sur les vitrines, mais aussi sur les murs. L'un de ces graffitis est devenu célèbre parce qu'il suit les mobilisations. On l'a lu sur les murs de Seattle, sur ceux de Québec et de Washington comme de Prague, sur un camion de police à Gênes... Il dit simplement : « *We are winning* », nous sommes en train de gagner.

Les graffitis ont été un marqueur important de luttes comme la guerre d'Algérie. En Algérie comme en France, l'OAS couvrait les murs d'inscriptions « Algérie française », et le combat contre le colonialisme et pour l'indépendance de l'Algérie commençait sur les murs. Le plus célèbre des graffitis pro-algériens est celui qui demeura quelques heures sur le quai Conti et qui disait simplement, après le 17 octobre 1961 : « Ici on noie les Algériens. »

➾ DAZIBAO

GRÈVE. Cesser le travail. La grève est d'abord un moyen de pression économique. En paralysant l'activité de l'entreprise, les grévistes font perdre de l'argent à leur patron. Un bras de fer s'engage pour savoir qui cédera le premier, entre des travailleurs privés de salaire et une direction privée (partiellement) de profit.

L'aspect économique n'est pas le seul élément qui entre en compte dans la construction du rapport de forces : l'issue de la grève dépend aussi de la capacité à populariser la lutte, à médiatiser le conflit, à en faire un problème national.

La grève peut être offensive (exemple : grève pour l'augmentation des salaires) ou défensive (exemple : grève contre un plan de licenciements) ; limitée à une entreprise, ou étendue à toute une branche, ou généralisée à tous les secteurs, ponctuelle ou reconductible.

GRÈVE DE LA FAIM. Les grévistes de la faim mettent en jeu leur corps, leur santé et leur vie pour faire la preuve de leur détermination face à des autorités qui porteront publiquement la responsabilité de leur souffrance et de leur mort si elles ne répondent pas à leurs revendications. À la différence d'autres sortes de violences exercées contre soi-même, instantanées et irréversibles comme l'automutilation, la grève de la faim enclenche un compte à rebours physiologique qui laisse un temps à la négociation.

Cette forme de lutte est née en prison, où refuser de s'alimenter est l'une des rares formes de résistance possibles : suffragettes emprisonnées (Marion Dunlop en 1909), nationalistes irlandais morts dans les prisons britanniques (Terence MacSwiney en 1920, Bobby Sands et ses neufs camarades en 1981), militants pour l'indépendance de l'Algérie à Fresnes dans les années 1950, opposants marocains, militants enfermés dans les prisons turques… C'est la lutte du dernier recours, pour les exclus de l'exercice de la citoyenneté, menacés d'expulsion, les sans-papiers, les déboutés du droit d'asile, et les victimes de la double peine. En 1972, à Valence, 19 sans-papiers tunisiens font la première grève de la faim dans une église et enclenchent un mouvement qui aboutit à plusieurs milliers de régularisations.

GRÈVE DES LOYERS. Refus collectif de payer le loyer. Par précaution, il faut se faire autoriser en justice de verser chaque mois les montants correspondants sur des comptes bloqués. En général, ça marche.

Des unions de locataires contre les « vautours » et les « marchands de sommeil » se forment dès le XIXe siècle pour revendiquer des baisses de loyer et l'assainissement des logements. Au début du XXe siècle, à Paris, l'Union syndicale des locataires ouvriers et employés de Georges Cochon organise des grèves de loyers, des occupations et des déménagements à la cloche de bois (évacuer les meubles très tôt le matin, au nez et à la barbe des concierges).

Une des plus grandes grèves des loyers a eu lieu en 1931, à Barcelone. La population croît rapidement mais le nombre de logements ne suit pas, les propriétaires spéculent et les loyers augmentent. En janvier, *Solidaridad Obrera*, le journal de la CNT, lance une campagne sur la question du logement. L'action est fixée pour juillet avec les revendications suivantes : pas de loyer en juillet, que les propriétaires se paient sur la caution, baisse de 40 % dès août, exonération de loyer pour les chômeurs. Les anarchistes barcelonais estiment le nombre de participants à 40 000 en juillet, et à 100 000 en août.

En France, les résidents des foyers Sonacotra ont mené les principales grèves des loyers depuis les années 1960, pour protester contre les montants trop élevés, exiger des conditions de vie acceptables, le respect des normes de sécurité, la liberté d'aller et venir, le droit de réunion et de visite, le droit à l'intimité. Le mouvement atteint son apogée en 1978 où les loyers ne sont plus versés dans près d'un foyer sur deux. En 2001 les familles de l'hôtel Lucia, rue du plaisir, à Saint-Ouen, étaient en grève des loyers depuis deux ans, l'eau et l'électricité coupées par le propriétaire.

➡ **DÉSOBÉISSANCE CIVILE** ➡ **OCCUPATION** ➡ **CAMPAGNE** ➡ **AUTORÉDUCTION**

GRÈVE DU SEXE. Dans sa pièce *Lysistrata,* le dramaturge antique Aristophane imagine les stratagèmes des femmes athéniennes pour arrêter la guerre du Péloponnèse : s'emparer du trésor de l'Acropole, rendre ainsi impossible l'entretien de l'armée et, surtout, refuser à leur mari toute relation sexuelle.

En août 2001, les femmes du village de Sirte, au sud de la Turquie ont entamé une grève du sexe jusqu'au rétablissement de l'eau courante dans le village. À cause d'une panne chronique du système d'approvisionnement en eau – et, soit dit en passant, de leur exploitation domestique –, elles étaient contraintes de porter des jerricans à la fontaine plusieurs fois par jour.

GRÈVE DU ZÈLE. Technique de résistance passive : ralentir le travail en appliquant de façon stricte ou excessive les consignes et les règlements.

Synonyme : obstructionnisme, « procédé de sabotage à rebours qui consiste à appliquer avec un soin méticuleux les règlements, à faire la besogne dont chacun a la charge avec une sage lenteur et un soin exagéré », ÉMILE POUGET.

La grève du zèle joue sur la contradiction propre à tout règlement, qui exige toujours d'être suivi à la lettre alors qu'il n'est applicable efficacement que par un travail de réinterprétation constante. En étant plus légaliste que la loi, l'obéissance parfaite se convertit en parfaite désobéissance.

➡ **SABOTAGE** ➡ **USURPATION CIVILE** ➡ **DÉSOBÉISSANCE CIVILE**

GRÈVE GÉNÉRALE. On arrête tout, tous ensemble. La grève générale désorganise la production à l'échelle d'un pays, et tend à paralyser l'appareil d'État. La grève générale est beaucoup plus que la simple généralisation de la grève. Lorsqu'un mouvement social qui s'est développé par agrégation de revendications secteur par secteur adopte un mot d'ordre de grève générale, il unifie ses forces autour d'une plate-forme nationale commune. On n'a plus une somme de grèves revendicatives, mais un front solidaire qu'il sera difficile au gouvernement d'effilocher en proposant des négociations branche par branche. L'appel à la grève générale établit un rapport de forces politique avec le gouvernement.

Depuis le siècle dernier, les courants révolutionnaires ont fait de la grève générale insurrectionnelle une de leurs hypothèses pour penser la prise du pouvoir politique. Partant du constat qu'une insurrection menée sans mobilisation de masse, aussi bien qu'un mouvement social massif, mais sans armes et sans stratégie sont voués à l'échec, l'idée est que seule la combinaison des deux pourrait permettre de remporter la guerre sociale.

➠ **MOT D'ORDRE** ➠ **MOUVEMENT** ➠ **MANIFESTATION** ➠ **COORDINATION**

GUÉRILLA. Littéralement, « petite guerre ». La stratégie de la guérilla est conçue pour combattre un adversaire supérieur en nombre ou en puissance de feu. À cause de la dissymétrie des forces en présence, les guérilleros évitent les situations de combat frontal. N'étant pas encore en mesure de remporter de grandes batailles, ils choisissent de lancer une multitude d'embuscades et d'attaques surprises. Ils compensent par la ruse l'infériorité de leurs forces : camouflage, leurres, pièges, sabotages, diversions...

Au XXe siècle la guérilla s'identifie aux luttes d'émancipation nationale et de guerres révolutionnaires. Exemple : combat contre l'armée française en Indochine ou révolution cubaine.

Che Guevara et les autres théoriciens de la guérilla insistaient sur l'importance décisive du soutien de la population. Il était impératif que les combattants gagnent ce soutien politique, non seulement pour pouvoir obtenir du ravitaillement et échapper au quadrillage de l'armée régulière sur le terrain, mais surtout parce que la victoire était impossible pour eux sur le strict terrain militaire. Par les armes, la guérilla pouvait, au mieux, démoraliser l'adversaire en le harcelant, mais pas le vaincre. Pour gagner, il fallait réussir à passer du terrain militaire au terrain politique, les foyers de lutte armée servant seulement d'amorce à une généralisation du soulèvement à toute la société.

Aujourd'hui, au nord, le terme de guérilla a pris un sens métaphorique. Certaines expériences militantes reprennent les tactiques traditionnelles de la guérilla avec des « armes » différentes, par exemple des signes dans la communication guérilla.

➠ **KIT** ➠ **COMMUNICATION GUÉRILLA** ➠ **LUTTE ARMÉE**

GUERRE SÉMANTIQUE. Guerre sans merci. Les mots sont un pouvoir. Il s'agit bien souvent à la fois des mots utilisés par les politiques, introduisant par des formules un vocabulaire qui n'est jamais neutre. Il s'agit aussi du vocabulaire médiatique, qui reprend la plupart du temps les formules officielles, mais qui peut aussi se saisir du vocabulaire militant. Le remplacement du mot « clandestins » par celui de « sans-papiers » est une victoire dans cette guerre infinie, tout comme la quasi-disparition du terme d'« exclus » dans le vocabulaire médiatique, remplacé par précaires et chômeurs.

La guerre sémantique est bien souvent le signe annonciateur d'autres guerres. Car lorsque l'on change les mots, c'est que l'on entend changer les choses. La transformation d'un ministère de l'Éducation nationale en un ministère de l'Éducation tout court est ainsi le signe de la volonté de privatisation d'une partie de ce service public en France. Sous le gouvernement Jospin, l'usage du mot citoyen en forme adjectivée a été le signe permanent d'un passage à une politique sociale libérale, privant la citoyenneté de son sens précis, et de sa force par la même occasion pour la déplacer du centre du processus démocratique à une position d'attribut « qualitatif » à des politiques censées être les seules possibles et ne pas relever d'un contrôle ou d'une volonté populaire.

Côté militant, le passage d'antimondialisation à altermondialisation signifie la volonté d'afficher le mouvement comme une « force de proposition », quitte à se distinguer des militants plus contestataires.

Dans cette guerre, il ne faut pas négliger la question du « politiquement correct ». Se réapproprier des mots interdits peut être une tactique de lutte, mais c'est aussi un enjeu face au consensus imposé, aux formes de censure larvées.

➾ **ANTIPARASTASE** ➾ **NAMING AND SHAMING**

H

HACKTIVISM. Contraction de hacking et d'activisme : « Usage non conventionnel de l'ordinateur visant à améliorer son utilité sociale, politique et culturelle pour le monde. » Le hacking ne se définit pas par l'illégalité, contrairement à sa caricature sous les traits du « pirate informatique ». Si un hacker désobéit à certaines lois, par exemple sur la « propriété intellectuelle », ce n'est jamais à des fins frauduleuses, mais en vertu de l'impératif de la libre circulation de l'information et d'une certaine éthique du partage du savoir. Les hackers se définissent essentiellement par la manière dont ils conçoivent leur travail. Pour un hacker – qui peut passer des nuits à écrire des lignes de code pour programmer un logiciel libre –, ce n'est pas la recherche du profit qui motive le travail intellectuel. Ce dernier suppose la coopération et l'entraide d'une communauté de chercheurs et ses produits doivent être diffusés le plus largement possible.

L'activisme, mot calqué sur l'américain, désigne le militantisme en général, et la pratique de l'action directe en particulier. L'hacktivisme croise ces deux activités en inventant les instruments informatiques de la lutte sociale et politique.

➾ **DÉSOBÉISSANCE CIVILE ÉLECTRONIQUE** ➾ **NETSTRIKE** ➾ **MAILBOMBING** ➾ **ACTION DIRECTE** ➾ **COPYLEFT** ➾ **MAILING LIST**

HARCÈLEMENT. Stratégie fondée sur l'usure de l'adversaire et l'obsession. Le harcèlement peut se concevoir simplement sous la forme d'une présence continue, d'un envoi de lettres et de pétitions (stratégie d'Amnesty International contre les gouvernements et pour faire pression pour la libération des prisonniers politiques), ou d'une série d'actions variées qui montrent la détermination. Le harcèlement a pour but essentiel de faire lâcher, mais il peut être également une tactique pour déstabiliser les forces de l'ordre.

Lors des mouvements contre la guerre en Irak, des militants italiens ont organisé des opérations « *train stopping* » : il s'agissait de bloquer les convois d'approvisionnement des bases militaires américaines. Ils se divisaient en petits groupes qui, au lieu d'être immobiles à un point sur la voie, jouaient au chat et à la souris avec la police, et la harcelaient jusqu'à épuisement, pendant des jours et des nuits.

➡ **CAMPAGNE** ➡ **ZAP** ➡ **ENTARTAGE** ➡ **RÉVEILLE-MATIN**

I

INFO POINT/POINT INFO. Élément de la géographie des contre-sommets et des actions coordonnées : l'info point ou point info en français, est un lieu en construction permanente, constitué de panneaux où chaque groupe ajoute les informations concernant les actions en cours, les réunions de préparation, les forums, etc. C'est un lieu crucial où l'on doit également trouver des cartes pour se repérer sur les sites, les différentes informations pratiques nécessaires, ainsi que du papier et des marqueurs pour que chacun puisse librement proposer des activités ou des rendez-vous.

➡ **ROUGE (ZONE)** ➡ **CENTRE DE CONVERGENCE** ➡ **CARTOGRAPHIE MILITANTE** ➡ **DAZIBAO**

INSOUMISSION, DÉSERTION, INSUBORDINATION. L'insoumission (ne pas répondre à l'appel d'incorporation), la désertion (abandonner son poste ou son unité) et l'insubordination (résister à des ordres) peuvent avoir diverses motivations : antimilitarisme à portée générale (« à bas toutes les armées ! »), non-reconnaissance de la légitimité de l'État auquel appartient l'appareil militaire (mouvement des insoumis du Pays basque), contestation ciblée d'une campagne militaire (« *refuzniks* » de l'armée israélienne refusant de servir dans les territoires occupés) ou d'une pratique de l'armée (refus de commettre des actes de torture).

L'appel à l'insoumission et à la désertion, puni par la loi, constitue un acte de désobéissance civile. En septembre 1960, 121 intellectuels français publièrent un manifeste pour proclamer le droit des soldats à l'insoumission contre la guerre d'Algérie.

INTERNATIONALE. Sera le genre humain.

➾ INTERSIDÉRALE ➾ INTERGALACTIQUE

INTERSIDÉRALE. « L'Intersidérale, c'est tout ce qui existe autour des planètes. C'est la poussière d'étoiles et le rebut des astres. C'est tout ce qui n'est pas victime de l'écrasante attraction des pôles hégémoniques. »

➾ INTERNATIONALE ➾ INTERGALACTIQUE

INSURRECTION. « Soulèvement [...] En ne se conformant pas à la courbe, le soulèvement suggère la possibilité d'un mouvement extérieur et au-delà de la spirale hégélienne de ce « progrès » qui n'est secrètement rien de plus qu'un cercle vicieux. *Surgo* — soulever, lever. *Insurgo* — se soulever, se lever. Une opération autoréférencielle. Un bootstrap. Un adieu à cette malheureuse parodie du cercle karmique, à cette futilité historique révolutionnaire. Le slogan « Révolution » est passé de tocsin à toxine, il est devenu un piège du destin, pseudo-gnostique et pernicieux, un cauchemar où nous avons beau combattre, nous n'échappons jamais au mauvais Eon, à cet État incube qui fait que, État après État, chaque « paradis » est administré par un nouvel ange de l'enfer. » Hakim Bey, *TAZ*.

L'insurrection est temporaire, elle est donc radicale, elle n'a pas de fin (de but) autre que de se soulever. Elle crée pourtant du changement, elle ne reproduit pas le même. Elle est toujours autre.

L'insurrection se détache de la conquête du pouvoir et a son histoire propre, celle des soulèvements et des émeutes. C'est en ce sens que l'insurrection de janvier 1994 revendique l'héritage de Zapata (1873-1919) et de Pancho Villa (1878-1923), héros de la guérilla paysanne contre les propriétaires terriens, mais aussi celui des luttes contre l'esclavage, des luttes de libération.

➾ ÉMEUTE ➾ RÉVOLUTION ➾ GUÉRILLA ➾ GRÈVE GÉNÉRALE

INTERGALACTIQUE. Née en 1996, dans les montagnes du Chiapas, la révolte intergalactique est bien plus qu'internationale. Elle réunit ceux qui résistent.

« Nous sommes le réseau, nous tous qui résistons. » Le réseau intergalactique est horizontal et sans hiérarchie, il ne désigne pas de porte-parole car chacun peut parler, il n'élit pas de représentant car chacun peut représenter, il n'impose aucune forme d'action ou de structuration, il inclut une armée sans armes, l'AZLN, des désobéissants casqués, des anarchistes volants, des pirates, des fainéants et des travailleurs, des femmes et des hommes, des homosexuels et des transsexuels, des prostituées en lutte et des hétérosexuels en doute, des étudiants en grève, des sans-tout et ceux qui ont trop de tout à en vomir, des expérimentateurs en bidouillages de toute sorte, des bricoleurs apprentis sorciers, des sorcières féministes, des hippies ressuscités, des fantômes de Martin Luther King et du Che, des Ewoks, et même quelques nostalgiques des internationales et de leurs débats... Ces galaxies apparaissent, disparaissent, se connaissent ou s'ignorent, se rencontrent et forment des laboratoires, ont des trous noirs et des comètes, des vaisseaux qui communiquent et des planètes communes, des poussières d'étoiles qui les guident, des lumières permanentes et de brefs scintillements.

➡ **INTERSIDÉRALE** ➡ **INTERNATIONALE** ➡ **EWOKS** ➡ **BRICOLAGE** ➡ **LABORATOIRES** ➡ **PIRATES**

J

JOURNÉE D'ACTION/SEMAINE D'ACTION. Série d'actions convergeant en une journée ou en une semaine, voire en un mois. Elles se coordonnent selon une thématique (journées d'action contre le chômage par exemple, ou journée internationale contre McDo) ou selon des formes (journées de la désobéissance). Chaque action est gérée par ceux qui la proposent et l'organisent. Le but de l'opération est de donner un coup de projecteur sur une question en harcelant le pouvoir et les médias, de décliner des formes d'action convenant à chaque moment de la journée. Ainsi, une journée d'action contre le chômage et la précarité en 1998 a commencé par un réveille-matin au ministre du Travail, s'est poursuivie par l'occupation d'une ANPE à l'ouverture avec distribution de tracts et d'informations. Après une petite pause offerte par la police dans leurs bureaux, la journée s'est poursuivie par un spectacle gratuit après l'invasion d'un théâtre avec les intermittents du spectacle. Pour la semaine, c'est pareil mais ça dure plus longtemps.

➡ **ACTION DIRECTE** ➡ **ACTION SYMBOLIQUE** ➡ **SCÉNARIOS**

JUPPÉTHON. Contraction de Alain Juppé et de Téléthon. Grande opération caritative menée en décembre 1995 dans le but de réunir le maximum de manifestants contre son projet de loi sur les retraites.

K

KISS-IN. Action voluptueuse contre l'homophobie. S'embrasser en public, les garçons avec les garçons, les filles avec les filles.

Le 5 septembre 1990 à Londres, des centaines de personnes se sont rassemblées au pied de la statue d'Éros à Piccadilly Circus pour protester contre la « *Sexual Offences Act* » de 1964, une loi pénalisant l'affichage de homosexualité dans l'espace public. Des centaines de couples se sont longuement embrassés avec la langue, sous le regard bienveillant du dieu de l'amour et sous l'œil médusé des bobbies.

➡ **MANIF DE NUIT** ➡ **CORRUPTION DE MINEURS** ➡ **DÉSOBÉISSANCE CIVILE**

KIT. À faire soi-même. Tous les éléments sont là, il n'y a plus qu'à monter le meuble, sachant qu'on peut toujours enlever une étagère, ajouter une poignée, tout repeindre...

Sur Internet, un petit groupe militant peut mettre en ligne toute la panoplie nécessaire pour une campagne : argumentaires, idées d'action, guide pratique pour monter un collectif dans sa ville, affiches, maquettes d'autocollant, tracts prêts à imprimer, etc. Si le projet touche juste, s'il donne l'envie et les moyens de participer, des milliers de personnes peuvent très vite se l'approprier.

On utilise aussi l'image de la propagation virale : quelque chose qui se diffuse très largement à partir d'un tout petit foyer, se réplique très rapidement, et change à chacune de ses innombrables réplications.

Le kit et le virus donnent une nouvelle idée des rapports possibles entre l'action et l'organisation. Dans ce schéma, il n'y a pas une organisation qui mène une campagne, mais une campagne qui suscite de l'organisation, multiple et infiniment variable.

→ **GUÉRILLA** → **BRICOLAGE**

L

LABORATOIRE (*LABORATORIO*). Lieu d'échange sur les pratiques de lutte. Il s'agit d'avoir, à la place de discussions abstraites et ennuyeuses sur l'état du monde, des discussions sur les moyens de parvenir le plus intelligemment possible à le changer, ou au moins à le perturber. Le laboratoire a une forme horizontale et multipolaire, il n'a de règles que celles du bricolage. Chacun y vient avec ce qu'il a, ses expériences, ses idées, ses doutes et ses questions et l'on tente de se débrouiller avec ce stock.

Le groupe des désobéissants italiens a lancé après le contre-G8 de Gênes des laboratoires pour réfléchir au sens de la désobéissance après cette expérience un peu traumatique. Le laboratoire Intergalactika, inauguré en 2001 à Porto Alegre, puis l'espace HUB au forum social européen de Florence en 2002, ont travaillé en laboratoires.

→ **BRICOLAGE** → **OBSERVATOIRE**

LEGAL TEAM (GROUPE D'INTERVENTION LÉGALE). Groupe affinitaire spécialisé : groupe d'intervention légale intervenant à différents niveaux. Il commence par se renseigner et informer les manifestants sur leurs droits pendant les manifestations. Il est ensuite présent dans le courant de la manifestation (observateurs) pour être témoin des accrochages avec la police ou avec des éléments extérieurs à la manifestation pour relever les abus et les situations de violence, pour les empêcher de dégénérer. Enfin, c'est ce groupe et en son sein les avocats qui travaillent à la gestion des plaintes et à la libération des éventuels prisonniers. En général, le groupe d'intervention légale est structuré en unités mobiles (sur la manif) et en un standard téléphonique fixe, l'ensemble des manifestants ayant ce numéro, qu'ils appellent en cas de problème.

→ **AFFINITÉ (GROUPE D')** → **MEDICAL TEAM**

LIE-IN. Se coucher là. Même chose que le sit-in, mais couché. Ça peut vouloir dire que l'on est mort, mais là c'est plutôt un die-in, ou que l'on se prélasse et que l'on n'est pas pressé de partir. On peut se coucher selon des formes bien précises, en dessinant quelque chose avec nos corps.

En mars 2003, des militants anti-guerre ont organisé des lie-in un peu partout dans le monde : devant des monuments historiques et touristiques, en pleins champs, dans des parcs, devant des bâtiments officiels...

Un lie-in peut servir à entraver le passage, notamment des chevaux de la police, qui sont effrayés par une surface plane et calme et ne savent plus où mettre leurs sabots. Les intermittents en lutte ont bloqué l'accès des camions transportant le matériel pour le concert des Rolling Stones à Paris au mois de juillet 2003 en se couchant devant les entrées de Bercy.

➡ SIT-IN ➡ DIE-IN ➡ VOMIT-IN ➡ KISS-IN

LOBBYING. Stratégie de pression sur une autorité compétente (parlementaires, membres d'un comité d'entreprise, actionnaires...) qui repose sur une communication dense et un travail de harcèlement « scientifique », voire moral. Le lobbying des entreprises sur les institutions se traduisant la plupart du temps par des versements et autres cadeaux, le nôtre reposera sur des études, des arguments, et éventuellement la menace ou l'accompagnement d'une campagne de presse. Le lobbying militant s'accompagne souvent d'une campagne d'information et de pétitions qui permet de donner du poids aux arguments présentés.

L'association Public Citizen travaille à populariser des contre-expertises sur les agissements de l'OMC en multipliant les prises de position publiques mais aussi en se gagnant l'appui d'hommes politiques, et de fonctionnaires.

➡ CONTRE-EXPERTISE ➡ THINK TANKS

LOCAL.

➡ GLOBAL

LUDDISME. « N'entonnez plus vos vieux airs sur Robin des Bois, Je n'admire que peu ses exploits. Du général Ludd je chanterai les faits d'armes, Lui aujourd'hui héros de Nottingham. » *Le Triomphe du général Ludd*, chanson, 1812.

Mouvement de bris de machines au début de la révolution industrielle en Angleterre. En 1811, dans la région de Nottingham, des artisans de la bonneterie se révoltent contre l'introduction de machines à tricoter des bas. Le visage maquillé de noir, parfois travestis, et souvent armés, les insurgés cassent les machines et dévastent les manufactures. Le mouvement se revendique d'un mystérieux « général Ned Ludd » dont la signature est apposée sur les affiches ou les lettres adressées aux fabricants récalcitrants. Mais il est probable que le général Ludd n'ait jamais existé et qu'il s'agisse en fait d'un nom collectif. Prendre pour chef un personnage fictif, c'est se rendre un peu plus insaisissable.

Plus que les machines, les luddistes

affrontaient la généralisation du salariat ouvrier qui, avec la mécanisation de l'industrie, dégradait leurs conditions de travail et leur mode de vie. Les destructions de machines étaient sélectives, visant non pas tous les patrons mais seulement ceux qui refusaient d'appliquer de meilleures conditions déjà concédées ailleurs. Leur mouvement prit une ampleur considérable avant que le gouvernement de Londres n'envoie l'armée dans les campagnes, sur les sites des manufactures, et que plusieurs dizaines de luddistes soient exécutés.

Le luddisme n'est pas une peur du progrès technologique, mais un refus des régressions sociales qu'entraîne l'usage capitaliste de la technique.

➠ SABOTAGE ➠ ACTION DIRECTE ➠ DESTRUCTION DE PROPRIÉTÉ ➠ ULTIMATUM

LUTTE ARMÉE. Théorie révolutionnaire et insurrectionnelle ayant connu ses beaux jours dans les années 1960 et 1970. Ces groupes considéraient que le pouvoir devait être enlevé par des mouvements populaires armés contre l'oppression impérialiste. La réflexion sur des expériences comme celle de l'Italie des années de plomb et sur la dérive de certains groupes d'extrême gauche qui ont été emportés par une spirale de violence d'autant plus dangereuse que manipulable par le pouvoir, a conduit à une remise en question de ce passage aux armes. Le débat sur la violence et son usage face à un ordre injuste reste complexe, et la question est loin d'avoir été réglée une fois pour toutes. Elle est réglée pragmatiquement, par le constat simple que la violence révolutionnaire aveugle ou le terrorisme ont trop d'effets pervers pour pouvoir servir une cause émancipatrice. Elle demeure pour certains militants une possibilité à envisager, notamment dans un contexte de violence ou de guerre (la résistance est une lutte armée, elle ne peut pas se concevoir comme un mouvement entièrement pacifique).

L'une des nouveautés radicales de l'expérience zapatiste est d'inventer une guérilla qui n'est pas une lutte armée classique, mais la lutte d'une armée de libération qui utilise d'autres armes, notamment les mots et une radicalité dans la non-violence qui est littéralement désarmante. Les actions des zapatistes tournent parfois directement en dérision les pratiques militaires en lançant par exemple des avions en papier sur les soldats.

➠ AVIONS EN PAPIER ➠ GUÉRILLA

M

MAILBOMBING, MASSMAILING. Envoi massif de mails pour provoquer la congestion d'un serveur. Un massmailing implique la participation d'un grand nombre de personnes, chacune envoyant plusieurs messages. En revanche, une seule machine peut suffire pour un mailbombing efficace.

➠ HACKTIVISM ➠ NET STRIKE ➠ DÉSOBÉISSANCE CIVILE ÉLECTRONIQUE

MAILING LIST. Liste de courrier électronique. Il faut distinguer les listes de diffusion, dans lesquelles les abonnés peuvent seulement recevoir des informations (lettres électroniques, messages d'alerte), et les listes de discussion (plus ou moins ouvertes selon les conditions d'inscription) dans lesquelles chaque membre peut envoyer des messages à tous les autres.

Diffusion : l'apparition des mailing lists a considérablement facilité certaines tâches militantes. Plus besoin par exemple d'une longue, coûteuse et harcelante chaîne téléphonique pour donner le rendez-vous d'une réunion ; plus besoin non plus de payer l'impression et les frais d'envoi d'une lettre hebdomadaire. Certains courriels militants ont atteint des chiffres de diffusion qui les font rivaliser avec les tirages de la presse papier nationale : *Le Grain de sable* d'ATTAC est ainsi envoyé aujourd'hui à plus de 50 000 abonnés.

Discussion : certains réseaux militants ont fait de la liste de discussion un élément central de leur structuration, une sorte de forum bordélique permanent qui sert à coordonner l'action de tous les membres dans différentes villes. Mais l'utopie de la démocratie électronique rencontre très vite des limites. Pour que la discussion ne s'avère pas totalement impossible, il faut que les inscrits se tiennent à une certaine discipline en évitant de surcharger tout le monde de courrier. Une « charte » peut être un moyen de parer aux quelques ennuis les plus classiques (*forwardages* de masse, doublons, etc.). Il est plus délicat de régler le problème structurel d'une discussion via e-mail. Il y est difficile de prendre des décisions et encore plus difficile d'avoir des débats un peu « houleux ». La forme écrite tend à donner un caractère définitif à des positions qui dans une assemblée se nuanceraient peut-être. Il faut donc manier avec précaution son clavier. Enfin, tout le monde n'a pas le même accès à Internet, et la mailing list ne peut en aucun cas dispenser de réunions et de face à face.

➾ **NETSTRIKE** ➾ **MÉDIAS INDÉPENDANTS**

MANIF DE NUIT. Manifestation nocturne de femmes pour le droit de circuler sans risque (être accostée, sifflée, jaugée, agressée, violée...) et sans peur la nuit. Les premières manifestations se déroulent dans les années 1970 aux États-Unis et au Canada ; elles se transforment bientôt en « marches exploratoires », qui ont pour but d'influencer les politiques d'urbanisme. Les militantes de Montréal, par exemple, obtiennent l'amélioration de l'éclairage des rues et des parkings, la modification du tracé et de la fréquence des arrêts des transports publics...

En 1976, en France, le mouvement de libération des femmes lance, à l'occasion de la lutte contre le viol, le slogan « viol de nuit, terre des hommes ». Quelques années plus tard, la journée du 8 mars 1979 est consacrée à la réappropriation féministe de la rue. Une manifestation de nuit est organisée pour demander le droit de circuler librement, en solidarité avec les personnes prostituées, au moment où certains prônent la réouverture des maisons closes. Ni protecteur ni souteneur : les femmes sont toutes privées de la liberté de circulation. L'action des manifestations de nuit sera reprise dans les années 1990 par les « Maries Pas Claires ».

➠ **SNAKE MARCH** ➠ **CRÈCHE MILITANTE** ➠ **NON-MIXITÉ**

MANIFESTATION. Défilé, occupation provisoire de la rue. Trois grands types de manifestations :

– **la manifestation « pétition » :** se montrer, se voir et se compter. démonstration de force massive, encadrée et sage ;

– **la manifestation d'« action directe » :** les cortèges des antiguerre en Italie, pour bloquer les transports d'armes vers l'Irak. C'est une action de masse, avec des effets immédiats ;

– **la manifestation « insurrection » :** dans cette catégorie entrent les affrontements de fin de manif et les émeutes, et tout cortège qui se dirige vers les lieux ou les figures du pouvoir (contre-manifestation des enseignants face à la venue de Luc Ferry à Rodez en 2003, manifestants corses contre Raffarin et Sarkozy).

➠ **SNAKE MARCH** ➠ **ÉMEUTE** ➠ **INSURRECTION**

MANIFESTE. Écrit bref qui déclare à la face du monde l'existence d'un mouvement politique ou artistique, qui dit ce qu'il veut et qui explique ce qui l'oppose à l'ordre ancien, *Manifeste du Parti communiste*, *Manifeste du surréalisme*.

Outre ces manifestes programmatiques, il y a des manifestes de désobéissance : un texte plus court, en forme d'autodénonciation. Des personnes connues et inconnues s'accusent elles-mêmes d'avoir désobéi à une loi injuste. C'est l'exemple du « Manifeste des délinquants de la solidarité » lancé par le GISTI, en 2003. Il faut aussi citer le « Manifeste des 121 », sur le droit à l'insoumission dans la guerre d'Algérie, et le « Manifeste des 343 » publié en 1971 pour revendiquer le droit à l'avortement :

« Un million de femmes se font avorter chaque année en France. Elles le font dans des conditions dangereuses en raison de la clandestinité à laquelle elles sont condamnées alors que cette opération, pratiquée sous contrôle médical, est des plus simples. On a fait le silence sur ces milliers de femmes. Je déclare que je suis l'une d'elles. Je déclare avoir avorté. De même que nous réclamons le libre accès aux moyens anticonceptionnels, nous réclamons l'avortement libre. »

➠ **CAMPAGNE** ➠ **DÉSOBÉISSANCE CIVILE**

MARCHE. Entre la manifestation et la caravane, la marche suit un itinéraire long, à pied. Comme pour la caravane, l'objectif et le point de départ ne sont pas plus importants que les étapes intermédiaires. La marche passe par des lieux et des hommes, elle trace des passages, elle irrigue un territoire. On peut « marcher sur », mais on marche surtout « à travers ».

À chaque étape, le groupe de marcheurs peut sensibiliser les habitants à ses revendications, s'agréger de nouveaux participants, et grossir progressivement jusqu'à l'arrivée. La marche pour l'égalité des droits et contre le racisme ou « marche des beurs » de 1983 s'est déroulée suivant ce scénario de mobilisation en crescendo : partis le 15 octobre de Marseille, les marcheurs des Minguettes arrivent à Paris le 3 décembre accueillis par plus de 100 000 personnes. La date de l'arrivée peut aussi correspondre à celle d'un événement politique auquel on s'oppose, comme ce fut le cas en juin 1997, lorsque les marches européennes des chômeurs convergèrent vers Amsterdam le jour de la signature du traité européen, réunissant 50 000 manifestants.

En plus du *timing*, le succès de la marche dépend aussi de la mise en place de comités d'accueil dans chaque ville étape.

Les marches européennes contre le chômage et les exclusions ont ainsi sillonné l'Europe : elles ont permis l'ébauche de la construction d'une Europe sociale, celle des plus pauvres. Elles étaient ponctuées de manifestations, elles étaient à géométrie variable, on pouvait les rejoindre, les prolonger, les rencontrer... les « gueux » étaient à pied, en Espagne en Allemagne, en Angleterre...

Ils faisaient écho à d'autres gueux marchant ailleurs dans le monde, à la marche incessante des paysans sans terre du Brésil ou à celle des Indiens équatoriens vers la capitale, Quito.

➠ **CARAVANE** ➠ **MANIFESTATION**

MASQUE. Outil, déguisement, mais aussi moyen de signifier l'invisibilité des acteurs de la lutte, de faire passer le message de la porosité des identités, chacun pouvant potentiellement remplacer chacun.

« Il est nécessaire de remarquer qu'il n'y a pas de lien politique qui ne soit échange et même confusion de masques, une mauvaise répétition d'une pièce, où tout le monde ignore le rôle qu'il doit interpréter. Tâchez, malgré tout, vous qui vous destinez à la politique, de faire en sorte que le masque soit, dans la mesure du possible, votre œuvre. Fabriquez-le vous-même pour éviter que vos ennemis ou vos camarades ne vous l'imposent. Faites en sorte qu'il ne soit pas trop rigide ou trop perméable et qu'il ne finisse par étouffer votre visage car, tôt ou tard, il vous faudra le dévoiler. » ANTONIO MACHADO, cité par le roi du masque, le sous-commandant Marcos.

Lors des manifestations contre le sommet des Amériques, au Québec (avril 2001), un collectif d'artistes avait distribué aux manifestants un foulard-masque réversible. Sur l'une des faces était dessiné un sourire, sur l'autre, une grille (représentant celle qui était déployée tout autour de la ville) qui masquait ce sourire. Chacun pouvait choisir la face qu'il préférait, tout en signifiant son adhésion au projet d'abattre cette grille.

➠ **TRAVESTISSEMENT** ➠ **DÉGUISEMENT**

MÉDIAS INDÉPENDANTS. Par opposition aux médias dépendants, privés ou publics, voire gouvernementaux ; les médias indépendants sont une composante essentielle des luttes actuelles. Ils ne se présentent pas comme des « bons médias », mais comme un des aspects de la lutte, la conquête du discours sur les événements, la conquête aussi d'une forme du discours, au plus près des paroles des militants, un lieu de libre expression et de dialogue.

Indymedia, qui regroupe des vidéoactivistes, mais aussi d'autres types de média-activistes, est né à Seattle pendant les manifestations contre l'OMC. Il s'agit au départ d'un projet porté par des journalistes indépendants et des médias alternatifs américains, qui ont été rejoints par de jeunes militants, partant avec leurs caméras, leurs enregistreurs, des appareils photo ou simplement des histoires à raconter. Dans le Centre des médias indépendants de Seattle, c'est cette alchimie qui a permis de créer un outil qui est aujourd'hui présent dans plus de quatre-vingts pays. Au final, le média-activisme est à présent devenu une forme de lutte, un outil de communication et d'expression pour les militants, mais aussi la démonstration que le quatrième pouvoir est bien un front de lutte en lui-même, que la société médiatique implique un regard spécifique et une lutte propre sur le terrain de l'information.

Les technologies Internet et celles du Wi-Fi permettent de diffuser des programmes alternatifs à moindre coût. Des réseaux comme « Free Speech » aux États-Unis interviennent à la fois dans des radios locales et des télévisions du câble : ils constituent des équipes de journalistes et de militants partout dans le monde et offrent un autre regard sur les événements.

L'indépendance et la liberté d'expression sont des luttes permanentes, même dans les réseaux associatifs et alternatifs. Ainsi, en août 2001, à New York, un débat en direct lors de l'émission politique radicale « Democracy Now ! » oppose un représentant des bailleurs de fonds de la station et Juan Gonzalez, le coanimateur de l'émission : ce débat est censuré par la directrice des programmes. Juan Gonzalez démissionne en direct, protestant contre la censure, les licenciements et les mises à l'écart au sein de la radio WBAI à New York. Amy Goodman, animatrice de « Democracy Now ! » quitte à son tour avec fracas les studios de WBAI pour s'installer tout près du World Trade Center, devenant après le 11 septembre l'unique radio, « Ground Zero Radio », à émettre dans cette zone, et à immédiatement produire un autre discours sur les attaques des Twin Towers. Il n'en fallait pas plus pour que la censure s'exerce de nouveau, et au moment même où les médias les plus officiels reprenaient ses émissions (où elle faisait se rencontrer les familles des victimes du WTC et des familles afghanes), WBAI cessait de transmettre « Democracy Now ! ». Cette crise finit par aboutir à une vraie campagne de reprise en main de la station par les journalistes et les auditeurs. Une assemblée générale réhabilite l'ancienne équipe et une vaste campagne d'appels à fonds et à donations s'ensuit, permettant la résurrection de la station, et le retour d'une information alternative de qualité, appuyée sur les réseaux militants, mais aussi sur le rôle central de quelques animateurs et professionnels.

➞ **DOCUMENTAIRE,** ➞ **VIDÉOACTIVISME**

MÉMOIRE/AMNÉSIE. « Si la voix de ceux qui écrivent l'histoire parle de contretemps, c'est parce que la voix des opprimés ne parle pas... encore. Il n'existe pas de calendrier historique, national ou régional, qui dresse la liste de chacune des révoltes ou des manifestations de désaccord envers le système imposé et maintenu par le feu et le sang sur tout le territoire national. Alors, le fantôme de la barbarie indienne prend corps dans les murs des palais des gouvernants et tout se passe avec l'aide du plomb brûlant, de l'emprisonnement, de la ruse et de la menace. Si les révoltes du sud-est échouent, comme elles échouent au nord, au centre et à l'ouest, ce n'est pas par désynchronisation, mais parce que le vent est le fruit de la terre, qu'il a son rythme et sa maturation, pas dans les livres de lamentations, mais dans les poitrines assemblées de ceux qui n'ont rien d'autre que la dignité et la révolte. » EZLN, « Le sud-est est en deux vents, un orage et une prophétie », « Deuxième vent, celui d'en bas », août 1992.

➞ **COMMÉMORATION**

MEDICAL TEAM (GROUPE DE PREMIERS SECOURS). Groupe affinitaire mobile qui offre ses services dans la manifestation pour secourir les blessés légers, les manifestants gazés. Il est constitué de manifestants munis du nécessaire pour les blessures les moins graves, d'eau pour nettoyer les yeux brûlés par les gaz lacrymogènes, etc. Mais il intervient aussi pour appeler une ambulance ou des secours dans les cas plus graves. Dans les cas où l'on considère que l'envoi de manifestants blessés à l'hôpital peut représenter un danger pour eux (comme en Italie pendant le contre-G8 de Gênes), le medical team peut se renforcer d'un QG plus stable (dans le centre de convergence par exemple ou dans un local spécifique) avec des médecins pour traiter les blessés.

➞ **LEGAL TEAM** ➞ **AFFINITÉ (GROUPE D')**

MÈRES DE LA PLACE DE MAI. Mouvement des mères des disparus de la dictature argentine. Depuis plus de trente ans, elles défilent toutes les semaines sur la place du gouvernement à Buenos Aires (place de Mai), en portant autour du cou les portraits de leurs enfants, ne se lassant pas de demander justice. Ce mouvement en a inspiré de nombreux autres, dans ses méthodes comme dans ses revendications.

➞ **MÉMOIRE** ➞ **HARCÈLEMENT**

MISSIONS CIVILES. Militants pacifistes qui interviennent dans les zones de conflit pour servir de boucliers humains et protéger les populations civiles. Les missions civiles alertent également l'opinion internationale par ce geste specta-

culaire en révélant l'inertie ou la culpabilité des États qui laissent mourir ou tuent des êtres humains sans défense.
Les missions civiles organisées en Palestine à partir de la deuxième Intifada ont donné à ces mouvements une dimension politique nouvelle par le choix d'un certain nombre de groupes d'aller au plus près des zones de confrontation alors que les chars israéliens envahissaient les villes de Cisjordanie en avril 2002 (on se souvient notamment de l'entrée d'une mission dans le QG de l'autorité palestinienne). De même, des missions civiles se sont déployées en Irak à la veille de l'intervention anglo-américaine dans ce pays.

➡ **OBSERVATEURS INTERNATIONAUX**

MOT D'ORDRE. Formule concise qui fixe un but à atteindre. Un mot d'ordre ne se définit pas comme une exigence adressée aux autorités, mais comme un objectif que le mouvement se donne à lui-même. En lançant un mot d'ordre, on indique une situation politique à construire dans les heures ou les jours à venir. Le slogan « grève générale interprofessionnelle » est clairement un mot d'ordre, alors que le slogan « 37,5 annuités de cotisations pour tous » est plutôt une revendication.
Premier problème, la pertinence du mot d'ordre. On se souvient des longs débats qui ont agité le mouvement enseignant de juin 2003 au sujet du blocage des épreuves du bac : fallait-il aller jusqu'au bout dans l'épreuve de force face au gouvernement, ou reculer pour ne pas perdre le soutien de l'« opinion publique » ?
Second problème, qui décide du mot d'ordre ? Lorsqu'un mouvement social ne s'est pas doté d'instances démocratiques souveraines, représentatives, et reconnues comme telles (assemblées générales, coordination...), les bureaucraties syndicales continuent à détenir le monopole de la formulation des mots d'ordre, ce qui peut entraîner de forts décalages entre les consignes données par les appareils et la volonté de la base.
Le 13 mai 2003 au soir, après le succès de la journée de grève et de manifestation, les AG des grévistes de la RATP décident spontanément de reconduire la grève. Au même moment, Bernard Thibault, interviewé sur France 2, refuse de relayer ce mot d'ordre pour la CGT. Ce soir-là, son choix de réserver le mot d'ordre de grève reconductible pour une étape ultérieure de la mobilisation a cassé une dynamique de généralisation de la grève dans les transports publics.

➡ **CAMPAGNE** ➡ **GRÈVE GÉNÉRALE** ➡ **PLATE-FORME** ➡ **COORDINATION**

N

NAMING AND SHAMING. « Nommer et dénoncer » ou encore « désigner et blâmer ». Stratégie de publicité négative et de stigmatisation morale qui s'attaque à la réputa-

tion d'une d'entreprise, d'un État ou d'un groupe d'institutions.
Utilisée par exemple par Tony Blair pour mettre en concurrence les établissements scolaires publics en publiant la liste des résultats les moins bons, cette technique de management a été reprise et détournée par les ONG pour dénoncer publiquement les entreprises coupables d'atteinte à l'environnement où aux droits sociaux. La publication de ces listes d'entreprises honteuses se combine à des campagnes de boycott (par exemple, la publication de listes de produits alimentaires contenant des OGM), et de lobbying auprès des fonds de pension sensibles à l'« investissement éthique » (si une telle chose peut exister).

→ **BOYCOTT** → **GUERRE SÉMANTIQUE** → **OBSERVATOIRE**

NÉGOCIATION. L'abus de négociation peut être nocif. Attention. Pour négocier, quand c'est vraiment nécessaire, et quand on pense pouvoir obtenir quelque chose, ou juste pour faire durer le plaisir, travailler collectivement le scénario. Il est important que la délégation qui négocie (avec l'employeur, le videur, la police ou les voisins...) soit mandatée par les personnes participant au mouvement ou à l'action. L'idéal, c'est d'arriver à constituer des groupes de négociation où chacun joue un rôle différent : le petit nerveux, le sérieux et posé, le faux naïf, etc. Ces rôles permettent de déstabiliser l'adversaire et de lui faire croire qu'il peut jouer les uns contre les autres, alors que l'ensemble est en réalité orchestré avec brio ! Enfin, ne jamais décider sans revenir à la décision collective de l'AG, c'est encore un argument de poids dans la négociation (nous ne décidons pas, nous discutons), et une garantie contre les sales coups.

→ **OCCUPATION** → **SQUAT**

NETSTRIKE. « Grève de réseau », les cyberactivistes qui sont à l'origine du terme préfèrent le définir comme une manifestation télématique.
Une netstrike entraîne le blocage d'un site Internet pendant quelques minutes ou quelques heures. Techniquement, il ne s'agit pas d'un acte de piratage car aucune intrusion n'est commise. Le site devient inaccessible parce qu'il est saturé de demandes de connexion, ce qui ne peut se produire que si des milliers de personnes participent en même temps. Et c'est dans l'ampleur de la mobilisation que réside le véritable but d'une netstrike, au-delà du blocage effectif du site.
La première a été organisée 1995 par le groupe italien Strano Network contre les essais nucléaires français dans le Pacifique. En 1998, les New-Yorkais du Critical Art Ensemble publient *FloodNet* — ce dernier lançant une contre-attaque sur les ordinateurs des participants.

→ **HACKTIVISME** → **DÉSOBÉISSANCE ÉLECTRONIQUE** → **MAILBOMBING**

NON-MIXITÉ. L'enjeu de la non-mixité est étroitement lié à la reconnaissance de l'existence d'une domi-

nation masculine (violente ou larvée), que subissent toutes les femmes, quelles que soient leur condition sociale, leur culture ou leur nationalité. Historiquement, la non-mixité a été nécessaire, ne serait-ce que pour que les femmes puissent, quels que soient leurs divers engagements politiques, se réapproprier leur propre parole, sachant que, dans des groupes mixtes, les relations de pouvoir entre les sexes empêchaient souvent les femmes de parler librement, et les reléguaient aux tâches subalternes de « secrétaire de séance », « responsable du magnéto », « copine de bidule », etc. Ainsi, comme pour tout groupe dominé, la libération passe par une phase d'autoémancipation : des femmes par les femmes. D'où l'importance pour les groupes féministes, de constituer des groupes non mixtes de parole dans lesquels les femmes pouvaient librement s'exprimer et partager ensemble les expériences, jusqu'ici indicibles, de l'inégalité des sexes (avortements clandestins, précarité, violence conjugale...), mais aussi de la sororité (solidarité, redécouverte de son propre corps, de sa sexualité, de l'histoire collective des femmes et des combats passés, etc.).
Pour autant, si la non-mixité est une phase essentielle du mouvement féministe, la mixité est, selon une stratégie différente et non exclusive, un moyen idéal pour libérer également les hommes des diktats des stéréotypes sexistes.

NON-VIOLENCE ACTIVE. *Satyagraha* (en indien) : utilisation radicale de la non-violence. Il s'agit de s'interposer de manière radicalement pacifique dans des situations de conflit. Cette technique, développée en particulier dans le mouvement américain pour les droits civiques (années 1960), est utilisée dans les actions en situation de guerre (notamment par les missions civiles), mais aussi lors des contre-sommets, ou dans des actions contre des projets destructeurs de l'environnement.
Les actions de blocage de routes et toutes les formes d'interposition pacifique sont des action de non-violence active. L'intérêt de l'usage de cette forme d'action est qu'elle accentue le contraste entre les forces de l'ordre (qui interviennent généralement, puisque l'action gêne l'ordre public) et les militants, fermement pacifiques. La plupart des actions de désobéissance civile sont de ce type. Le démontage d'un McDonald's en construction à Millau par les militants de la confédération paysanne est bien un acte de non-violence active, même s'il est également un acte de désobéissance.

→ **ACTION DIRECTE** → **DÉSOBÉISSANCE**

NUS. En 2002, en Grande-Bretagne, un homme a été arrêté par la police dans le tribunal de Southampton, alors qu'il tentait d'entrer dans la salle d'audience avec pour tout vêtement une pancarte : « Être nu n'est pas un crime. » Ce naturiste militant devait passer en jugement pour atteinte à la pudeur. En général, les strip-tease militants servent à attirer l'attention des médias : au Canada, pendant le sommet du G8 de Kananaskis, des militants canadiens ont envahi un centre commercial sous le slogan « Plutôt tout nus qu'en Gap » ; en novembre 2002, en Californie, cinquante femmes du groupe « Unreasonable women for peace » se sont couchées nues sur une pelouse en formant avec leurs corps le mot PEACE pour protester contre l'intervention en Irak. Deux ans plus tôt, lors du sommet mondial de l'eau aux Pays-Bas, un couple de militants espagnols nus était monté sur la scène pendant le discours inaugural, montrant aux 3 000 délégués leurs dos sur lesquels étaient inscrits des slogans hostiles à la construction d'un barrage dans le Pays basque et à la privatisation de l'eau. Réaction du prince Willem Alexander, qui présidait le sommet : « Ici, c'est un forum normal, pour des discussions normales. Je vous demande de vous asseoir. »

Pancarte vivante et objet obscène qui perturbe l'ordre des conduites normales, le corps nu est aussi le symbole d'une vulnérabilité assumée que les méthodes de la non-violence radicale cherchent à mettre en scène : à Gênes, face aux jets de lacrymogènes, quelques manifestants équipés de masques à gaz, levaient, nus, les bras en l'air.

➾ **DÉGUISEMENT** ➾ **DÉCALAGE**

NUDISME RÉVOLUTIONNAIRE

« Revendiquer et pratiquer la liberté de l'anudation est, en effet, protester contre tout dogme, loi ou coutume établissant une hiérarchie des parties corporelles, qui considère par exemple que l'exhibition du visage, des mains, des bras, de la gorge est plus décente, plus morale, plus respectable que la mise à nu des fesses, des seins, du ventre ou de la région pubienne ; c'est protester contre la classification en nobles et en ignobles des différentes parties du corps : le nez étant considéré comme noble et le membre viril comme ignoble, par exemple. C'est protester, dans un sens plus élevé, contre toute intervention (d'ordre légal ou autre) qui nous oblige à nous vêtir, parce que cela plaît à autrui, alors qu'il n'est jamais entré dans nos intentions d'objecter à ce qu'autrui ne se dévête pas, s'il y trouve davantage son compte. » E. ARMAND, *L'Encyclopédie anarchiste*, 1934.

NUAGE DE PAPILLONS (TACTIQUE DU). Tactique d'action de rue. Le but est de se rendre insaisissable : on virevolte, on se regroupe en nuage coloré, on agit, et on se disperse en un clin d'œil pour se reformer ailleurs en se combinant différemment. Cette tactique est utilisée par les Black Blocs pour mener des actions de destruction de propriété, mais on peut s'en servir pour organiser toutes sortes d'actions furtives.

Le premier principe est celui de la « pulsation », c'est-à-dire le va-et-vient constant par lequel les groupes se forment, se dispersent, se reforment. Comme dans la guérilla, une fois l'attaque accomplie, les groupes opérationnels pratiquent l'« absorption » dans l'environnement immédiat, où ils se camouflent pour échapper à l'adversaire. Mais cette tactique devient très problématique lorsqu'on la met en œuvre sans l'accord des manifestants : on instrumentalise alors les personnes qui prennent part au cortège et on les expose à un risque qu'elles n'ont pas toujours choisi de prendre (le groupe mobile, en se repliant dans la manifestation, peut ramener avec lui une charge de police).

Le second principe est celui de l'action « en essaims », c'est-à-dire l'action chaotique et simultanée de groupes éclatés. Différents groupes d'affinité se coordonnent pour agir au même moment. L'action est synchronisée à l'aide d'un signal quelconque, mais elle n'est pas centralisée. Pas de « cerveau de la bande » ni d'état-major. Cette forme d'organisation rend les actions pratiquement imprévisibles pour la police.

➡ **GROUPE D'AFFINITÉ** ➡ **BLOC** ➡ **BLACK BLOC** ➡ **GUÉRILLA** ➡ **DIVERSITÉ DES TACTIQUES**

O

OBSERVATOIRE. Les observatoires militants partent d'un constat simple : les gens ne se comportent pas de la même manière s'ils se savent observés ou s'il se croient seuls au monde. Pour prétendre exercer un contrôle citoyen sur les institutions, il faut commencer par les surveiller.

Comme l'écrit l'Observatoire international des prisons : « Le plus sûr moyen de faire cesser un manquement au droit ou un dysfonctionnement est de le rendre public. » Tous les observatoires militants fondent leur stratégie sur ce pari, quel que soit leur champ d'intervention.

Leur vigilance permet de donner l'alerte en cas de danger imminent. L'exemple le plus célèbre reste celui de la campagne d'information sur l'Accord multilatéral sur l'investissement (AMI), en 1998 : « Nous avons passé une semaine entière à scanner page par page tout le texte de l'AMI, et à le mettre en ligne. Mais ça a marché. En rendant l'AMI accessible au public, nous l'avons exposé à la lumière. Et c'est ça qui l'a tué. C'était le test de Dracula. » (Mike Dolan de Global Trade Watch).

En dehors des (rares) coups d'éclat, le travail des observatoires militants demande patience, persévérance et minutie : aller fourrer son nez dans les zones d'ombre, tenir bon face aux menaces, mener des enquêtes, publier des bulletins réguliers, vérifier les informations, rédiger des rapports de plusieurs milliers de pages...

Quelques exemples : l'Observatoire international des prisons (www.-oip.org), l'Observatoire des transnationales (www.transnationale.org), ou Statewatch, qui surveille le respect des libertés en Europe (www.statewatch.org).

➡ **THINK TANKS**

OCCUPATION. On peut occuper un lieu pour le réquisitionner (occuper des logements vides, ou des terres à cultiver) et dans ce cas l'occupation nécessite une organisation spécifique qui permet de tenir et de s'installer longuement. On peut également occuper un lieu pour un temps indéfini pour attirer l'attention sur une question : les occupations d'églises ou de bâtiments publics (théâtres) par les mouvements de sans-papiers par exemple. Ces occupations visent à créer un lieu de convergence pour des luttes invisibles. L'occupation de la basilique de Saint-Denis en 2002 par des collectifs de sans-papiers a ainsi permis à de nombreux autres sans-papiers d'entrer en lutte et de sortir de l'ombre, comme celle de Saint-Bernard l'avait fait quelques années plus tôt.
Une occupation peut viser à perturber une administration et à alerter ses usagers sur ses dysfontionnements ou ses pratiques : occupations d'agences EDF pour protester contre les installations de compteurs à cartes pour les pauvres organisées par les mouvements de chômeurs, occupations d'antennes Assedic, occupation des DRAC par les intermittents, etc.
Enfin, plus classiquement, l'occupation d'une usine par ses ouvriers dans le cadre d'un conflit peut servir à paralyser la production, à organiser une prise en main de la production par l'autogestion, ou simplement à faire pression sur des négociations. Les salariés de Moulinex, menacés par un plan de licenciement massif, ont ainsi occupé en 2001 leur usine pendant de nombreuses semaines, et menacé de faire exploser le bâtiment si leurs revendications n'étaient pas entendues. L'occupation du bâtiment est ainsi une forme de réquisition des richesses, la seule arme encore dans les mains des ouvriers licenciés.

→ **DÉTOURNEMENT** → **GRÈVE DE LA FAIM**
→ **RÉQUISITION**

OPÉRATION ESCARGOT. Ralentissement du trafic. Action de routiers à l'origine, elle est à présent reprise par diverses catégories de protestataires (motards, médecins, agriculteurs, raveurs, etc.), sans doute parce qu'elle produit un grand effet de perturbation avec de petits moyens.
En décembre 2002, dans le détroit du Pas-de-Calais, on a vu des pêcheurs mener une opération escargot sur mer, avec une dizaine de chalutiers.

→ **BLOCAGE** → **BARRAGE**

OPÉRATION VILLE MORTE. Grève générale à l'échelle d'une ville. Le cas typique est celui d'une fermeture d'entreprise : toute la communauté locale, concernée directement ou indirectement par l'événement, se solidarise avec les salariés en cessant toute activité. Par exemple à Vilvoorde, le 5 mars 1997, contre la fermeture de l'usine Renault : de 11 h 00 à 11 h 05, les administrations publiques se sont arrêtées, les cours ont été interrompus dans les salles de classe, les commerçants ont baissé leur rideau, les employés ont cessé le travail, les automobilistes ont immobilisé leur véhicule, et un drapeau noir a été hissé sur le fronton de la mairie en signe de protestation. En mimant collectivement la paralysie, on donne à voir quelle menace pèse sur la ville en même temps qu'on mobilise l'ensemble des habitants pour la conjurer.

➾ **ACTION SYMBOLIQUE** ➾ **GRÈVE GÉNÉRALE** ➾ **POPULARISATION**

ORGANISATION. Les organisations sont organisées. On les appelle aussi des « orga », pour faire plus cool. Souvent les orga parlent plus fort que les autres, elles défilent le plus souvent avec des drapeaux, où l'on peut lire leur nom, ou leur sigle, ou bien des slogans. Elles ont la plupart du temps des représentants : présidents, secrétaires, ou porte-parole. Dans les réunions, ces personnes se présentent comme « mandatées » quand elles peuvent signer les textes. Quand elles sont là juste pour discuter, c'est qu'elles doivent demander un mandat... et alors c'est plus long. Mais il faut dire que les « orgas » sont souvent grosses et complexes, elles vont donc à leur rythme.

➾ **UNITAIRE**

OUTING. Dévoiler l'homosexualité d'un personnage public sans son consentement. Utilisé par le groupe « Queer Nation » aux États-Unis au début des années 1990, l'outing est de deux sortes, selon qu'il prend pour cibles des célébrités du show-business pour accroître la visibilité et l'acceptabilité culturelle de l'homosexualité, ou qu'il s'attaque à des personnalités politiques qui, étant elles-mêmes homosexuelles, tiennent en public des discours homophobes et défendent des politiques discriminatoires. Sous cette seconde forme, l'outing politique est à la fois une technique d'autodéfense et une tactique de provocation visant à susciter un débat plus large.

En 1994, en Grande-Bretagne, les activistes d'« Outrage » sortent du placard dix évêques qui condamnaient l'homosexualité comme un péché et dont certains avaient soutenu la loi de Margaret Thatcher interdisant aux enseignants de présenter l'homosexualité sous un jour favorable. La crise qui éclate dans l'Église anglicane encourage d'autres évêques à faire leur coming out, et pousse la hiérarchie à réviser sa doctrine, jusqu'à se déclarer contre les discriminations antigay.

En France, en 1999, Act Up menace, sans le faire, d'« outer » un député ayant participé à la manifestation anti-Pacs et cautionné les propos homophobes tenus à l'assemblée. Il s'agit de faire apparaître une dissymétrie légale : on s'expose à des poursuites judiciaires si on dévoile l'homosexualité de quelqu'un, mais on peut impunément insulter tous les homosexuels tant qu'on n'en nomme aucun. En faisant la démonstration de ce double langage, l'outing annoncé milite en faveur de l'instauration d'un délit d'incitation à l'homophobie.

➾ **GAY PRIDE** ➾ **KISS-IN**

P

PALABRAS/PAROLE. Forme de lutte utilisée notamment par les Indiens du Chiapas qui proclament « *somos palabras* », nous sommes le verbe. Il s'agit de parler et d'exprimer sans cesse par des mots son opposition à un projet, à un gouvernement, aux forces de l'ordre. Cela se traduit concrètement par des affrontements entre mots et fusils. Les manifestants prennent à partie les soldats en leur parlant, en leur demandant pourquoi ils sont là, en leur expliquant leur situation, sans négocier et sans rechercher une parole autorisée.

➡ **AVIONS EN PAPIER** ➡ **ASSEMBLÉES** ➡ **NÉGOCIATION**

PARRAINAGE RÉPUBLICAIN. Baptême laïque institué en 1794, destiné à l'origine à « faire entrer l'enfant dans la communauté républicaine ». Le parrainage républicain a été repris en 1997 par le mouvement des sans-papiers avec un triple objectif : symbolique (le parrainage n'a aucune valeur juridique, mais ses origines révolutionnaires et le fait qu'il puisse se dérouler à la mairie permettent de continuer à inscrire le mouvement dans les luttes « citoyennes »), pratique (apporter une aide concrète aux sans-papiers, notamment dans la constitution des dossiers de régularisation et dans le suivi des démarches administratives), et organisationnel (élargir les réseaux de soutien, en lien avec les collectifs). Mais le parrainage pose aussi des problèmes tactiques, en tendant à individualiser la lutte, il peut favoriser le traitement au cas par cas au détriment d'une revendication de régularisation globale.
Le 17 mai 1998, la première cérémonie non-stop de parrainage républicain était organisée pendant trente-six heures au théâtre Gérard-Philippe de Saint-Denis.

PAVÉ... dans la gueule. Avant de paver, dépaver.

PÉTITION. Texte à signer, revendication collective.

➡ **CAMPAGNE** ➡ **MANIFESTE** ➡ **APPEL**

PICKETING. Rassemblement de têtus, le plus souvent hebdomadaire, devant une institution. On tourne en rond avec des pancartes, on siffle, on crie des slogans, on distribue des tracts. On recommence de semaine en semaine jusqu'à ce que les revendications aboutissent.
Le picketing vient du monde du travail : tenir des piquets de grève et bloquer les portes de l'entreprise. Par extension, il s'est mis à désigner aux États-Unis tout rassemblement devant l'entrée d'un bâtiment officiel.
Le picketing a été introduit en France par Act Up en 1990, avec des rassemblements tous les vendredis devant le ministère de la Santé.

➡ **PIQUETS DE GRÈVE** ➡ **PIQUETEROS** ➡ **HARCÈLEMENT**

PINK AND SILVER BLOC (BLOC ROSE ET ARGENTÉ)
Face aux couleurs de l'idéologie, couleurs choisies par certains manifes-

tants pour défiler et pratiquer une tactique particulière, celle de la radicalité festive ou frivole. Elle signifie un jeu sur les identités (politiques, mais aussi sexuelles parce qu'elle passe souvent par le travestissement) par le déguisement, le refus des pratiques militaires, et l'affichage d'une esthétique de carnaval signifiant dans la lutte les autres mondes possibles, colorés et sans frontières. Le Pink and Silver Bloc a été inauguré à Prague en septembre 2000 : fils des journées d'action globales carnavalesques, il se structure dans le respect des différentes tactiques, unies dans une radicalité joyeuse, au son et au rythme de la samba le plus souvent. Un défilé de pink and silver ressemble à un tournoiement joyeux d'oiseaux brillants, de papillons et de drôles d'êtres remuants. On y trouve des fées et des clowns, des pom-pom girls et des superman, de faux policiers et des jongleurs... Il est forcément féminin, déconcertant, fragile et puissant.

➡ **MASQUE** ➡ **CARNAVAL** ➡ **DÉGUISEMENT** ➡ **SAMBA**

PIQUETES. Mode d'action des chômeurs argentins, les piqueteros. Il s'agit de dresser des barricades sur les principales voies d'accès aux villes et de bloquer l'approvisionnement et la circulation des marchandises. Ces chômeurs, laissés pour compte du marché et de ses flux mettent en pratique leur réaction à ce système en arrêtant la machine, en paralysant les flux. Les routes sont bloquées par des barricades de fortune et investies par des chômeurs et des familles qui s'installent, font la cuisine, dorment et se relèvent pour maintenir la position.

➡ **BLOCAGES** ➡ **BARRICADES**

PIQUET DE GRÈVE. Permanence organisée par les grévistes devant le lieu de travail. On voit encore les cheminots dans la nuit froide, devant leurs braseros dans les gares pendant le mouvement de décembre 1995. Un piquet « mou » se contente d'inciter les autres salariés à cesser le travail en rendant visible le mouvement (affichage, déploiement de banderoles, distribution de tracts). Un piquet « dur » bloque entièrement les portes pour empêcher les non-grévistes de pénétrer dans l'établissement et pour faire obstacle aux tentatives patronales visant à briser la grève (embauche d'une main-d'œuvre « jaune », ou évacuation des stocks, véritable « trésor de guerre » détenu par les grévistes). Attaqué, défendu, brisé, reconstruit, le piquet de grève est le lieu où se matérialise l'affrontement social.

➡ **GRÈVE** ➡ **BLOCAGE** ➡ **PIQUETES**

PIRATES. « Au XVIIIe siècle, les pirates et corsaires créèrent un réseau d'information à l'échelle du globe : bien que primitif et conçu essentiellement pour le commerce, ce réseau fonctionna toutefois admirablement. Il était constellé d'îles et de caches lointaines où les bateaux pouvaient s'approvisionner en eau et en nourriture et échanger leur butin contre des produits de luxe ou de nécessité. Certaines de ces îles abritaient des "communautés intentionnelles", des microsociétés vivant délibérément hors la loi et bien déterminées à le rester, ne fût-ce que pour une vie brève, mais joyeuse. » HAKIM BEY, *TAZ*

➡ **TAZ** ➡ **SQUAT** ➡ **OCCUPATION** ➡ **HACKTIVISM**

PLATE-FORME REVENDICATIVE. « Y'en a marre des plates-formes, on veut des grosses formes. » L'INTERSIDÉRALE (Réseau de marxiens et marxiennes libérés, Liège)

➡ **INTERSIDÉRALE** ➡ **MOT D'ORDRE**

POISSON D'AVRIL. Le 1er avril 1995, l'encyclique de Jean-Paul II *Evangelium vitae* est enfin disponible dans les kiosques. Cette superbe version sur papier glacé reproduit l'intégralité du texte original. Proposée à un prix modique, elle est augmentée en dernière page d'un bonus spécial : une photo du pape maculée de sang, avec le sous-titre « Ce Pape est un assassin », signé Act Up Paris.

➡ **FALSIFICATION, IMPOSTURE**

POPULARISATION (ACTIONS DE). Les actions qui visent à gagner le soutien d'une partie de la population ne participant pas (encore) à une lutte. Il s'agit de gagner la « bataille de l'opinion ». Ces actions ont une importance stratégique parce qu'elles permettent d'élargir la mobilisation, de gagner des alliés extérieurs et d'améliorer le rapport de forces en faveur du mouvement.
L'éventail des actions est extrêmement large : campagne d'information (distributions de tracts pour expliquer l'action aux passants ou aux voisins, lettre aux parents d'élèves par des enseignants grévistes...) ; organisation de rencontres et d'événements de sociabilité (invitation à des débats, à des journées portes ouvertes dans un lieu occupé, pique-niques, apéritifs, concerts...) ; actions « gratuité » (péages gratuits, distribution gratuite de nourriture ou vente à prix coûtant par les agriculteurs en colère, plâtrage des horodateurs pour lancer des opérations « stationnement gratuit »...

➡ **DISTRIBUTION GRATUITE**

PRIX LIBRE. Paye ce que tu veux ou ce que tu peux. Le prix libre s'oppose au prix fixe. On le pratique dans les expériences d'économie alternative. L'acquéreur doit évaluer lui-même ce qu'il va payer, en fonction de ses ressources, de ses besoins, de son envie de soutenir l'initiative... Pratique économique engagée, le prix libre s'oppose à la logique marchande et aux eaux froides du calcul égoïste.

➡ **FREE PARTY**

PROJECTILES. Au-delà du pavé, toutes sortes de projectiles peuvent signifier des choses différentes : les œufs, les tomates pourries et les vers de terre disent bien le dégoût, les pierres et les pavés, ainsi que les cocktails Molotov ou autres canettes, sont associés aux guérillas urbaines et aux luttes contre les fusils, ils constituent les armes des désarmés. On peut aussi utiliser des projectiles plus ludiques : jouets, fleurs, avions en papier, ou simple boue... On peut aussi varier le « projecteur » : mains, raquettes, pelote basque, batte, lance-patates.

Au Chiapas, des Indiens ont pris d'assaut un camp militaire en avançant les pieds dans la boue et en projetant cette terre sur les visages des soldats, leur donnant à eux aussi la « couleur de la terre », les ramenant à leur humilité d'êtres humains.

➡ **CATAPULTE À OURS** ➡ **ÉMEUTE** ➡ **AVIONS EN PAPIER** ➡ **PAVÉ**

R

RASSEMBLEMENT. Le rassemblement est immobile. Il montre la présence de militants, vise éventuellement à empêcher la tenue d'une réunion ou d'une manifestation en la couvrant (avec une occupation sonore, des cris ou de la musique). Les rassemblements s'organisent devant des bâtiments symboliques, les maisons de responsables (réveille-matin ou escrache), ou devant des bâtiments institutionnels. Les militants des associations de lutte contre les exclusions ont ainsi organisé un rassemblement continu devant l'Assemblée nationale en 1998 pendant la discussion et le vote de la loi contre les exclusions.
L'arrestation de José Bové, en juin 2003, a été suivie de nombreux rassemblements devant les antennes du ministère de la Justice et devant les prisons.
Un rassemblement peut être silencieux (rassemblement devant le consulat d'Italie à Vienne après la mort de Carlo Giuliani à Gênes, dans le silence, allongés en die-in), bruyant (avec des casseroles devant le Congrès de Buenos Aires ou au petit matin pour réveiller un patron) ou s'organiser sous la forme de prises de parole, voire être associé à un concert ou à une fête.

➡ **RÉVEILLE-MATIN** ➡ **SILENCE** ➡ **BRUIT**

RÉAPPROPRIATION. Reprendre un lieu, un objet, un mot, des biens... La réappropriation est bien une forme de lutte anticapitaliste : il ne s'agit pas de changer le propriétaire mais bien de remettre en question la propriété privée. On se réapproprie des objets qui ont été privatisés, dont l'usage a été marchandisé et qui peuvent être transformés en des espaces communs de créativité, en des lieux de vie.
Le mouvement britannique Reclaim the Streets met au centre de ses combats et des formes de ses luttes la réappropriation de l'espace public : jardins, rues, musées, statues. Tout est transformé lors des opérations de RTS, tout prend un autre sens. Si la rue est à nous, elle n'est plus un espace policé où l'on ne fait que passer, elle n'est plus le royaume des voitures, du bruit et de la pollution ; elle est piste de danse, elle est plage. Si les murs sont à nous, ils ne sont plus gris et tristes, ils porteront des messages, ils deviendront des espaces d'expression.

➡ **COPYLEFT** ➡ **DÉTOURNEMENT** ➡ **OCCUPATION** ➡ **RÉQUISITION**

REMISE DE PRIX. Parodies de remises de prix officielles. Nées aux États-Unis et inspirées des « Adolph Awards » décernés aux dictateurs dans les années 1970 par le magazine *Dawn*, ces cérémonies ironiques récompensent ouvertement le pire au lieu du meilleur. Au Canada, Disney a ainsi remporté le prix du commerce de la sueur de l'année 2001. Dans le même esprit, le réseau Privacy International remet chaque année des Big Brother Awards « aux institutions, sociétés ou personnes s'étant distinguées par leur mépris du droit fondamental à la vie privée ou par leur promotion de la surveillance et du contrôle des individus » qui reçoivent alors un Orwell, petite statuette dorée représentant une tête couchée sous une botte militaire.

→ **NAMING AND SHAMING**

RÉQUISITION. Elle consiste à s'emparer d'une propriété privée, poussé par la nécessité. Les mouvements de sans-logis et mal logés réquisitionnent régulièrement des logements et des bureaux laissés vides (parfois même chauffés) alors que des gens meurent de froid dehors ou vivent dans des conditions d'insalubrité et de promiscuité intolérables. Ils s'appuient pour cela sur la loi de réquisition, promulguée en 1945 en France, qui permet aux préfectures de se saisir de logements vacants pour y accueillir des habitants. La loi, très peu appliquée, permet de faire pression sur les institutions pour trouver des logements aux familles, mais la réquisition seule permet de réellement donner du poids aux revendications, et de mettre en lumière les pratiques des propriétaires qui spéculent sur l'immobilier en laissant leur parc vide.

→ **OCCUPATION** → **SQUAT** → **AUTO-RÉDUCTION**

RETOUR À L'ENVOYEUR. Renvoyer ce qui vous a été adressé. Exemple : Le livre de Luc Ferry, à Rodez, en mai 2003, lancé par des enseignants en colère sur le ministre en visite, la lettre de Raffarin sur les retraites.

RÉVEILLE-MATIN. Interpellation directe d'un responsable politique, réveillé aux aurores par des cris, des sifflets, des cornes de brume...

Au printemps 1999, à l'aube d'une journée de manifestation des enseignants, Claude Allègre, alors ministre de l'Éducation, fut réveillé par un haut-parleur diffusant des cris de mammouth.

Le réveille-matin s'apparente à une très ancienne forme de contestation, le charivari. Élément folklorique utilisé à des fins politiques jusqu'à la moitié du XIXe siècle, il avait des caractéristiques similaires : de nuit, des jeunes gens se regroupaient devant le domicile d'un notable et organisaient un tintamarre.

RÉVOLUTION. « Toutes les révolutions foirent. Tout le monde le sait. Et on fait semblant de le redécouvrir. Il faut être un peu débile. Alors là-dessus, tout le monde s'engouffre, et c'est le révisionnisme actuel : il y a Furet qui découvre que la Révolution française, ce n'était pas si bien que ça. Très bien. D'accord. Elle a foiré aussi. La Révolution française a donné Napoléon (on fait des découvertes qui au moins ne sont pas très émouvantes par leur nouveauté). La révolution anglaise a donné Cromwell... La révolution américaine a donné quoi ? Pire. Elle a donné je ne sais qui. Elle a donné Reagan.

Que les révolutions échouent, que les révolutions tournent mal, ça n'a jamais empêché les gens, ni fait que les gens ne deviennent pas révolutionnaires.

On mélange deux choses absolument différentes [...].

C'est la confusion du devenir et de l'histoire [...].

Les historiens nous parlent de l'avenir de la révolution, ou de l'avenir des révolutions. Mais ce n'est pas du tout ça la question. Ils peuvent toujours revenir aussi haut qu'ils veulent pour montrer que si l'avenir a été mauvais, c'est que le mauvais était déjà là dès le début, mais le problème concret, c'est pourquoi et comment les gens deviennent révolutionnaires [...].

L'affaire des hommes, dans les situations de tyrannie, d'oppression, c'est effectivement de devenir révolutionnaires. Parce qu'il n'y a pas d'autre chose à faire.

Quand on nous dit après "Ha ! Mais ça tourne mal tout ça...", on ne parle pas de la même chose. C'est comme si on parlait deux langues absolument différentes. L'avenir de l'histoire et le devenir actuel des gens, ce n'est pas la même chose. » GILLES DELEUZE, filmé dans l'*Abécédaire*.

➠ **VIVRE (ART DE)**

ROBOTIQUE CONTESTATAIRE. Conception et construction de machines programmables pouvant se substituer aux humains pour intervenir dans l'espace public.

Cette discipline, inventée par l'Institute for Applied Autonomy et le Critical Art Ensemble, a déjà produit des prototypes étonnants. Parmi leurs machines à contester les plus prometteuses, le « Street Writer », un système de graffiti automatisé. Il s'agit d'une fourgonnette, équipée de pistolets à peinture orientés vers la chaussée et commandés électroniquement sur le même principe que les aiguilles d'une imprimante matricielle. On peut, tout en roulant, tracer incognito des slogans géants sur le macadam. D'autres recherches sont en cours : robot distributeur de tracts, robot chahuteur télécommandé pour perturber à distance des réunions officielles...

➠ **KIT** ➠ **BRICOLAGE** ➠ **HACKTIVISM**

ROUGE (ZONE). « Laissons la peur du rouge aux bêtes à cornes. » VICTOR HUGO.

Zone interdite d'accès, « sécurisée» par des forces armées, elle désigne généralement des espaces dans lesquels sont censés se trouver des puissants de ce monde qui ne veulent pas être dérangés. Désigne l'ensemble de la planète Terre prétendument mondialisée pour la plupart de ses habitants.

S

SABOTAGE. Le terme vient de l'argot : un travail mal fait, exécuté « comme à coups de sabot ». Avant

d'être l'arme emblématique de la résistance pendant la Seconde Guerre mondiale, le sabotage est d'abord une forme de lutte sociale. L'anarcho-syndicaliste Émile Pouget en a formulé les principes au début du XXe siècle. Il consiste à « mettre systématiquement en pratique la formule "à mauvaise paye, mauvais travail !" » : endommager les instruments de travail pour les empêcher de fonctionner (sable dans les engrenages, virus dans l'ordinateur), utiliser toutes les formes de « freinage » de la production, tout ce qui peut ralentir le rythme du travail et diminuer la productivité : grève du zèle, réduction des cadences, vol de temps, erreurs volontaires de conception ou de planification, détournement des moyens de travail à des fins personnelles (jeu par exemple)...
En revanche, le sabotage exclut catégoriquement tout acte pouvant mettre en danger les consommateurs ou les usagers. « Arme collective efficace, le sabotage est coûteux pour l'employeur mais pas pour les salariés – à la différence de la grève », ÉMILE POUGET, *Le Sabotage*, 1905.

➾ **GRÈVE DU ZÈLE** ➾ **BOUCHE OUVERTE**

SO. Ligne d'hommes généralement ventrus et relativement barbus qui entourent une manifestation. Ils portent généralement des brassards avec le noms d'une organisation (voir article) ou d'un syndicat ; les plus célèbres et les plus répandus sont ceux d'un syndicat majoritaire dont le nom commence par un C (si vous trouvez pas, essayez d'entrer dans une manif de cheminots). On peut douter du fait qu'ils soient postés à ces endroits pour des raisons esthétiques. Parfois, ces drôles de bonshommes se caractérisent par des actions étranges : ils se tiennent la main et empêchent des gens d'entrer dans la manifestation. D'autres fois, ils s'en vont juste au moment où ils pourraient perdre un peu de ventre en « parlementant » avec les forces de l'ordre qui ont subitement décidé que la manifestation s'arrêtait là. Alors que le reste de la manifestation est bien décidé à aller jusqu'au bout du trajet, le SO rentre à la maison, comme s'il avait lui aussi décidé que ça commençait à être un peu long. C'est souvent à ce moment-là que les CRS avancent et décident d'entrer dans la manifestation avec gaz et matraques.
Il existe aussi des SO plus solidaires, ils sont plus difficiles à reconnaître : leurs lignes sont plus désordonnées, il y a des femmes parmi eux, ils sont tous différents et n'empêchent personne de rejoindre la manif. En revanche, ils se postent en première ligne pour protéger le reste des manifestants lors des charges.

SAMBA. Arme absolue. Se danse et se rythme. À dégoupiller en particulier dans les situations les plus critiques pour s'armer de courage et ne pas perdre le rythme. La samba est essentielle au Pink and Silver Bloc, elle est souvent travestie et très, très rose. Elle est toujours décalée et ne se prend pas au sérieux. Elle se distingue par une résistance à toute épreuve, partout où elle passe. On l'a vue à

Londres, à Prague, à Gênes, à Sydney, à Amsterdam, à Évian, et encore partout... prendre d'assaut des zones rouges, désarmer des cordons de flics, faire danser des foules, zigzaguer au milieu des grenades lacrymogènes...

➾ **PINK AND SILVER BLOC** ➾ **DANSE** ➾ **CHANSONS** ➾ **TRAVESTISSEMENT** ➾ **DÉCALAGE**

SCÉNARIOS. La construction des scénarios est une étape essentielle dans l'élaboration d'une action ou d'une manifestation. D'abord, il faut raconter une histoire, une fable, qui donne la clé de l'action. Ensuite, il faut imaginer tous les acteurs et envisager toutes les hypothèses. Les scénarios se construisent en assemblée ou dans les spoke council, mais les réactions aux différentes hypothèses doivent être envisagées par chaque groupe affinitaire : voulons-nous aller jusqu'au bout ou nous arrêter avant ? Combien de temps consacrons-nous à cette action ? Quel risque sommes-nous prêts à prendre ? Que faisons-nous en cas de confrontation avec la police ? Essayons-nous de former un groupe de diversion pendant que d'autres tentent d'entrer dans un bâtiment pour l'occuper ? Dans ce cas, quel type de diversion ? etc. La liste des scénarios change évidemment en fonction des actions et des situations, mais il faut absolument envisager le plus de situations possible, l'action en devient plus créative et l'on cède moins à la panique en ayant auparavant décliné tous les « si » possibles et imaginables.

➾ **EWOKS** ➾ **SURPRISE (EFFET DE)** ➾ **DIVERSION** ➾ **LABORATOIRE** ➾ **CARTOGRAPHIE MILITANTE**

SCREAM OUT. Action-cri. Le scream out a été inventé à New York, le 9 juin 2003 par le groupe féministe WAC (Women's Action Coalition). Réunies devant l'église St Marks, dans l'East Village les militantes ont crié de rage pendant plusieurs minutes pour dénoncer la politique de l'administration Bush et le sacrifice des libertés publiques aux États-Unis.

➾ **BRUIT**

SÉQUESTRATION. Lors d'une grève ou d'une occupation, empêcher des personnes (administrateurs, dirigeants, contremaîtres...) de sortir d'une pièce ou d'un bâtiment.
La séquestration est passible de condamnations très lourdes. Les autorités se servent parfois de ce chef d'inculpation pour criminaliser des actions de désobéissance civile (envahissement de bureau, intrusion dans une salle de réunion, occupation de bâtiment...).
Le 23 août 2002, des membres du collectif de soutien aux inculpés du campement NoBorder occupent des bureaux du ministère de la Justice à Strasbourg pour dénoncer les conditions d'incarcération. Violemment expulsés par la police, les 17 militants sont inculpés de « séquestration et violation de domicile ». Au cours du procès, les employés déclarent que la porte n'avait été bloquée que par la police. Les militants ne sont pas condamnés.

SIT-IN. Technique de désobéissance civile et d'action directe non violente. S'asseoir et rester assis jusqu'à ce qu'on vous déloge.
Le sit-in est né pendant le mouvement des droits civiques aux États-Unis. Le 1er février 1960, à Greensboro, en Caroline du Nord, quatre étudiants noirs s'assoient à un comptoir et demandent à être servis. Le patron refuse. Le lendemain, les étudiants reviennent, cinq fois plus nombreux. Les jours suivants, le mouvement des « sit down » ou « sit in » s'étend à l'ensemble des États-Unis. Les consignes étaient les suivantes : s'habiller en costume cravate, entrer dans un bar en petit groupe, s'asseoir au comptoir, demander à être servi. En cas de refus, rester jusqu'à ce que le patron cède ou que la police procède à des arrestations. Ne pas répondre aux insultes, aux coups et aux provocations. En cas d'arrestation, recommencer aussitôt au même endroit avec un autre groupe.

➠ **LIE-IN** ➠ **KISS-IN** ➠ **DIE-IN**

SILENCE. Le silence peut être une forme d'action extrêmement efficace. Sous la forme de la minute de silence, il introduit une solennité dans une commémoration (voir aussi bâillon). Mais il peut être aussi utilisé stratégiquement, pour calmer une atmosphère un peu survoltée (dans une AG par exemple ou dans une manif), ou pour introduire une « rupture de ton ». Il est difficile de passer de l'agitation au silence : pour cela, avant une action, il est bon de s'être mis d'accord avec les groupes affinitaires sur un signe qui signifie le passage au mode silence (lever le poing, le pouce...). La police qui a l'intention de charger une foule en délire peut être déconcertée par un silence, surtout s'il s'accompagne d'un passage en sit-in, ou en lie-in.

➠ **COMMÉMORATION** ➠ **BÂILLON**

SNAKE MARCH. « Marche en serpent », manifestation qui ondoie sans parcours préétabli, zigzague pour brouiller les pistes et éviter la confrontation avec la police. Cette manière de descendre dans la rue, différente des défilés rectilignes des cortèges traditionnels, date de la Grande Dépression, inventée par les mouvements de chômeurs canadiens (on signale des « *snake marches* » à Vancouver dès octobre 1929).
Ses principales caractéristiques sont l'imprévisibilité (les forces de l'ordre ne connaissent ni le point d'arrivée ni le trajet qui sera emprunté), et la mobilité (en cas de déploiement policier à un carrefour, des éclaireurs peuvent aussitôt faire bifurquer les manifestants). Cela fait de la snake march une tactique idéale pour se rendre par surprise devant un bâtiment et l'occuper, d'autres marches pouvant être organisées en même temps en guise de diversion. À l'échelle d'une ville, on peut se livrer à un gigantesque jeu du chat et de la souris et perturber très efficacement le trafic automobile.

➠ **MANIFESTATION** ➠ **MANIF DE NUIT** ➠ **MARCHE**

SPOKE COUNCIL. Réunion qui rassemble les délégués des différents groupes affinitaires (spoke's person). Les décisions politiques se prennent plutôt en AG ou en assemblée, et le spoke council a, lui, pour rôle de coordonner les pratiques des groupes. Le délégué peut être présent seul ou venir avec l'ensemble de son groupe, qu'il pourra ainsi consulter à chaque fois qu'il faudra prendre des décisions. Dans un spoke council, aucune parole ne pèse plus qu'une autre.

➡ **CENTRE DE CONVERGENCE** ➡ **AFFINITÉS (GROUPES D')** ➡ **CONSENSUS** ➡ **DIVERSITÉ DES TACTIQUES**

SQUAT. Espace occupé et autogéré. On peut distinguer des squats d'habitation et des espaces dédiés à des activités militantes ou artistiques, même si la plupart des squats sont mixtes.

Le squat est une zone autonome, forcément temporaire au vu des lois de plus en plus répressives qui amènent à l'évacuation fréquente et violente de ces lieux qui sont des menaces contre la propriété privée et la sécurité... Néanmoins, les politiques sont très variables en fonction des pays : les centres sociaux italiens, qui sont des espaces occupés, le sont souvent depuis des dizaines d'années et sont tolérés. Les squats hollandais bénéficient souvent de contrats avec les villes qui les protègent en même temps qu'elles les contrôlent. Certains squats artistiques peuvent entrer dans une politique de la ville qui en fait des expressions artistiques. Cela peut amener à des formes d'institutionnalisation du squat qui rompent avec l'autogestion véritable.

➡ **CENTRES SOCIAUX** ➡ **OCCUPATIONS** ➡ **TAZ**

STREET PARTY. Fête dans la rue. À partir de là, tout est possible. Tous les ans, à Milan, le 1er mai prend la forme d'une immense street party, conçue comme une fête de la précarité et des précaires, qui renverse sous une forme carnavalesque les discours gris sur le travail et les manifestations tristes des syndicats. Elle ouvre aussi les espaces de la contestation en invitant tout le monde à célébrer cette fête. Elle est une invitation et non une démonstration.

Les street party sont devenues des formes « classiques » de la manifestation, en particulier parce qu'elles brisent le rituel du défilé, et qu'elles investissent la ville autrement, la plupart du temps, sans demander d'autorisation, alliant rassemblement festif et réappropriation des espaces. De gigantesques fêtes ont eu lieu en particulier pendant les journées d'action globales à Sydney en Australie, et ont toujours lieu au cœur de Londres pour le May Day.

➡ **MUSIQUE** ➡ **DANSE** ➡ **DÉGUISEMENT** ➡ **FREE PARTY**

SUPERHÉROS. Un superhéros s'habille en vêtements moulants, porte une cape et souvent un masque. Il a des superpouvoirs. Sa présence décuple les forces de vos luttes.

Exemple : SuperBarrio, au Mexique. SuperBarrio fait de la politique aux côtés des enfants de la rue, des prostituées, des grévistes des brasseries et des homosexuels. Un jour, accompagné de ces gens, il ferma, pendant près de deux heures, la Citibank de la plus grande avenue de Mexico, accusée de « piller le pays ». Il a également fermé la Bourse des valeurs, organisé une « Semaine d'aide aux riches » et de « solidarité à Carlos Salinas » (président de la République), défié le président de la plus grande chaîne de télévision et empêché des centaines d'expulsions...

Comment SuperBarrio est-il devenu SuperBarrio ?

« Un jour que je sortais de chez moi pour aller travailler, j'ai vu deux éclairs de lumière, un jaune et un rouge. J'ai fermé les yeux puis j'ai été saisi dans un tourbillon. Quand le vent a cessé, j'ai ouvert les yeux et j'étais vêtu comme un lutteur ! Exactement comme vous me voyez aujourd'hui ! (cape dorée, masque rouge et jaune, un grand "SB" en travers de la poitrine). »

→ **DÉGUISEMENT** → **MASQUE**

SURPRISE (EFFET DE). L'effet de surprise doit être calculé avec les scénarios d'action. Certaines actions ne nécessitent en aucun cas la surprise, d'autres seront plus efficaces (ou plus sûres) si elles ne sont pas annoncées. Le problème posé par ce type d'action est qu'il prive une partie des militants de la maîtrise de l'action. Il est en effet impossible de maintenir la surprise si l'on annonce tout dans les réunions publiques... Le mieux est donc de décider d'un scénario global et de confier à une équipe les repérages pour maintenir l'effet de surprise sans manipuler l'ensemble. Il est souvent difficile de surprendre totalement, mais on peut jouer sur la surprise pour détourner simplement l'attention, en créant des leurres, en apparaissant de manière déroutante.

→ **SCÉNARIO** → **DIVERSION**

T

TANGO. Danse populaire des quartiers de Buenos Aires, devenue chic et très élaborée, revenue dans la rue avec la rébellion argentine de décembre 2001, comme un hommage. Assez technique, prévoir un professeur pour coordonner la chorégraphie. Communiqué de l'entreprise YOMANGO au sujet de l'exhibition de tango au supermarché Champion (Carrefour) : Noël à l'argentine. Cet après-midi YOMANGO a organisé une démonstration de tango dans une succursale de la multinationale Carrefour dans le centre de Barcelone. Les danseurs ont interprété une chorégraphie qui leur a permis de s'approprier « discrètement et festivement » quelques bouteilles de champagne pour célébrer l'anniversaire des luttes argentines. Le toast aura lieu demain dans une multinationale espagnole liée à la crise argentine. Nous voulons célébrer l'organisation populaire en Argentine, pays-miroir dans lequel nous nous regardons et duquel nous apprenons des nouvelles formes de mobilisation. Aujourd'hui, il y a un an qu'a commencé la lutte d'un peuple qui a utilisé toute sa créativité dans la recherche de solutions d'autogestion contre une crise économique dévastatrice.

Ces marchandises (13 bouteilles) sont les seules que nous ayons libérées de l'acte pesant de l'achat, du moins aujourd'hui, jour d'action publique YOMANGO. (Parce que YOMANGO est un acte quotidien, un mode de vie omniprésent qui te rend la vie meilleure.) L'action fut préparée pour que tout advienne de manière festive, ce que nous avons répété durant les derniers mois de soupers-YOMANGO. Nous voulons vous offrir le meilleur, nous amuser et partager avec tout le monde le fait que les supermarchés peuvent être des scènes quotidiennes parfaites pour développer notre créativité par-dessus l'acte ultracodifié de remplir son caddie et de payer.

Pendant la démonstration, nous avons présenté nos bandonéons ou « mangonéons », instruments qui produisent des sons célestes quand on découvre le contenu de ce pourquoi ils ont été créés ; ou besaces-à-bouteilles : du supermarché à la table en toute élégance. Le fruit du labeur de notre département investigations et produits, créé par les usagers en processus de travail coopératif, « design avec nous » est un programme qui évite que les élites de designers définissent notre interaction avec les produits. »

➾ **DANSE** ➾ **BRICOLAGE**

TAZ (TEMPORARY AUTONOMOUS ZONE). « La TAZ est comme une insurrection sans engagement direct contre l'État, une opération de guérilla qui libère une zone (de terrain, de temps, d'imagination) puis se dissout, avant que l'État ne l'écrase, pour se reformer ailleurs dans le temps ou l'espace. Puisque l'État est davantage concerné par la simulation que par la substance, la TAZ peut "occuper" ces zones clandestinement et poursuivre en paix relative ses objectifs festifs pendant quelque temps. Certaines petites TAZ ont peut-être duré des vies entières, parce qu'elles passaient inaperçues, comme les enclaves rurales Hillbillies du Sud des États-Unis – parce qu'elles n'ont jamais croisé le champ du spectacle, qu'elles ne se sont jamais risquées hors de cette vie réelle qui reste invisible aux agents de la simulation. »
HAKIM BEY, *TAZ.*

TESTING. Faire constater par huissier des cas de discrimination raciste, sexiste, ou homophobe. Il sert à produire une prise de conscience, et à faire condamner par la justice ceux qui infligent les discriminations.

On prend plusieurs individus-test ou groupes-test de compétence identique (même cursus pour une embauche, mêmes revenus pour une location d'appartement, même tenue vestimentaire pour une entrée en discothèque), les uns appartenant à une catégorie socialement stigmatisée et les autres pas. Chacun se présente dans les mêmes conditions et au même moment avec la même demande. Les militants et les huissiers enregistrent alors les réactions.

Lors de la deuxième « nuit du testing » organisée en mars 2000, 45 des

88 discothèques testées ont été prises en flagrant délit de discrimination. Plusieurs établissements ont été condamnés, et la Cour de cassation a reconnu la recevabilité du testing en tant que moyen de preuve.

Le 16 mars 2000, le tribunal de Toulouse a condamné un propriétaire et son agent immobilier à 3 000 euros d'amende pour « discrimination dans l'offre ou la fourniture d'un bien ou d'un service en raison de l'origine, de l'ethnie ou de la nationalité ». Malika H. avait une cassette de l'agent immobilier en train de lui expliquer poliment, que, désolé, vous comprenez, elle ne pouvait pas louer à des gens de couleur. À vos magnétophones.

THÉATRE DE L'OPPRIMÉ. Débat théâtral qui met en scène des tentatives, des luttes, des recherches de la vie quotidienne. Les scènes représentent des personnes réelles qui luttent concrètement pour la liberté, la justice...

Le fondateur de la méthode, Augusto Boal, metteur en scène et militant politique brésilien, développe l'idée que l'opprimé, c'est celui qui peut lutter, tenter, s'engager, bref faire changer les choses (alors que la victime ne peut que subir le monde tel qu'il est). Il choisit donc le point de vue de l'opprimé, pour rendre visible ce contre quoi nous luttons, et ce que nous voulons.

Le spectacle prend la forme du « théâtre forum » : les comédiens commencent par raconter une histoire, tentent d'éclairer les enjeux de la situation. Certains personnages montrent comment ils ont essayé quelque chose d'autres personnages restent passifs, d'autres s'opposent au changement. Loin d'être neutres dans le conflit, nous savons ce que nous voulons ! « Comment faire ? » C'est la question que le « joker » (le meneur de jeu ou comédien professionnel) pose au public avant le forum. Mais d'abord, il invite le public à s'interroger : à qui va notre solidarité ? Connaissons-nous ces situations ? De quels personnages, sincèrement, partageons-nous la volonté ?

Puis les comédiens jouent une deuxième fois la scène, mais cette fois, chacun peut dire stop ! quand il veut. Tout s'arrête. Le joker invite alors le spectateur à devenir acteur plutôt que de dire depuis son fauteuil « il faudrait faire comme ceci ». Chacun peut venir sur scène et remplacer un comédien. C'est en incarnant un personnage dont il est solidaire, en tentant un autre comportement, une autre action sur scène, en se confrontant aux autres personnages, en chair et en os avec son énergie, ses émotions, en faisant une tentative réelle, suivie par d'autres interventions, peut-être contradictoires, que se déroule un débat théâtral.

→ SCÉNARIOS

THÉÂTRE DE RUE. L'une des formes d'expression des revendications lors d'une manifestation ou d'une occupation peut être l'usage du théâtre. Le théâtre de rue a l'avantage de la souplesse par rapport au théâtre plus traditionnel « engagé » ; il est souvent également moins didactique.

L'expression passe essentiellement par les gestes et la mise en scène, la capacité de saisir des éléments du décor, rue et façades des bâtiments, mais aussi passants ou même forces de l'ordre. Certains rôles peuvent être attribués au pied levé à des manifestants.

D'autre part, le théâtre a l'avantage de briser le cycle éventuel de la violence policière, de « remplir » une occupation ou un blocage un peu long, de révéler les revendications des manifestants dans une forme originale et collective, en situation, plus digeste et plus claire qu'un tract ou un discours.

La troupe de théâtre « Living Theater », née dans les luttes pour les droits civiques aux États-Unis pendant les années 1970, poursuit un travail de théâtre militant dans des situations très diverses. La pièce *Not in My Name*, contre la peine de mort, est jouée pour défendre les droits des condamnés dans les États assassins. L'ensemble de la troupe est intervenu dans les manifestations contre la guerre en Irak.

THINK TANKS. Réservoirs à pensée ou boîtes à idées. À mi-chemin entre le centre de recherche universitaire et la boîte de com' pour cabinets ministériels, les think tanks officiels financent des recherches, organisent des séminaires, pondent des rapports... Ce sont les lieux où s'élaborent les politiques libérales de demain et où s'écrivent les discours d'accompagnement pour faire passer la pilule.

La gauche critique américaine a mis en place des think tanks alternatifs dès les années 1960 pour mener la contre-offensive idéologique avec des techniques aussi rodées que celles de ses adversaires. L'Institute for Policy Studies de Washington, fondé dans la foulée du mouvement contre la guerre du Vietnam, emploie aujourd'hui près d'une trentaine de chercheurs permanents, publie plusieurs livres par an, organise des dizaines de conférences, anime simultanément plusieurs dizaines de projets, mène des dizaines de campagnes...

En France, après le mouvement de décembre 1995, des universitaires et des syndicalistes se sont regroupés pour former la Fondation Copernic.

TRAVAIL SAUVAGE. Utilisation des moyens de travail à son propre compte. Sous sa forme clandestine et individuelle, c'est la pratique du travail « en perruque » que l'on effectue pour soi pendant les heures payées, avec les matériaux et le matériel de l'entreprise. Sous sa forme déclarée et collective, le travail sauvage devient une arme de lutte qui fait entrevoir la possibilité d'une autogestion de la production.

En 1973 à l'usine d'horlogerie Lip à Besançon, les travailleurs font face à une direction qui veut démanteler l'entreprise. Au cours d'une longue lutte, avec grève et occupation des locaux, ils prennent le contrôle de la société et décident de redémarrer la production. Sous le slogan « On produit, on vend, on se paie ! », Ils organisent des ventes sauvages de montres et parviennent ainsi à assurer les salaires des grévistes.

→ GRÈVE → AUTOGESTION → SABOTAGE

TRAVESTISSEMENT. Déguisement qui détourne les identités, sexuelles ou sociales. Le travestissement, plus que tout autre déguisement, est politique parce qu'il subvertit les codes et bouscule les frontières. Pour que cette subversion fonctionne, il faut mettre beaucoup de soin dans le travestissement, qu'un doute demeure longtemps sur l'identité et crée un certain trouble.
Les Gay Pride sont des spectacles du travestissement, où sont associés de « vrais travestis » et des travestis occasionnels. On voit défiler des êtres merveilleux, hommes et femmes en même temps, vêtus de costumes magnifiques et délirants, dansant avec fureur. L'ensemble de la mise en scène et de l'esthétique joue avec l'ambiguïté, et devient subversif même dans les manifestations les moins militantes et les plus commerciales de la parade. Le défilé dans les rues de la ville, en plein milieu du monde « normal », de tous ces êtres hybrides renvoie chacun à sa propre normalité, sème le doute.

→ DÉGUISEMENT → MAQUILLAGE → GAY PRIDE

TROC (TRUEQUE), CLUBS DE TROC. Formes de coopératives fondées sur l'échange égal, et sur l'abolition de la monnaie. Elles s'établissent comme réponse solidaire dans les pays du délaissement économique (en Argentine depuis la crise par exemple) mais aussi comme mode d'échange alternatif dans les pays développés. Les systèmes d'échange locaux (SEL) se développent dans la plupart des villes de France. Ils reposent sur un échange global entre les personnes qui offrent et reçoivent des services, des objets ou des compétences selon un système d'équivalence entre les « produits » qui est fixé par l'association. Un service du type « réparer un mur » sera par exemple équivalent à tant de tartes aux fruits, et à un cours de langue. Ce système évacue la monnaie des relations entre les hommes mais institue une nouvelle forme de détermination de la valeur des objets et services, tout en instaurant des liens entre les membres.

→ COOPÉRATIVE → COMMERCE ÉQUITABLE → CACEROLAZO

TUNNELS
« Bien creusé, vieille taupe. » KARL MARX.
Dispositif de résistance passive utilisé par les écologistes radicaux britanniques contre la construction d'autoroutes. La tactique générale consiste à occuper les sites des chantiers pour entraver le plus longtemps possible l'avancement des travaux. C'est dans ce cadre qu'ils expérimentent à l'hiver 1997 cette nouvelle technique défensive, inspirée des réseaux de galeries souterraines creusés par la résistance vietnamienne pour échapper à l'aviation américaine. Mais les tunnels des ecowarriors servent moins à camoufler les occupants qu'à ralentir l'évacuation, la police devant tenir compte des risques d'écroulement avant d'extraire les militants de leur repère. La même année, sur le site de

Fairmile, les forces de l'ordre mettent une semaine entière à faire évacuer les tunnels.

➾ BLOCAGE ➾ NON-VIOLENCE ACTIVE

U

ULTIMATUM. Si vous ne cédez pas à nos exigences avant la date butoir, nous mettrons nos menaces à exécution.
Cellatex, été 2000. Les 153 ouvriers menacés de licenciement occupent l'usine et menacent : si la direction n'accorde pas de fortes primes de licenciement, le bâtiment sautera. Le 17 juillet, ils jettent de l'acide sulfurique dans un ruisseau tout proche. Le mouvement fait la une des journaux, la direction doit rouvrir immédiatement les négociations et concéder une prime de 80 000 F pour chaque ouvrier.
L'exemple des Cellatex a inspiré les nombreuses luttes contre les licenciements qui ont suivi : à la brasserie Adelshoffen de Schiltigheim (menace de faire exploser des bombonnes de gaz), dans l'entreprise sidérurgique Forgeval de Valenciennes (faire exploser des fours à l'acétylène), dans l'entreprise textile Bertrand Faure de Nogent-sur-Marne (incendier les machines à coudre), à l'usine Moulinex de Cormelles (banderole « Le fric ou boum »), sur le site Daewoo-Orion à Mont-Saint-Martin (renverser des produits chimiques dans un affluent de la Meuse)...

➾ SABOTAGE ➾ GRÈVE DE LA FAIM

UNITAIRE. Les collectifs unitaires s'agglomèrent pour organiser des manifestations unitaires où l'on crie tous ensemble après avoir longuement discuté dans des réunions unitaires pour savoir qui prendra la tête de la manifestation unitaire. Lors de ces réunions, prévoir un papier et un crayon pour dessiner si vous ne tenez pas à discuter chaque virgule de la banderole de tête, portée en une judicieuse et complexe alternance d'hommes et de femmes des différentes organisations avec au centre les plus importantes... Si vous n'avez vraiment pas de chance, il y aura aussi un appel à rédiger (avec beaucoup plus de virgules que sur une banderole), une affiche à payer et à faire, voire un SO à organiser.
Une fois le dessin terminé (vous avez eu le temps de faire une fresque au moins), vous aurez peut-être l'occasion de profiter que tout le monde est réuni pour proposer une action ou une intervention dans la manifestation, voire une autre activité : s'il ne s'agit pas de remettre en question la forme de la manifestation, votre proposition sera accueillie avec le sourire, et avec soulagement... parce qu'il faut pas croire, eux aussi ils s'ennuient un peu. Et puis, l'unité, c'est normal que ça soit une conquête un peu longue.

➾ SO ➾ COLLECTIF ➾ KISS-IN

USURPATION CIVILE. Détournement de pouvoir. Occuper un poste officiel et le faire fonctionner contre le pouvoir en place. Certains résistants, plutôt que de quitter leur poste dans l'administration, se sont servis de l'usurpation civile pour saboter le fonctionnement de l'État de Vichy ou pour aider matériellement la résistance (par exemple, dans les mairies en fabricant de faux papiers d'identité).

V

VEILLÉES. Rassemblement de nuit, à la lumière de bougies. Forme d'origine religieuse, reprise principalement par les mouvements pour la paix. De grandes veillées furent organisées en Allemagne en début des années 1990 pour marquer l'indignation face aux attaques de foyers de demandeurs d'asile par des néonazis. Après le 11 septembre, des pacifistes new-yorkais se rassemblèrent plusieurs nuits à Union Square pour s'opposer à l'offensive américaine en Afghanistan.

→ **MANIF DE NUIT** → **RASSEMBLEMENT**

VIDÉOACTIVISME. La caméra est devenu un objet à emporter pour une manifestation. Les groupes Indymedia font partie d'un réseau sans cesse croissant de vidéoactivistes et de média-activistes dont l'objectif est de défier les médias officiels, de donner de l'information sur les événements qui seraient marginalisés, voire pas couverts par ces derniers. L'autre objectif est d'être les témoins des éventuels abus policiers et des violences commises par les forces de l'ordre. Les formes vont de petits films quasiment pas montés que l'on peut consulter sur les sites, aux films expérimentaux et aux documentaires. Les militants américains d'Indymedia ont ainsi produit collectivement des films comme *Breaking the Bank* sur les manifestations de Washington contre la Banque mondiale et le FMI en 2000 et *Showdown in Seattle* sur les manifestations contre l'OMC en novembre 1999.

Mais ce qui distingue le vidéoactivisme contemporain des productions de documentaires militants plus traditionnels, c'est la capacité de donner de l'information rapidement grâce à Internet et de manière dense, grâce à la multiplication des caméras, qui ne sont plus un objet inaccessible, et à l'investissement personnel d'un certain nombre de militants expérimentés, comme les membres de « Paper Tiger Television » ou « Whispered Media » qui ouvrent des espaces sur le Net, et de plus en plus sur le câble. D'autres collectifs, comme « Big Noise Films », se déplacent à la fois pour filmer et pour montrer leurs films dans de nombreuses régions du monde. Une autre expérience est celle du Chiapas Media Project. L'idée est de donner des caméras aux femmes indiennes du Chiapas et de leur apprendre à s'en servir pour qu'elles produisent elles-mêmes un discours en images sur leurs luttes et leurs vies. Ce projet a permis de produire des films magnifiques sur les luttes quotidiennes dans les villages du Sud-Est mexicain.

Le gros problème du vidéoactivisme est la distribution. Certains films sont

disponibles sur Internet, d'autres pas, et il est bien difficile de trouver des salles pour les montrer, ou de convaincre des chaînes de télévision de les diffuser. Les festivals et les rendez-vous militants sont les lieux où l'on peut parfois avoir l'occasion de voir ces œuvres. Quelques sites de vidéoactivistes :
www.indymedia.org,
www.papertiger.org,
www.bignoisefilms.org,
www.candida.org,
www.chiapasmediaproject.org

➾ **DOCUMENTAIRE**

VILLAGE, CAMP...

Pour dire camp de jeunes, champ de tentes, dites maintenant « village ». C'est plus convivial, ça fait un peu Astérix et on se sent tout de suite plus irréductible. Et puis, dans les villages, il y a des quartiers, et il n'y a pas que des jeunes tout de même. Dans les espaces militants, le village est un objet à part. C'est un lieu de vie provisoire, dans lequel on essaie de mettre en œuvre des principes d'autogestion, mais aussi de la convivialité, du partage, du militantisme culinaire et alcoolique... C'est aussi un espace de discussion, où l'on peut organiser des conférences, des ateliers, des débats improvisés au petit déjeuner. Enfin, c'est un lieu d'apprentissage, où l'on acquiert des savoir-faire indispensable sur le recyclage des ordures, sur les mille manières de creuser des tranchées, de monter des chapiteaux et des tentes, de fabriquer des panneaux indicateurs. Ceci dit et fait, on peut vivre et essayer de dormir entre deux répétitions de tambours et deux discussions sur le monde à venir.

Lors du dernier sommet du G8 en France, des villages ont été montés à Annemasse, et ont accueilli autour de 15 000 personnes. Ils ont été le lieu de départ et de préparation des actions, mais aussi des lieux de découverte, de rencontre et d'expérimentation pour un militantisme qui met au centre le bien vivre et aussi, bêtement, le bonheur d'être ensemble, en partageant à la fois les tâches et les plaisirs.

➾ **FORUM SOCIAL** ➾ **AUTOGESTION** ➾ **CANTINE MILITANTE**

VIVRE (ART DE). « [...] on pourrait dire que *L'Anti-Œdipe* est une *Introduction à la vie non fasciste.*

Cet art de vivre contraire à toutes les formes de fascisme, qu'elles soient déjà installées ou proches de l'être, s'accompagne d'un certain nombre de principes essentiels, que je résumerais comme suit si je devais faire de ce grand livre un manuel ou un guide de la vie quotidienne :

– libérez l'action politique de toute forme de paranoïa unitaire et totalisante ;

– faites croître l'action, la pensée et les désirs par prolifération, juxtaposition et disjonction, plutôt que par subdivision et hiérarchisation pyramidale ;

– affranchissez-vous des vieilles catégories du négatif (la loi, la limite, la castration, le manque, la lacune), que la pensée occidentale a si longtemps sacralisées comme forme du pouvoir et mode d'accès à la réalité.

Préférez ce qui est positif et multiple, la différence à l'uniformité, le flux aux unités, les agencements mobiles aux systèmes. Considérez que ce qui est productif n'est pas sédentaire, mais nomade ;
– n'imaginez pas qu'il faille être triste pour être militant, même si la chose qu'on combat est abominable. C'est le lien du désir à la réalité (et non sa fuite dans les formes de la représentation) qui possède une force révolutionnaire ;
– n'utilisez pas la pensée pour donner à une pratique politique une valeur de vérité ; ni l'action politique pour discréditer une pensée, comme si elle n'était que pure spéculation. Utilisez la pratique politique comme un intensificateur de la pensée, et l'analyse comme un multiplicateur des formes et des domaines d'intervention de l'action politique ;
– n'exigez pas de la politique qu'elle rétablisse les "droits" de l'individu tels que la philosophie les a définis. L'individu est le produit du pouvoir. Ce qu'il faut, c'est désindividualiser par la multiplication et le déplacement les divers agencements. Le groupe ne doit pas être le lien organique qui unit des individus hiérarchisés, mais un constant générateur de « désindividualisation » ;
– ne tombez pas amoureux du pouvoir », Michel Foucault, *Dits et Écrits* III.

VOMIT-IN. Se faire vomir pour crier son dégoût. Le 20 février 2003, trois cents pacifistes américains ont organisé un vomit-in contre la guerre en Irak, devant un bâtiment fédéral à San Francisco.

➾ **LIE-IN** ➾ **SIT-IN**

Y

YOUYOUS. Cri stridents continus émis par la langue. Cris de joie et de désespoir chantés par les femmes arabes, repris dans les années 1970 par les femmes du MLF.

➾ **MÈRES DE LA PLACE DE MAI**

Z

ZAP. Terme forgé par Act Up New York à la fin des années 1980. Action-éclair visant des personnages ou des institutions.

« La "violence" des zaps ne repose pas sur l'affrontement physique (l'échange de coups), mais sur le refus des militants de se soumette aux codes gestuels socialement requis dans une interaction, refus qui apparaît d'autant plus fort que la transgression se déroule dans un espace public ou offert à la médiatisation. Après avoir fait irruption dans un lieu, qu'il s'agisse d'une conférence de presse, d'un plateau de télévision, d'une assemblée générale d'actionnaires, d'un conseil de mairie, ou des bureaux d'une administration, les militants d'Act Up perturbent la situation en sifflant, scandant des slogans, s'allongeant sur le sol, sur les tables, jetant du sang factice sur les murs, renversant les piles de dossiers, pointant du doigt la "cible", l'insultant, lui coupant la parole, criant, se menottant à des grilles ou des radiateurs, etc. Il s'agit de perturber la situation au point de faire sortir d'eux-mêmes, c'est-à-dire de la manière de se tenir socialement à laquelle leur rôle les contraint, les corps auxquels ils font face. » VICTOIRE PATOUILLARD.

3

FICHES BRICOLAGE

DISCUTER

COMMENT TROUVER UNE SALLE DE RÉUNION

Si vous n'avez aucune ressource (ni local ni argent), le plus simple est de squatter des salles (par exemple dans une fac, la journée). Le soir, vous pouvez opter pour un bar : trouvez-en un avec une arrière-salle ou une pièce à l'étage. Demandez aussi aux syndicats, aux associations. Vous pouvez faire passer un chapeau à la fin pour contribuer aux frais.

COMMENT ORGANISER UNE RÉUNION CLASSIQUE

En France, on utilise presque toujours une seule et même forme de discussion : le tour de parole et la liste d'inscrits.

Rôles. Une personne préside la réunion (concrètement : faire respecter l'ordre du jour et le timing), une autre prend les inscrits, et une dernière rédige le compte rendu. Dans une AG, ces rôles sont pris en charge par un « bureau d'AG » qu'on élit avant de commencer à discuter.

Remarque. Dans toute réunion de délégués (congrès, coordination...), on vérifie d'abord les mandats des participants pour s'assurer de leur représentativité

Caméras. Pendant un mouvement, des équipes de reportage demandent souvent à filmer les réunions. S'ensuivent des discussions interminables sur la présence des caméras. Une solution possible : créer un « angle mort » où se regroupent les personnes qui refusent d'être filmées.

Ordre du jour. On établit ensuite l'ordre du jour, c'est-à-dire la liste des sujets à discuter, et le temps à y consacrer.

Rapport introductif. Sur chaque point, on commence par un rapport introductif (contexte, dernières infos, questions à discuter).

Tour de parole, réponse directe et point d'ordre. On s'inscrit en levant la main et on attend son tour pour parler. On ne peut ni couper la parole ni répondre du tac au tac, sauf pour donner un bref élément d'information (dans ce cas, on annonce « réponse directe »). On peut aussi intervenir à tout moment pour faire des « points d'ordre » : annoncer le temps qu'il reste dans le timing, recadrer la discussion si elle part hors sujet...

Priorité et discrimination positive. Si la parole est monopolisée par quelques personnes (en général plutôt des mecs), on peut donner la priorité aux femmes ou aux personnes qui sont peu intervenues.

Minutage, liste de clôture. En fin de discussion, pour gagner du temps, on peut minuter les temps de parole et faire une liste de clôture sur une intervention (c'est-à-dire annoncer qu'on n'a plus que la durée de l'intervention suivante pour s'inscrire).

Pour et contre. À la fin d'un débat contradictoire, quelqu'un peut « faire le pour » et quelqu'un d'autre le « contre » pour résumer les arguments en présence.

Plénière/commissions. Certaines questions qui ne peuvent pas être discutées en réunion plénière faute de temps peuvent être renvoyées en commission.

Compte rendu. Taper le compte rendu de la réunion au fur et à mesure sur un ordinateur portable. Idéalement, il faudrait pouvoir relire et amender le texte ensemble.

COMMENT PRENDRE DES DÉCISIONS AU CONSENSUS

(d'après EYFA, Zhaba et Starhawk)

Qu'est-ce que le consensus ? Le consensus est un processus de prise de décision qui vise à créer un accord entre tous les membres d'un groupe. Cela ne signifie pas que tout le monde doive être d'accord sur tout, mais cela suppose que les participants partagent des objectifs communs et qu'ils aient la volonté de travailler ensemble. Le consensus fonctionne si le groupe est capable de prendre réellement en compte les doutes de certains de ces membres et s'il cherche activement des solutions pour sortir des situations de blocage. On doit débattre et reformuler les propositions jusqu'à ce qu'elles conviennent à tout le monde. Dans la technique du consensus, il n'y a pas de vote pour compter les voix « pour » et les voix « contre » à la fin de la discussion. En fait, théoriquement, la discussion ne doit pas s'arrêter avant qu'on soit parvenu à une formule qui satisfasse tout le monde.

Avantages du consensus. Quand un groupe militant recourt systématiquement au vote, il délimite, à chaque réunion, un camp des vainqueurs et un camp des vaincus. La vie démocratique du mouvement ou de l'organisation tend à se structurer comme une bataille interne permanente. Dans les groupes à consensus, l'ambiance est très différente. Des personnes qui cherchent activement entre elles une solution de consensus ne cherchent pas à mettre les autres en minorité. Leur problème est de formuler des projets communs, qui les unissent malgré leurs divergences. Quand on pratique le consensus, on apprend à travailler en groupe, à s'écouter, à coopérer, et à inventer collectivement des solutions originales.

Inconvénients. La méthode ne fonctionne pas dans tous les groupes. Lorsque les individus présents ont des désirs fondamentalement contradictoires, le consensus peut s'avérer impossible. Le consensus prend du temps. Dans des situations d'urgence, par exemple lorsqu'il faut prendre une décision au cours d'une action, la lenteur de la décision peut-être fatale. Pour y remédier, on peut fixer une durée limite à la discussion. Mais les tiraillements et l'indécision au moment d'agir tiennent moins à la méthode du contenus qu'au manque de préparation collective. Avant une action, prenez le temps d'envisager collectivement divers scénarios possibles et de discuter de vos choix. Si ce travail préparatoire a été fait, la décision sera accélérée sur le terrain.

LES RÔLES DANS LA RÉUNION

Le facilitateur

– prend les inscrits, donne la parole et la fait circuler ;
– fait respecter l'ordre du jour et veille à ce que la discussion ne parte pas hors sujet ;
– fait avancer la discussion lorsqu'elle tourne en rond ou qu'elle met la charrue avant les bœufs : « avant de poser la question z, il faut prendre une décision sur le problème x, sur lequel nous ne nous sommes pas encore mis d'accord. Quel est votre avis sur le problème x ? » ;
– propose des méthodes de discussion appropriées à chaque problème (« je vous propose de faire un brainstorming sur cette question », ou « je vous propose de traiter cette question en groupes de travail ») ;
– résume les différentes propositions, les clarifie si nécessaire, et les soumet à la décision ;
– propose des solutions qui peuvent faire consensus au regard des débats.

Le scribe

Le scribe rédige le compte rendu de la réunion. Pas besoin de tout noter. Le CR doit être concis et comporter : les informations données, les propositions (adoptées ou écartées), la répartition des tâches.
Pour que tout le monde vérifie qu'aucun point n'a été oublié ou déformé, le scribe peut lire ou faire circuler le compte rendu à la fin de la réunion. Autre solution : noter au fur et à mesure sur un tableau.

Le gardien du temps

Il avertit du temps qu'il reste sur l'ordre du jour et peut minuter les interventions.

Le guetteur d'ambiance

Le guetteur d'ambiance est responsable de l'atmosphère générale de la réunion et du moral du groupe.

Il observe le comportement et l'état psychologique des participants. Il peut prendre la parole à tout moment pour mettre en garde le groupe si l'ambiance se dégrade. Si les gens sont fatigués et énervés, il peut raconter une histoire, faire une blague, proposer de faire une pause, organiser un jeu.

Il intervient aussi dans les situations suivantes : attaques personnelles, tension entre des personnes, défaut d'écoute (oubli d'une proposition, quiproquo, malentendu...), interventions trop longues et répétitives, abus de pouvoir (personnes qui coupent la parole, qui utilisent des arguments d'autorité, etc.), parole monopolisée par un petit nombre de personnes, anxiété collective...

Autres rôles

Présentateurs. Ils préparent une bafouille pour introduire la discussion. Si le thème est annoncé à l'avance, c'est mieux : tous les participants peuvent plancher sur le problème.

Rapporteurs. Ils font le compte rendu d'une discussion de commission ou de groupe de travail.

Accueilleurs. Ils vont voir les nouveaux venus et leur expliquent comment fonctionne le groupe. Ils font aussi passer une liste des présents avec nom et coordonnées.

Le facilitateur et le guetteur d'ambiance doivent rester neutres dans les discussions. Leur tâche est de faire fonctionner le groupe le mieux possible, pas d'influencer les décisions en prenant parti.

Il faut que les rôles tournent de réunion en réunion. Plus les personnes sont polyvalentes et interchangeables, plus le groupe est égalitaire.

DÉROULEMENT DE LA RÉUNION

Pour prendre une décision au consensus, il faut recueillir les idées des participants, en faire la synthèse, les mettre sous forme de propositions, les soumettre à l'avis du groupe, puis les modifier en fonction des réserves exprimées jusqu'à ce que l'on parvienne à un accord (ou à une situation où personne ne pose son veto).

Étapes d'une prise de décision au consensus

– cerner le problème. Qu'est-ce qu'on veut ?

– clarifier le problème. Quel est le contexte dans lequel on va intervenir ?

– discuter, donner plein d'idées, d'informations et de solutions possibles ;
– encourager les gens à exprimer leurs désaccords avec ces solutions, à faire l'avocat du diable ;
– faire la synthèse des idées proposées. En chercher d'autres ;
– examiner les différentes propositions, débattre et reformuler jusqu'à que tout le monde soit d'accord (voir le schéma p.161) ;
– voir en détail comment la décision va être mise en pratique. Qui fait quoi ?
– récapituler la décision et la répartition des tâches. L'inscrire sur le compte rendu.

Déroulement type d'une réunion

– faire un tour de table ;
– énoncer l'ordre du jour, avec l'ordre des sujets à aborder, le type de discussion dont il s'agit (rapport, annonce, débat ou prise de décision), et le timing pour chaque discussion) ;
– désigner quelqu'un pour introduire chaque point de la discussion ;
– choisir un facilitateur, un gardien du temps, un guetteur d'ambiance ;
– discuter ;
– faire le bilan (qu'est-ce qui a marché ? bien, pas bien, mieux ?) ;
– fixer une prochaine date.

BOÎTE À OUTILS : FORMES DE DISCUSSION

Brainstorming

En anglais, « tempête sous des crânes », technique amusante d'invention collective, idéale pour trouver des idées d'action farfelues ou une multitude de slogans déjantés.

Une séance dure entre vingt minutes et une heure. On pose une question simple et on invite tout le monde à y répondre. On donne les règles du jeu suivantes :

1. Lâchez-vous. Dites tout ce qui vous passe par la tête.
2. Ne jugez pas les idées des autres. Pas d'objection, pas de moquerie.

Un brainstorming ne fonctionne que si les participants sont en confiance et se sentent autorisés à dire tout et n'importe quoi. Il faut répondre le plus librement et plus rapidement possible. Toutes les idées sont notées au fur et à mesure sur un tableau.

À la fin de cette première phase, retravailler les idées obtenues : regrouper celles qui se ressemblent, combiner celles qui sont complémentaires, éliminer celles qui ne donnent rien, et améliorer les plus prometteuses.

Variante : le brainstorming par écrit. Tout le monde est assis en cercle. Chacun a une feuille et un stylo. Chacun a cinq minutes pour écrire trois idées en haut de la feuille. La faire ensuite passer à son voisin de gauche, et recommencer. La seule règle est de ne pas réécrire les mêmes idées. On recommence plusieurs fois l'opération. À la fin, on collecte les feuilles et on discute des résultats.

Autre variante : les post-it. Chacun reçoit des post-it et un marqueur. En dix minutes, écrire autant d'idées que de post-it. Les ramasser et les coller au fur et à mesure sur un tableau suivant un ordre logique. Demander chaque fois au groupe dans quelle zone il faut placer l'idée.

Tour de table

Tour de présentation. Si le nombre le permet, ne commencez jamais une réunion sans que tout le monde ait pris la parole pour se présenter. Plutôt que de demander aux personnes qui elles sont, demandez-leur ce qu'elles désirent, ce qu'elles attendent de la réunion qui va avoir lieu.

Tour de table. Chacun donne son avis à tour de rôle. À utiliser si plusieurs personnes ne sont pas du tout intervenues depuis le début. Ça prend du temps mais ça favorise la participation.

Splitter en petits groupes

Il est plus facile de parler en petits groupes que devant une grande assemblée. Chacun dispose de plus de temps pour s'exprimer. Les discussions sont plus souples, le dialogue est permis.

Le « zoom ». La discussion en plénière s'interrompt, et, sans changer de place, les participants discutent du problème avec leurs voisins immédiats, par trois ou quatre. Au bout de quelques minutes, le débat général reprend.

Commissions. Le grand groupe se divise en groupes de travail thématiques. Chaque atelier se spécialise sur une question, discute et délègue quelqu'un pour faire un compte rendu à la réunion plénière suivante.

Selon le fonctionnement choisi par le groupe, les commissions de travail peuvent être provisoires ou permanentes. Un fonctionnement en commissions thématiques permanentes tend à produire des militants hyperspécialisés.

Charrettes. Dans cette technique au nom énigmatique, les petits groupes travaillent tous sur le même thème en même temps. C'est l'inverse du fonctionnement en commissions : pas de division du travail.

Très efficace pour éviter que des clivages ne se rigidifient au sein d'un groupe. Si une réunion est en train de se diviser en camps tranchés et que le ton monte, on peut faire des petits groupes « mixtes », dans lesquels les avis des deux camps sont chaque fois représentés. Lorsque les différentes « charrettes » se retrouvent en réunion plénière, chacune a élaboré une solution propre. Les lignes de clivage ont bougé et il est probable que la confrontation des diverses solutions possibles va permettre de résoudre le problème.

Cafés. On trouve davantage de bonnes idées autour d'un verre après la réunion que dans la réunion elle-même. À partir de ce constat, on peut essayer de transformer les réunions en discussion de café.

On dispose plusieurs grandes tables rondes et des chaises. De petits groupes se forment et discutent pendant quarante minutes dans ces « cafés ». Chaque café est consacré à une question différente. À chaque fois, il y a un ou une garçon de café qui anime la discussion et qui prend des notes. Une fois le temps écoulé, les groupes changent de lieu et de thème de discussion (mais pas les animateurs). Une fois que les groupes ont fait un tour complet, on se reforme en réunion plénière et on examine ensemble les résultats.

Trucs et astuces pour faire des petits groupes dans un grand

Splitter en petits groupes, c'est facile à dire, mais parfois difficile à faire. Il faut des critères, plus ou moins amusants :

Les noms. Qui commencent par une lettre de À à H d'un côté, les autres de l'autre.

Le mois de naissance. Janvier et février ici, mars et avril là-bas, etc.

Le nombre. « Choisissez dans votre tête un nombre compris entre 1 et 5. » Se répartir ensuite dans la pièce en fonction du nombre choisi.

La pioche. Mettez plusieurs petits objets dans un chapeau et faites piocher. Celles et ceux qui ont les mêmes objets s'assemblent (ça peut être des bonbons ou des préservatifs de goûts différents, des marqueurs de différentes couleurs…).

La moitié. Prenez des cartes à jouer, coupez-les en deux, et distribuez les moitiés aux participants. Pour constituer un groupe, les personnes doivent trouver leur moitié et les autres figures correspondantes (exemple : si on coupe les quatre rois en deux, cela fait un groupe de huit personnes).

Ce jeu permet aussi aux gens d'entrer en contact les uns avec les autres. Idéal si les personnes ne se connaissent pas encore (mais il faut avoir du temps à revendre).

Les cris d'animaux. Faites un cercle. Choisissez quel animal vous voulez devenir dans la liste suivante : cochon, chat, serpent, vache, ou poule. Fermez les yeux. Faites votre cri et retrouvez vos semblables. Le jeu s'arrête quand les troupeaux sont formés.

Jeux de rôles

Dans la peau de l'autre. Deux personnes s'opposent. Le facilitateur leur demande d'inverser les rôles et de discuter devant tout le monde en défendant la position opposée. Le jeu n'est pas de caricaturer la position adverse, mais de la restituer de la manière la plus convaincante possible. À la fin du jeu, les acteurs et le groupe font un bilan critique, et la discussion reprend.

Le face-à-face. Même jeu, mais tout le monde participe. Formez deux lignes de personnes face à face. Une ligne défend la position A, l'autre la position B. Lancez le jeu. Inversez. Faites le bilan.

Ce dispositif en lignes peut servir pour préparer le groupe à toutes sortes de situations de confrontation. Par exemple : les uns sont des profs grévistes, les autres sont des parents d'élèves inquiets. Engueulez-vous. Inversez les rôles. Testez plusieurs arguments pour gagner les parents d'élèves à votre lutte. Faites le bilan de l'expérience. Proposez des actions de popularisation du mouvement.

⇨ **Training à l'action directe non violente**

L'avocat du diable. On divise le groupe en trois. Le premier groupe argumente en faveur de votre cause sur le mode d'action que vous avez choisi. Le second joue l'avocat du diable : objections systématiques, questions gênantes, attaques en règle. Le troisième groupe observe la confrontation. À la fin du jeu, on discute tous ensemble pour améliorer l'argumentaire.

Ce jeu est idéal pour préparer collectivement une intervention dans un débat public (par exemple dans un débat télévisé). Il fonctionne d'autant mieux qu'on a pris le temps de préparer les arguments à l'avance. Laisser un temps de réflexion avant de commencer, ou annoncer le jeu d'une semaine sur l'autre.

La répétition générale. Plus complexe. Définissez autant de rôles qu'il y a de groupes concernés par la campagne ou l'action que vous allez mener : vos alliés effectifs, vos alliés potentiels, les « usagers », les médias, vos adversaires, le gouvernement, la police, etc. Quelques personnes se portent volontaires pour jouer ces rôles et se disposent autour du groupe, avec des panneaux qui les identifient. Le facilitateur lance le jeu. Exemple : « Il est quatre heures du matin, nous nous regroupons pour aller bloquer les portes des hôtels où logent les délégués de l'OMC. » Chaque porte-parole de groupe d'affinité dit ce que son groupe fait à ce moment-là. Les acteurs extérieurs indiquent tour à tour comment ils réagissent. L'intérêt du jeu est d'envisager à chaque fois plusieurs hypothèses pour que le groupe se mette d'accord sur l'attitude à adopter dans le cas *x* ou *y*. Exemple : « La police vous laisse deux minutes avant de vous asperger de gel lacrymogène. » Le facilitateur doit demander aux acteurs extérieurs de formuler une deuxième ou une troisième réaction possible et relancer chaque fois le débat dans le groupe à partir de ce nouveau contexte (exemple : même menace de la police avec ou sans la présence des médias, etc.).

Ce jeu d'anticipation est excellent pour construire des scénarios d'action, les tester et déceler les failles éventuelles. Avoir anticipé collectivement plusieurs cas de figure possibles, même les pires, donne au groupe une cohésion et une vitesse de décision décuplées au moment de l'action.

Le bocal

À utiliser en cas de polémique entre quelques membres du groupe la technique du bocal (appelée ainsi en référence au bocal où l'on regarde tourner en rond les poissons rouges) permet de clarifier les enjeux du conflit et de trouver une porte de sortie.

Le facilitateur demande aux personnes les plus virulentes de venir s'asseoir au milieu du cercle. Elles seules ont le droit de parler. Elles doivent essayer de formuler une solution à leur problème. Elles peuvent le faire librement, sur tous les tons. Tout le monde les observe jusqu'à ce qu'elles aient fini. On reprend alors la discussion générale.

Les sondages

Le sondage se fait à main levée. C'est un vote purement indicatif : il ne décide rien. Il sert seulement à évaluer la représentativité d'une position.

Variante : l'échelle des positions. On pose une question. On définit une ligne imaginaire qui traverse la salle. Chaque bout de la ligne correspond à une position extrême (oui/non). Entre les deux, il y a toutes les réponses intermédiaires : plutôt oui, oui mais, etc. On demande à chacun de se placer sur la ligne. Un espace est prévu hors de la ligne pour ceux qui refusent la question ou qui ont un autre type de réponse. Le facilitateur demande à plusieurs personnes situées à des endroits différents d'expliquer leur position.

Les pauses

Rien ne vaut une pause pour s'aérer la tête et repartir d'un bon pied.

AUTRES OUTILS : LE LANGAGE DES SIGNES

La première chose qui frappe un militant français dans une réunion au Canada ou aux États-Unis, c'est la gestuelle. Imaginez 200 personnes

assisses, qui se mettent tout d'un coup à lever les mains et à agiter les doigts avec le plus grand sérieux.
L'emploi du langage des signes permet à la salle de donner son avis sans couvrir la voix de l'orateur.

Main levée

« Je demande la parole. » Quand beaucoup de mains se lèvent en même temps, on ouvre une liste d'inscrits.

Les deux mains qui oscillent en agitant les doigts

« Je suis d'accord. » C'est le signe du consensus. Si une réunion entière fait ce geste, on peut considérer que la proposition est adoptée.

Poing levé

« Je ne suis pas d'accord, veto. » Ce signe est à utiliser avec précaution. Il bloque l'idée proposée par la personne qui parle. La personne qui a posé son veto doit expliquer son choix à l'assemblée.

Si beaucoup de poings se lèvent en même temps lorsqu'une idée est avancée, l'orateur peut en tenir compte pour améliorer son argumentation ou abandonner sa proposition.

Les deux mains qui roulent

« On a compris, pas la peine d'en rajouter. » Si beaucoup de personnes font ce signe pendant un long moment, le facilitateur peut demander à la personne qui parle de s'arrêter.

Les doigts agités devant les yeux

« Je ne comprends pas ce que tu dis. » La personne qui parle doit reformuler son idée plus lentement et plus simplement.

Geste des deux mains vers le bas

« Moins vite. » Les traducteurs peuvent employer ce geste pour demander de ralentir le débit et de faire plus de pauses pour leur laisser le temps de traduire.

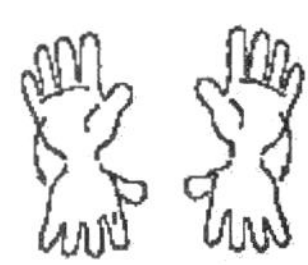

Les deux mains en « T »

« Pause, point d'ordre. » On utilise ce signe pour faire une courte remarque technique, ou pour proposer une autre technique de discussion. Mais il faut bien faire attention à ne pas l'utiliser pour faire une intervention directement sur le problème dont on discute, ce qui équivaudrait à court-circuiter la liste d'inscrits.

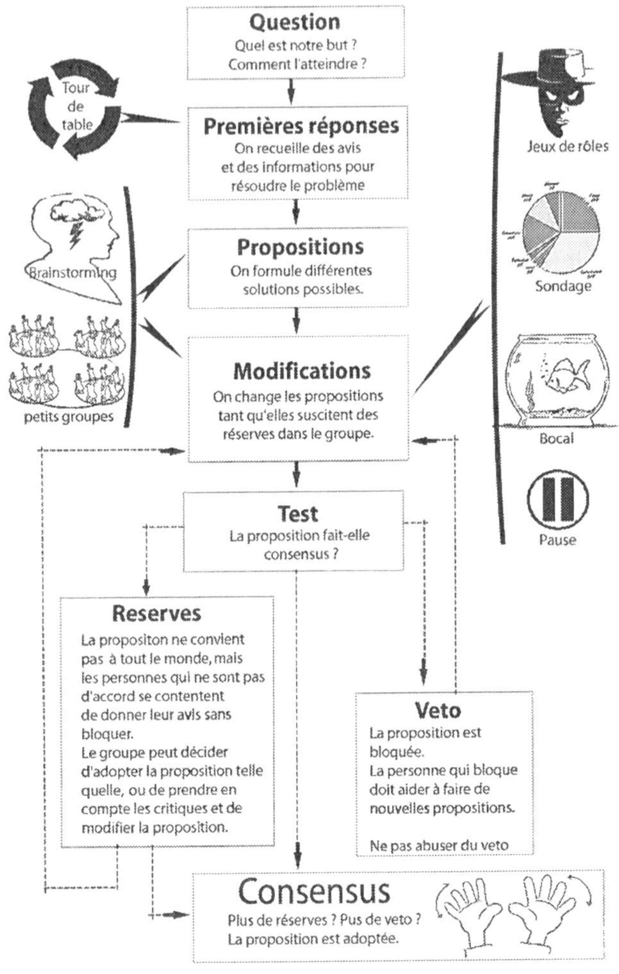

S'ORGANISER

Il y a des centaines de formes d'organisation et de modes de fonctionnement possibles. Leur pertinence varie en fonction du lieu dans lequel vous militez, de la situation politique, de la force de la répression policière, des traditions organisationnelles du pays...
Vous trouverez ici des fiches sur quatre formes d'organisations. Les deux premières expliquent comment créer une association et une section syndicale. Elle donnent surtout des informations sur les procédures administratives.
Les deux autres présentent des formes d'organisations plus informelles, qui ont émergé – ou plutôt, qui ont refait surface – dans des expériences militantes récentes : le collectif de lutte informel des salariés précaires et l'organisation des contre-sommets en groupes d'affinité.
La fiche sur les groupes affinitaires est plus succincte que les autres, mais il faut la lire comme la suite directe de la fiche sur le consensus. Consensus, groupes affinitaires, réseaux informels et action directe de masse forment quatre éléments d'une nouvelle pratique militante.

COMMENT CRÉER UNE ASSOCIATION

Déclaration administrative. Légalement aucune déclaration n'est obligatoire pour former une association. Tout groupe permanent est considéré comme une association de fait. Mais la déclaration administrative confère un statut juridique indispensable aux démarches officielles (demande d'autorisation d'événement, subventions, embauche de permanents, dons exonérés d'impôts...).
La déclaration administrative s'effectue par courrier auprès de la préfecture du département (pour Paris, à la préfecture de police).

Rédiger les statuts. Les statuts fixent le but et le fonctionnement de l'association.

Il n'y a pas de statut type obligatoire. Vous pouvez bien sûr vous inspirer de textes existants, mais vous êtes entièrement libres de choisir la manière dont vous aller fonctionner. Rien ne vous oblige à vous doter de membres fondateurs indéboulonnables ou d'un conseil d'administration au fonctionnement antidémocratique. Ne recopiez jamais des statuts sans vous interroger sur la pertinence de chaque article.
La préfecture n'a pas à juger la forme ou le fonctionnement d'une association. Elle ne peut pas refuser d'enregistrer une déclaration pour ce motif. Si vous présentez des statuts atypiques et que le bureau

Lettre type de déclaration administrative

Monsieur le préfet,

Nous avons l'honneur, conformément aux dispositions de l'article 5 de la loi du 1er juillet 1901 de procéder à la déclaration de l'association ____________________ dont le siège est ____________________.

Cette association a pour objet : ____________________.

Les personnes chargées de son administration sont les suivantes :

Nom, prénom, nationalité, date et lieu de naissance, adresse personnelle, profession, fonction.

Deux exemplaires des statuts approuvés par nos soins sont joints à la présente. Nous vous demandons de bien vouloir nous délivrer récépissé de la présente déclaration.

Veuillez agréer, Monsieur le préfet (ou sous-préfet), l'assurance de notre considération distinguée.

Fait à ____________________ le ____________________

(signature de deux au moins des personnes figurant sur la liste ci-dessus)

1re signature	2e signature
M.	M.
Fonction	Fonction
Signature	Signature

(Joignez deux exemplaires des statuts.)

d'enregistrement rechigne, insistez. Ils n'ont qu'à vérifier avec leur service juridique.

Seuls les trois premiers articles sont obligatoires : titre, objet et siège social.

Article 1. Titre. « Il est fondé entre les adhérents aux présents statuts une association régie par la loi du 1er juillet 1901 et le décret du 16 août 1901, ayant pour titre : ____________. » (Il n'est pas obligatoire que le mot association apparaisse dans le titre, ça peut être club ou tribu, ou rien du tout, peu importe.)

Article 2. Buts. « Cette association a pour but : ____________. » (Soyez clair, mais n'énoncez pas des objectifs trop étroits, pour ne pas vous lier les pattes. Cet article paraîtra au *Journal Officiel*).

Article 3. Siège social. « Le siège social est fixé à : ____________. » (Vous pouvez n'indiquer que la ville, pour pouvoir changer d'adresse sans modifier les statuts. L'adresse complète sera nécessaire sur la déclaration administrative.)

Légalement, vous pouvez vous arrêter là. Dans l'usage, les statuts précisent encore d'autres éléments.

Durée de l'association. Limitée (créée pour un événement précis), ou illimitée.

Moyens d'action. Là aussi, prévoyez large. Exemple : « Les moyens d'action de l'association sont notamment l'organisation de manifestations et toute initiative pouvant aider à la réalisation de l'objet de l'association. »

Ressources. Si vous voulez avoir le droit de vendre des choses pour vous financer, il faut le préciser. Sinon toute activité commerciale vous sera interdite. Exemple de formulation : « Les ressources de l'association se composent entre autres : des cotisations ; de subventions éventuelles, de recettes provenant de la vente de produits, de services ou de prestations fournis par l'association et de dons manuels. »

Composition. Malgré l'usage, vous n'êtes pas obligé de distinguer différentes catégories de membres.

Adhésion. À vous de décider si vous vous réservez le droit de refuser des demandes d'adhésion, pour quel motif et selon quelles modalités – décision en assemblée générale, ou en bureau, s'il existe un bureau. Dans ce dernier cas, l'article stipule : « Le conseil d'administration pourra refuser des adhésions, avec avis motivé aux intéressés. » Côté face, cet article est censé empêcher le noyautage. Côté pile, utilisé abusivement, il peut servir à verrouiller totalement l'association.

Perte de la qualité de membre. « La qualité de membre se perd par la démission, la radiation ou le décès ». À vous de voir si vous vous réservez la possibilité d'exclure des membres. Les motifs habituels sont : non-paiement de cotisation ou « motif grave ».

Assemblée générale. Traditionnellement on indique la fréquence des réunions, les conditions de convocation des AG extraordinaires, les prérogatives de l'AG (élection des membres d'un bureau, délibération, vote des rapports d'activité, sur les comptes et sur l'exercice financier...), et les procédures de décision (vote, mode de scrutin, quorum, etc.). Mais rien ne vous oblige à adopter cette forme d'organisation. Une association peut tout à fait fonctionner sans bureau, et le vote n'est pas la seule procédure de décision possible (voir la fiche Consensus). Il y a une multitude de fonctionnements possibles, à vous de choisir.

Conseil d'administration. Nombre de membres, rôles, pouvoirs, conditions d'éligibilité, procédures de décision, etc. Pour rendre le fonctionnement plus démocratique vous pouvez : multiplier les membres du CA, limiter les mandats dans le temps (pour faire tourner les responsabilités), prévoir la révocabilité des mandats (en clair : les élus au CA peuvent être révoqués en cour d'exercice par simple décision de l'AG), assouplir les règles de convocation de l'AG extraordinaire (en précisant que la demande de *x* personnes suffit), donner à l'AG extraordinaire un pouvoir de censure sur les décisions du CA, prévoir un système de plainte suspensive (sur demande de *x* membres, la décision prise au CA est gelée jusqu'à la décision de l'AG)...

Modification des statuts. Indiquer la procédure valable pour changer les statuts.

Affiliation. L'association peut se déclarer membre d'une fédération.

Dissolution. Procédure à suivre pour décider la dissolution, conditions de liquidation, etc.

Vous pouvez compléter les statuts par un règlement intérieur, texte plus précis et plus facilement modifiable.

Pour en savoir plus : http://www.associationmodeemploi.fr

COMMENT SE SYNDIQUER OU MONTER UN SYNDICAT

S'il y a un syndicat qui vous convient là où vous travaillez, adhérez. S'il n'existe pas encore de section syndicale, adressez-vous à l'Union départementale pour la créer. S'il n'y a pas encore d'organisation syndicale dans l'entreprise, ou si celles qui existent ne vous conviennent pas, vous pouvez créer un autre syndicat.

Trouvez un petit noyau de personnes motivées. Passez en revue les syndicats existants, lisez leurs textes, renseignez-vous sur leur histoire, informez-vous sur leur orientation dans votre secteur d'activité (les profils des fédérations syndicales varient souvent d'un secteur à un autre). Une fois que votre choix est fait, contactez l'Union départementale ou la Fédération nationale correspondant à votre filière. Pour constituer officiellement le syndicat, il faudra ensuite faire une première réunion, décider des statuts, élire des responsables, et faire une déclaration officielle.

Rédiger les statuts. Vous êtes entièrement libres de vous doter des statuts que vous voulez, sauf « clauses contraires aux prescriptions légales et à l'ordre public ». Comme pour les associations, il n'y a pas de modèle imposé. Traditionnellement, les rubriques sont les suivantes : objet du syndicat, siège, affiliation, secteur professionnel et géographique concerné, organisation interne, règles de fonctionnement, conditions de modification des statuts, conditions de dissolution.

Voir par exemple les statuts de SUD-travail :
http://joueb.com/sudtravail/texts/statuts.shtml

Lors des premières réunions discutez des statuts et mandatez des personnes pour écrire un projet. Organisez ensuite une l'assemblée générale constitutive où vous débattrez d'abord article par article avant de voter sur les statuts dans leur globalité. Indiquez les résultats du vote sur les statuts contresignés par le président de séance et le secrétaire général.

Lors de cette AG, faites remplir les bulletins d'adhésion, collectez des cotisations et établissez une liste d'émargement, signée par tous les présents.

Élire un conseil du syndicat. Si votre fonctionnement le prévoit, l'AG doit ensuite désigner les personnes qui vont administrer le syndicat.

Procès-verbal de l'assemblée constitutive. À l'issue de la réunion, vous devez rédiger un procès-verbal précis qui atteste de la création du syndicat. Ce sera votre première archive, à conserver précieusement. Ce « PV » peut être utilisé en justice, en cas de contestation de votre représentativité.

Modèle de procès-verbal

Procès-verbal de la réunion du ________________ (date).

Ce jour _____ (date), dans les locaux de _______ (adresse complète).

Se réunissent ________ (nombre de personne – ne pas donner la liste des présents).

La réunion est présidée par ________________ .

L'objectif de cette réunion est d'examiner la possibilité ou non, de créer un syndicat qui sera affilié à ________________ (présentation du syndicat, histoire, objectifs, fonctionnement).

Après un large débat, ________________ (résumer les principales interventions) et une analyse sérieuse des problèmes qui ne manqueront pas de surgir, les participants décident à l'unanimité de constituer le syndicat __________ de __________ (nom précis du syndicat). Les instances de fonctionnement y sont mises en place. Il faut proposer une liste de candidats pour le bureau du syndicat et organiser un vote.

Résultat des votes :

Pour ___________ Contre ___________ Abstentions ___________

Après l'élection des candidats proposés, le bureau se compose de :

_________ Secrétaire général ; _________ : Trésorier ; _________ : Membres du bureau

L'assemblée générale mandate et donne pouvoir à _________ et _________ (nom du secrétaire général et du trésorier) pour ouvrir en son nom un compte bancaire et en assurer la gestion.

Faire la liste des responsables du syndicat. Cette liste comprend : les membres du conseil du syndicat avec date et lieu de naissance, filiation, adresse et nationalité.

Déposer les statuts. En principe, le dépôt se fait à la mairie, en 3 exemplaires. Pour Paris le dépôt se fait à la préfecture en 5 exemplaires. Recommencer à chaque changement de la direction ou à toute modification des statuts.

Pièces à déposer. Le PV de l'assemblée constitutive, la liste des membres composant le bureau, les statuts, une lettre d'accompagnement.

Un récépissé et un numéro d'enregistrement vous sont délivrés. À partir de cette date, le syndicat est déclaré officiellement.

Une fois le syndicat déclaré officiellement, que faire ?

Représentativité. Ce passage vous concerne tout particulièrement si vous montez une section du syndicat SUD ou CNT, ou de toute autre organisation ne bénéficiant pas de la présomption de représentativité réservée à CGT, CFDT, FO, CFTC, CGC. En dehors du club des cinq, il faut montrer patte blanche. Le but affiché de cette législation est d'empêcher la formation de syndicats FN. En pratique, elle sert aussi à verrouiller le champ syndical pour limiter le développement des SUD.

Ne déclarez pas votre syndicat à votre patron avant d'avoir rassemblé une série de preuves. Attendez avant de désigner un délégué syndical. Éditez des bulletins d'adhésion, faites un maximum de recrues, ouvrez un compte, déposez les cotisations, imprimez des tracts (conservez les factures), et faites des distributions de tracts datés avec le sigle du syndicat à l'entrée de la boîte (mais pas à l'intérieur pour l'instant).

La déclaration auprès de l'employeur

Une fois que vous estimez remplir les critères de représentativité, adressez-vous à l'employeur pour désigner les représentants syndicaux au comité d'entreprise, aux délégués du personnel et au comité hygiène sécurité conditions de travail.

S'il n'y a aucune contestation dans les 15 jours, le syndicat est reconnu de fait dans l'entreprise.

Si l'employeur et/ou les syndicats existants contestent la validité de la désignation, le tribunal d'instance se prononcera sur votre représentativité. Dans ce cas, contactez un avocat spécialisé en droit social.

Une fois ce cap passé, il en reste beaucoup d'autres : élections prud'homales, grèves, négociations salariales...

Il n'y a pas la place ici pour donner tous les renseignements pratiques nécessaires. Vous trouverez des guides spécialisés auprès des syndicats.

COMMENT MONTER UN COLLECTIF DE PRÉCAIRES EN LUTTE

(d'après les collectifs emplois-jeunes)

Ces conseils servent à monter des collectifs de lutte indépendants, c'est-à-dire non affiliés à un syndicat. Ils ont été élaborés pour organiser les emplois-jeunes, c'est-à-dire une catégorie de personnel disséminée dans divers établissements.

Il n'y a pas de recettes toutes faites. Un collectif ne dépend que de ceux qui le créent et l'animent ! Ne voyez pas ce qui suit comme des règles de constitution, mais plutôt comme des petits conseils basés sur du vécu. Et comme le vécu est multiple, puisez ici ce qui semble utile à votre propre expérience !

Avantages des collectifs indépendants. Les salariés y gèrent tout eux-mêmes. C'est un espace d'expérimentation et de prise de décision collective. Cela favorise l'investissement d'un maximum de personnes. Avoir appris à s'auto-organiser permet de continuer à exister si « le vent tourne », par exemple si un syndicat qui vous a aidés jusque-là vous laisse tomber. Enfin, l'indépendance vous donne une entière liberté de parole.

Inconvénients. Tout repose sur vos épaules, y compris financièrement. Ce type d'organisation est fragile et éphémère. À moins que vous ne souhaitiez convertir le collectif en autre chose à la fin de la lutte... Théoriquement, un collectif informel n'est pas habilité à négocier avec l'employeur. En fait, tout dépend du rapport de forces. La multiplication de leurs actions publiques (grèves, manifs, action d'éclat, journal, témoignages dans les médias, etc.) a contraint la plupart du temps les employeurs à recevoir ces jeunes salariés dérangeants !

Le fait qu'aucun salarié dans le collectif ne soit syndiqué, vous prive des « heures de détachement syndical ». Vous devrez donc faire l'essentiel de votre boulot militant sur votre temps perso. L'engagement a ses contraintes, mais, rassurez-vous, dès que vous parvenez à des résultats, c'est superenthousiasmant !

Enfin, les collectifs bénéficient toujours à un moment ou un autre de l'aide d'un syndicat. Être indépendant ne signifie pas rester isolé.

Connaître vos droits. Pour défendre vos droits, il faut les connaître : sites web, directions départementales du travail, consultations juridiques dans les bourses du travail. Les syndicats éditent leurs propres brochures, plus lisibles que les documents officiels. Ils peuvent vous fournir un accompagnement juridique en cas de problème.

Se trouver les uns les autres pour s'organiser ensemble. Faire fonctionner le bouche à oreille, passer par les syndicats, mettre des annonces dans la presse, médiatiser la lutte...

Établir des revendications. Se réunir et faire un tour de table afin que chacun s'exprime. Vous en tirerez des revendications personnelles (exemple : « m'aider à gérer des problèmes rencontrés dans mon service ») et des revendications communes (statut, salaires...). Retenez ce qu'il y a de commun dans vos aspirations. C'est cela qui donnera un sens à votre collectif.

Solidarité. Cela n'empêche en rien de se porter solidaire auprès d'un collègue en difficulté (pétitions, grève de soutien, délégation à la DRH ou au responsable local, appel aux médias, etc.). Certaines situations perso peuvent être difficiles à gérer pour un collectif (licenciement, harcèlement moral, non-respect du contrat de travail ou du profil de poste, mise en danger sur le poste, etc.). Adressez-vous alors à des spécialistes du droit. Pour cela, vous avez les inspections du travail départementales, les sections syndicales, des asso spécifiques sur le harcèlement sexuel, des consultations juridiques dans les bourses du travail, etc.

Élire des délégués. Les délégués sont les relais des salariés face à l'employeur et peuvent faire l'interface avec d'autres collectifs. Il faut donner un contenu à leur mandat afin d'êtres sûr qu'ils respectent ce pour quoi ils ont été élus. Démocratie oblige !

Un délégué peut être élu pour une période déterminée ou révocable à tout moment, c'est-à-dire sous le contrôle permanent des salariés. Cette formule permet de coller à la réalité du collectif (départs de salariés, désaccord sur le fonds avec les représentants, changement d'orientation du collectif, etc.). Que vous utilisiez l'un ou l'autre de ces modes de représentation, c'est toujours en AG plénière que vos délégués peuvent être démocratiquement élus.

Trouver la forme d'organisation qui vous convient le mieux

Association. Avantages : possibilité d'ouvrir un compte en banque, d'avoir des subventions... Inconvénients : la gestion d'une association peut prendre du temps, au détriment de l'organisation concrète de la lutte.

Un collectif informel. Son statut juridique le distingue de l'asso. Cela ne vous empêche pas d'élire un trésorier et un secrétaire (il fait passer l'info, les dates de réunion, les comptes rendus d'AG, etc.). Le plus important est de bien vous répartir le boulot en nommant des responsables par tâche afin de savoir qui fait quoi et de ne pas vous retrouver débordés. Ce qui garantit le bon fonctionnement d'un collectif c'est de faire l'expérience ensemble, donc d'apprendre ensemble ! Des liens de confiance se tissent à travers la lutte.

Fixer collectivement des actions à mener. C'est dans l'AG que vous pouvez décider le plus démocratiquement possible de vos actions :

pétitions, piquets de grève, grève avec une installation publique, occupations, actions médiatiques ou symboliques, recours juridiques collectifs, etc.). Laissez libre cours à votre imagination. Veillez à ce que l'action recueille l'adhésion de l'ensemble du collectif, sinon elle risque d'être peu suivie et donc démoralisante.

Faire passer l'info entre collègues régulièrement. Tracts, coups de téléphone, bouche à oreille et mails. Plus une réunion est préparée à plusieurs plus vous avez de chances de faire venir du monde.

Construire des outils pour renforcer le collectif. Plus votre lutte sera visible, plus votre collectif sera solide et aura des chances de gagner. L'isolement étouffe et finit par dégoûter. Faites connaître vos actions aux autres salariés : tracts, pétitions, site web, banderole...

Mener les négociations avec l'employeur. La négociation a pour but de présenter vos revendications, de les défendre et de les faire aboutir. Avant d'aller négocier, discutez ensemble de vos arguments. Qui défend quelle revendication, etc. Restez courtois mais ferme !

Vous pouvez envoyer seulement les délégués ou bien élargir la délégation et éventuellement vous accompagner d'un syndicat. Prenez des notes pour faire un compte rendu.

Trouver des soutiens. Les luttes ont leur histoire, leurs références, leurs erreurs, leurs leçons, etc. S'appuyer sur des militants expérimentés mais respectueux de votre indépendance peut être réellement instructif, l'essentiel étant que vous choisissiez quelles formes ces soutiens peuvent prendre sans que ces derniers décident à votre place. Malgré leurs défauts et leurs directions souvent amorphes, les syndicats ont une expérience, des moyens et des réseaux. Ça vaut toujours le coup d'aller les voir, les interroger sur leurs positions, voir de quelle manière ils sont prêts à vous aider : prêt de salles, don d'heures d'information syndicale...

Se lier à d'autres collectifs. Il s'agit de se retrouver les uns les autres à l'échelle locale et nationale. Comment avons-nous fait pour nous retrouver entre des salariés de la grise région parisienne et des collègues des montagnes pyrénéennes, ou de la ville rose, et ce malgré le manque de soutien des directions nationales des syndicats ? Les nouvelles technologies révolutionnent également le monde militant : participation à des forums virtuels, e-mails, portables...

Il faut ensuite se rencontrer entre collectifs pour se coordonner. C'est supermotivant car on se sent moins isolé et on découvre que d'autres ailleurs ont expérimenté les mêmes choses ! Cette construction ne peut se faire que si chaque collectif local articule la lutte là où il est (négociation avec son propre employeur) à la lutte nationale (négociation avec le gouvernement).

Rendre la lutte publique pour rompre l'isolement. Notre lutte a toutes les chances de soulever l'opinion publique en notre faveur. Il faut donc informer cette opinion publique et la gagner, y compris dans nos manifs. Restent les médias, et là c'est toujours délicat, car nous n'avons aucun pouvoir de contrôle sur ce qu'ils gardent de nos témoignages. Mais ça reste un outil qu'on peut utiliser pour populariser nos actions.

Pour en savoir plus : http://collectifsej.ouvaton.org

COMMENT S'ORGANISER EN GROUPES D'AFFINITÉ

L'organisation en groupes d'affinité est très adaptée aux situations d'action directe de masse (blocages, occupations, confrontations avec la police).

➞ **affinité (groupes d')**

Par définition, pour former un groupe d'affinité, vous devez choisir des personnes avec lesquelles vous vous sentez bien, avec lesquelles vous avez des rapports de confiance et d'attention réciproques, et avec lesquelles vous partagez les mêmes choix tactiques pendant l'action.

Apprenez à fonctionner en groupe avant l'action : faites un training ensemble, discutez à bâtons rompus, envisagez plusieurs situations possibles et demandez-vous ce que vous feriez dans tel ou tel cas. L'idée est que, sur le terrain, vous puissiez agir en étant sur la même longueur d'onde. Si vous vous rendez compte à l'avance que ce ne pourra pas être le cas, faites-en le constat sans dramatiser et répartissez-vous chacun dans des groupes qui correspondent à vos choix et à vos envies pour cette action. Mieux vaut splitter en bonne entente que s'énerver les uns contre les autres pendant l'action.

Chaque membre du groupe doit avoir les contacts téléphoniques de tous les autres et connaître leur identité.

Rôles au sein du groupe

Il y a beaucoup de rôles possibles au sein d'un groupe d'affinité. Liste non exhaustive.

Avant l'action, dans la phase de préparation :

– coordinateurs ;
– collecteurs de fonds ;
– personnes chargées du repérage ;
– artiste peintre et bricoleur pour organiser les ateliers banderole, pancarte, etc. ;
– écrivains de tracts et de communiqués de presse ;
– [...].

Pendant l'action :

– porte parole pour les médias ;
– négociateur police ;
– facilitateur pour les prises de décision rapides ;
– guetteur d'ambiance ⇨ **Les techniques du consensus** ;
– toubib-secouriste (trousse de secours, gouttes pour les yeux, etc.) ;
– délégué au conseil des porte-parole (personne qui représente le groupe d'affinité auprès des autres) ;
– vidéoactiviste ;
– observateur légal (personne qui surveille et enregistre les agissements de la police) ;
– barde (animateur chantant du groupe) ;
– soutien (personne qui ne participe pas directement à l'action, mais qui peut organiser le soutien juridique et politique en cas d'arrestation) ; [...].

Note sur le rôle de soutien. Ce rôle est essentiel en cas de coup dur. Le soutien doit disposer de tout le matériel de communication nécessaire : fixe, portable, fax, Internet. Il doit connaître non seulement l'identité et les coordonnées des personnes du groupe, mais aussi celles de leurs proches. Il doit aussi être informé des besoins médicaux de la personne (en cas d'asthme par exemple). Il faut qu'il reste disponible pendant toute la durée de l'action, avec sous la main des numéros d'avocats, de journalistes et d'autres militants, pour pouvoir donner l'alerte et organiser un rassemblement en cas d'arrestation.

Les différents rôles des groupes d'affinité

Chaque groupe peut se spécialiser pendant une action. Quelques idées :

– groupe de guetteurs (observe le comportement de la police pour évaluer l'imminence d'une charge par exemple) ;
– groupe d'éclaireurs (va en avant voir si la voie est libre et repérer les itinéraires bis) ;
– groupe de liaison (fait le lien entre différentes parties du grand groupe) ;
– groupe de samba ou de percus (anime et donne du cœur à l'ouvrage) ;
– groupe de décorateurs (peint, colle, graffe dans le lieu) ;
– groupe de popularisation (parle avec les passants, leur distribue des tracts) ;
– groupe de théâtre de rue ;
– groupe tampon (se place entre la police et les manifestants pour protéger le cortège) ;

– groupe de ravitaillement (offre à boire et à manger aux participants) ; [...].

Conseil des porte-parole

Pendant l'action, chaque groupe affinitaire envoie un délégué au conseil des porte-parole, qui se réunit à intervalles réguliers pour décider quoi faire.

PARTIR EN CAMPAGNE

Fixez votre but. Que voulez-vous obtenir par votre campagne ? Attention, il ne s'agit ici ni de votre but ultime (exemple : renverser le capitalisme) ni de votre but immédiat (exemple : bloquer telle rue). Le but d'une campagne doit être un moyen terme entre ces deux types d'objectifs : ni trop général, ni trop particulier, ni trop accessible, ni trop hors de portée. Une bonne campagne doit précisément permettre aux gens qui y participent de faire le lien entre ces deux « niveaux », d'articuler des revendications immédiates avec une remise en cause plus fondamentale de l'ordre du monde. Prenez l'exemple de la campagne contre les sweatshops sur les campus américains (voir la partie I) : son succès tient en grande partie à ce qu'elle a réussi à combiner intelligemment des questions locales, internes à l'université (où sont achetés les sweatshirts du campus ?) à des questions économiques globales (exploitation des travailleurs du tiers monde, responsabilité des multinationales américaines).

Une campagne peut être ou bien défensive, en réponse à une attaque gouvernementale ou patronale (exemple : « Non à la remise en cause du régime des intermittents ») ou bien offensive, pour faire aboutir une revendication que vous avez choisie de défendre à ce moment précis, selon votre calendrier (exemple : « Droit au revenu minimum pour les moins de 25 ans »).

Renseignez-vous. Rassemblez des informations sur le sujet qui vous intéresse. Si des campagnes similaires ont déjà eu lieu dans d'autres pays, étudiez ce qui a fonctionné ou pas. Étayez vos revendications, bâtissez des argumentaires solides (c'est ce que font les collectifs transport gratuit, en décortiquant les budgets des régies de transport en commun pour prouver la viabilité de leurs revendications).

Apprenez à connaître vos adversaires. Cherchez à comprendre comment vos adversaires raisonnent, comment ils fonctionnent, de quoi ils dépendent. Cherchez à savoir quelles sont leurs contradictions, leurs failles, leurs points faibles. Cela vous permettra d'identifier les cibles et les formes d'action les plus pertinentes. Par exemple, pendant la campagne contre le projet de loi Sarkozy en 2002, qui prévoyait de criminaliser l'aide à l'occupation de logements vides, l'association Droit au logement (DAL) avait occupé le parvis de la mairie de Neuilly avec des familles mal logées. Dans l'heure qui suivait, l'article en question était retiré. Avec son action, l'association avait touché juste : viser personnellement un ministre soucieux de son image, et faire apparaître publiquement, avec un symbole clair et fort la contradiction entre les discours de Sarkozy sur « la France d'en bas » d'un côté et, de l'autre, son milieu social (Auteuil-Neuilly-Passy) et sa politique de criminalisation de la pauvreté.

Identifiez vos alliés potentiels. Une campagne n'est pas bonne si elle s'adresse à l'« opinion publique » en général. D'abord l'opinion publique n'existe pas, ensuite cette notion ne permet pas de réfléchir efficacement aux questions de stratégie politique. Derrière l'« opinion publique », il y a des groupes sociaux, dont certains sont d'une importance capitale pour la réussite de votre campagne, d'autres moins, et d'autres pas du tout Vous avez des alliés potentiels dans la société. Leur solidarité active est la clé de votre succès. Sachez qui vous voulez influencer en priorité, et pour quoi faire.

Exemple : la campagne menée dans les années 1970 aux États-Unis par Movement for a New Society contre le soutien américain à la dictature militaire pakistanaise. Malgré les dénégations officielles, les militants avaient appris que des bateaux pakistanais chargeaient des cargaisons d'armes dans les ports américains. Il devint assez clair que la clé du succès résidait dans l'attitude des dockers : si les syndicats refusaient de charger les bateaux, la partie était gagnée. Problème : malgré des rencontres répétées et des exposés détaillés sur la situation au Bengale, les dockers refusaient de se lancer dans la grève. Les activistes décidèrent de passer à l'action quand même, sans perdre l'espoir de les convaincre. Ils annoncèrent le blocus du port à la presse. Les médias couvrirent l'action, et on vit à la télévision les manifestants tenter de bloquer un cargo avec des canots pneumatiques. La médiatisation de la campagne et la persévérance du petit groupe de pacifistes permirent de faire avancer la discussion avec les syndicats. Ces derniers se mirent d'accord pour dire que si les activistes mettaient en place un piquet de grève sur le port, les dockers refuseraient de forcer les barrages pour aller travailler... La campagne s'élargit ensuite à d'autres ports américains, jusqu'à ce que le syndicat international des dockers finisse par refuser globalement les chargements d'armes en direction du Pakistan.

Formez des collectifs. Ne partez pas tout seul en campagne, essayez de mettre sur pied un collectif de préparation.

Essaimez. Faites fonctionner vos réseaux pour que la campagne soit reprise un peu partout. Trouvez un nom qui plaise. Utilisez Internet pour mettre des Kit en ligne. Qu'on n'aie qu'à cliquer pour télécharger les affiches, les autocollants, les slogans, les idées d'actions, etc. Ne centralisez pas tout, ouvrez votre site à ceux qui voudraient l'alimenter.

Soyez patient et têtu, mais ni rigide ni maso. Les campagnes victorieuses se concentrent longtemps sur leur cible – neuf mois, deux ans ou parfois davantage – avec une revendication spécifique. C'est long et parfois épuisant.

Variez les formes d'action

Faites un planning prévisionnel de la campagne, avec différentes phases et des objectifs à mi-course (exemple : phase 1 médiatiser le problème, phase 2 lancer une pétition). Fêtez les victoires intermédiaires. Congratulez-vous. N'hésitez pas à bouleverser votre planning pour vous saisir d'un événement. Soyez souple et sachez sauter sur une occasion quand elle se présente.

Pour évaluer votre campagne, ne pensez pas uniquement aux résultats, mais au processus lui-même : votre groupe va-t-il en sortir renforcé ou affaibli ? Est-ce que vous faites de nouvelles expériences ou est-ce que vous tournez en rond ?

MOBILISER, DIFFUSER, INFORMER

AFFICHER

Conception de l'affiche. Utilisez des logiciels graphiques. Les standards sont Photoshop et Illustrator.

Impression. Photocopieuse, imprimerie, ou sérigraphie (pour cette dernière technique, voir la fiche T-shirt)

Collage. Utilisez de la colle à tapisserie, un seau et un gros pinceau. Encollez d'abord la surface, et ensuite posez l'affiche.
Collez toujours à plusieurs, et prévoyez un groupe de SO au cas où vous croiseriez des fachos.

L'affichage sauvage est interdit. Pour se couvrir les partis politiques, avant une campagne électorale, déclarent parfois le vol d'un jeu d'affiches.

FAIRE SES AUTOCOLLANTS SOI-MÊME

1. Faites la maquette de votre autocollant avec un logiciel graphique (Illustrator pour les dessins, Photoshop pour les photos). Travaillez aux dimensions d'un A4. Prévoyez des marges.
2. Choisissez le format de vos autocollants. Les formats standard sont les suivants : A6 (105 × 148 mm ; 4 autocollants par page), A7 (74 × 105 mm ; 8 par page), A8 (52 × 74 mm ; 16 par page). Réduisez votre motif à la taille choisie. Coupez-collez sous Pagemaker et réalisez la maquette de planche d'autocollants.
3. N'oubliez pas les marges entre chaque autocollant.
4. Imprimez votre planche d'autocollants sur du papier normal avec une imprimante laser.
   Procurez-vous du papier autocollant. Pour des petites quantités, on trouve facilement des pochettes de 20 à 25 feuilles blanches A4 autour de 10 euros dans les papeteries ou les magasins de consommables informatiques. Pour de grandes quantités, il vaut mieux s'adresser à un grossiste. Pensez aussi à demander autour de vous aux syndicats et aux grosses associations, qui ont souvent des services de reprographie capables de tirer des autocollants à des prix d'amis.
5. Photocopiez.

6. Coupez les feuilles d'autocollant au massicot.
7. Collez.

Truc : pour évitez qu'on arrache facilement vos autocollants dans la rue, vous pouvez les taillader en petits losanges avec une lame de rasoir après les avoir collés. La personne qui voudra le décoller devra le faire petit morceau par petit morceau.

FAIRE SES BADGES SOI-MÊME

Machine à badges. Pour fabriquer vous-même des badges ronds en métal, tendance années 1980, il faut vous procurer une presse à découper spéciale (pour découper la rondelle de papier sur laquelle est imprimé le motif), et une machine à emboutir (pour assembler le badge).

Il existe plusieurs types de machines à badges : à main (compter 50 euros), semi-automatique (de 200 à 400 euros), ou électrique (entre 500 et 600 euros). L'attache métallique coûte entre 25 et 35 centimes d'euro pour chaque badge.

À ma connaissance, il n'existe pas de distributeur en France pour ces machines, mais vous pouvez les commander sur Internet.

En Allemagne :
http://www.buttonmaschine.de
http://www.atzler.de/n3/buttons/a_buttons.htm
Aux États-Unis :
http://www.buttonsonline.com/
http://www.badgeaminit.com

Pour les badges en plastique, ou les pin's, s'adresser à une entreprise spécialisée dans les objets promotionnels (voir à dans les pages jaunes, rubrique « publicité par l'objet »).

FAIRE SES T-SHIRTS SOI-MÊME

Achat des T-shirts

On trouve aujourd'hui facilement des T-shirts issus du commerce équitable et de l'agriculture biologique. Pour en savoir plus : http://www.lokaterre.com et http://www.equiterre.com

Impression

Au pochoir. Voir la rubrique « pochoir », p. 221. Il vaut mieux opter pour une matrice en PVC fin (et donc lavable). Les cadres en carton gonflent et dégoulinent très vite.

Pour éviter que la peinture n'imprègne le verso, et pour tendre le tissu, passer un rectangle en carton dans le T-shirt. Contre les vapeurs de peinture, munissez-vous d'un masque à gaz. Si vous n'avez pas de masque, mettez un foulard et aérez la pièce.

Le jet de peinture risque de soulever les bords du pochoir. Pour éviter que la peinture déborde, mettez les doigts ou des cales sur le pochoir. Autre solution : acheter de la colle en aérosol, « bomber » légèrement le dos du pochoir pour qu'il adhère au tissu.

Bombez à la peinture à une trentaine de centimètres de hauteur, en prenant garde à ce que le jet reste bien vertical. Si vous avez prévu un motif polychrome laissez des temps de séchage entre chaque couleur.

Pour que la peinture tienne au lavage : achetez du vernis pour tableaux en aérosol et bombez par-dessus la peinture, repassez ensuite le motif à faible température avec un vieux fer à repasser.

Papier transfert. Plus cher, mais parfait pour reproduire des photos couleurs.

Pour de grandes quantités, passez commande auprès de grossistes spécialisés. Exemple :

– papier « Legend Transfert » chez Carrare Communications, en juin 2003 : 47 centimes HT la feuille pour 500 feuilles. http://www.carrare-communication.fr.st/

– papier « Copytrans » chez SAP diffusion, 0,35 euros HT la feuille, de 300 à 900 feuilles. http://www.sap-diffusion.com

Pour l'impression, vous avez le choix entre l'imprimante laser et la photocopieuse. Vérifiez que le papier et la machine sont compatibles (sinon le papier thermocollant peut fondre à l'intérieur).

N'oubliez pas que le motif doit être imprimé à l'envers, comme en décalcomanie. Si vous travaillez avec un ordinateur, utilisez l'option « miroir » dans votre logiciel graphique. Si vous n'avez qu'une photocopieuse, imprimez une première fois votre motif sur un transparent pour rétroprojecteur, puis retournez le transparent pour le photocopier à nouveau. Pour une meilleure définition, dessinez un original au double et réduisez-le à la photocopieuse. Une fois les feuilles imprimées, appliquez-les sur les T-shirt au fer à repasser.

Sérigraphie. Meilleur rapport qualité/prix.

Vous devez trouver un atelier de sérigraphie. Essayez dans les écoles d'art, dans les MJC du quartier, dans les clubs de lycée, auprès d'associations...

On utilise un tissu très fin tendu sur un cadre en bois. Cet « écran de soie » est d'abord enduit d'un produit photosensible, qui durcit à la lumière. Dans une chambre noire, comme pour développer des photos, on « cliche » le cadre de tissu en projetant le dessin ou la photographie voulus (auparavant mis sur film transparent en négatif). Les parties exposées à la lumière durcissent et le tissu s'imperméabilise. On lave le cadre. Aux endroits qui n'ont pas été exposés à la lumière, le produit part. On a obtenu une sorte de pochoir en soie. On met un rectangle carton dans le T-shirt pour le tendre, on place le cadre, et, avec une raclette en caoutchouc, on étale une encre spéciale d'un bord à l'autre de l'écran. L'encre passe à travers l'écran de soie et imprime le motif voulu.

Pour les fournitures, vous trouverez tout ce qu'il vous faut dans des magasins type Graphigro, ou, à Paris, chez Buisine, boutique spécialisée.

COMMENT FAIRE UNE PÉTITION

Écrire un texte

Faites court, clair et précis : Qu'est-ce que vous dénoncez ? Pourquoi ? Qu'est-ce que vous demandez ?

Lancer la pétition

Pour lancer la pétition, vous pouvez vous appuyer sur des premiers signataires connus, qui la crédibiliseront et qui aideront à la diffuser, que ce soient des personnalités (intellectuels, artistes, etc.), des associations, des syndicats ou des partis. Ces premiers signataires peuvent se constituer en collectif.

Testez d'abord votre texte auprès d'un petit nombre de signataires. Une fois que le texte aura été transmis à des centaines de personnes, il sera trop tard pour corriger quoi que ce soit.

Pour faire paraître le texte dans la presse, adressez-vous aux pages débat et horizon des grands quotidiens (mieux vaut des signataires connus).

Recueillir les signatures : au stylo ou au clavier

La bonne vieille méthode : un Bic et un joli sourire.

Plus moderne et moins fatiguant : la pétition électronique. Il existe plusieurs techniques pour faire signer des pétitions sur Internet. La plus efficace consiste à installer la pétition sur un site pour que les personnes puissent signer directement en ligne, sans passer par une chaîne d'e-mails.

Il faut intégrer un « formulaire » (c'est-à-dire des cases où les gens tapent leur nom, leur mail, leur profession, etc.) à la page web. Il existe des programmes spécialement conçus pour les pétitions en ligne. Télécharger gratuitement « cyber-pétition » (script Perl) à http://www.perl-gratuit.com/perl/petition/

Déposer la pétition

Le dépôt des pétitions peut être un peu théâtralisé, accompagné d'une manifestation ou d'un rassemblement. Si vous voulez faire les choses dans les règles, il faut adresser les feuilles à l'Assemblée nationale ou au Sénat en France, ou au Parlement européen, si votre revendication relève de sa compétence. Les pétitions seront ensuite examinées pour évaluer leur recevabilité. Mais finalement peu importe si votre pétition n'est pas recevable selon les critères légaux ou même si elle n'est pas adressée au bon bureau du pouvoir.

COMMENT CRÉER UN JOURNAL, UNE REVUE PAPIER

(aspects techniques et juridiques)

Rédaction. Trouvez le thème, l'angle d'approche, la périodicité, le nombre de pages, les rubriques, le format. Faites un budget. Calculez le prix de vente par numéro et ajustez. Formez une équipe rédactionnelle, un comité de lecture, trouvez des correspondants.

Outils logiciels. Procurez-vous un logiciel de mise en page. Les standards sont X-Press et PageMaker. Faites une maquette.

Impression. Tout dépend de vos objectifs et de votre budget. De la photocopie noir et blanc au travail d'imprimerie en quadrichromie sur beau papier.

Distribution. Le moins cher, c'est de distribuer votre publication de la main à la main, dans vos réseaux militants. Vous pouvez mettre vous-mêmes des exemplaires en dépôt dans des librairies et dans des boutiques alternatives.

Pour une revue, vous pouvez vous adresser à un distributeur indépendant, mais les coûts restent importants. Contactez Dif'Pop, 21 *ter,* rue Voltaire 75011 Paris, tél. : 01 40 24 21 31, fax : 01 40 24 15 88.

Si vous visez les kiosques, il faut s'adresser aux NMPP, mais n'y pensez pas si vous n'avez pas un très gros budget (les frais avoisinent les 50 % du prix de vente, par exemplaire distribué).

Structure juridique. Si vous voulez faire les choses dans les règles, vous devez créer une SARL de presse.

Déclaration et commission paritaire. Légalement, vous êtes supposé déclarer votre périodique au procureur de la République. Cette déclaration donne lieu à une enquête des Renseignements généraux.

OUTILS MILITANTS SUR INTERNET

– **Fournisseur d'accès et compte e-mail**

No Log. Accès gratuit à Internet par modem et compte e-mail.
No Log, service militant de Globenet est conçu de telle manière qu'aucune donnée personnelle concernant l'identité de l'utilisateur ne peut être recueillie. Contrairement aux fournisseurs d'accès commerciaux privés, No Log assure la confidentialité absolue des données de connexion. http://www.no-log.org/

— **Cryptographie.** Pour protéger la confidentialité de votre correspondance électronique vous pouvez télécharger des logiciels de cryptographie et apprendre à vous en servir (même la CIA ne peut pas cracker ces codes) : http://www.openpgp.fr.st/

— **Liste de discussion.** Vous pouvez très facilement ouvrir une liste de diffusion. Vous pouvez passer par un service commercial gratuit du type Yahoo Groups (www.groups.yahoo.com), ou, mieux, par des hébergeurs alternatifs utilisant le logiciel libre Mailman (voir la liste des hébergeurs alternatifs ci-dessous).

— **Site web.** Vous trouverez facilement sur Internet des guides pratiques pour créer votre site web.

Nom de domaine. Pour déposer votre nom de domaine, essayez Gandi : www.gandi.net

SPIP. Pour créer votre site, vous pouvez utiliser le logiciel libre SPIP. Vous pouvez le télécharger gratuitement sur www.uzine.net/spip/, où vous trouverez toutes les instructions pour vous en servir. L'avantage de SPIP, outre sa facilité d'utilisation, est de permettre à plusieurs personnes d'alimenter le site en même temps. Si vous voulez publier une information sur le site de votre association, vous n'avez plus à passer par un webmaster qui centralise les demandes. Toutes les personnes qui disposent du mot de passe peuvent modifier le site de n'importe où, sans aucune compétence technique particulière. Ce système permet de collectiviser la gestion de votre site.

Hébergeurs. Pour héberger vos sites militants, adressez-vous à des hébergeurs alternatifs. La liste des incontournables :

– Réseau associatif et syndical (RAS), Hébergement libre pour associations progressistes, syndicats, et organisations de citoyens, http://www.ras.eu.org/
– Ouvaton
Hébergeur constitué en coopérative militante, http://ouvaton.coop/

- L'autre Net
  Hébergeur autogéré, http://lautre.net
- Tuxfamily, L'hébergement libre pour les gens libres
  http://www.tuxfamily.org/
- Association pour la promotion de l'Internet non commercial
  Offre d'hébergement associatif et autogéré, http://www.apinc.org/
- Globenet
  Fournisseur d'accès Internet et hébergeur associatif. Propose, entre autres, des forfaits d'hébergement pour les associations loi 1901
  http://www.globenet.org/

COMMENT FAIRE LE PASTICHE PARFAIT D'UN SITE INTERNET OFFICIEL ET RÉALISER DE SUPERBES IMPOSTURES

1. Achetez un nom de domaine assez proche de celui que vous voulez détourner.
2. Téléchargez Reamweaver, le logiciel libre des Yesmen, à l'adresse suivante : http://reamweaver.com/
3. Ce petit logiciel vous permettra de « sucer » tout le contenu d'un site Internet et de le copier sur votre disque. Vous pourrez ensuite l'installer sur votre adresse, non sans avoir apporté quelques modifications au texte original. Parmi les fonctionnalités de ce logiciel, le remplacement automatique des termes : en recopiant le site de l'OMC, il peut par exemple mettre « exploitation » chaque fois qu'il y a « équité » dans le texte original.
4. Copiez et modifiez le site. Installez-le en ligne.
5. Faites référencer votre site par les moteurs de recherche.
6. Attendez les réactions, les invitations officielles etc., et préparez vos blagues.

PRÉPARATION À L'ACTION

COMMENT PRÉPARER UNE ACTION

Inventez. À quoi l'action doit-elle servir ? (populariser un mouvement, harceler un responsable politique, exercer une pression sur un patron, empêcher une expulsion...).

Utilisez ensuite les techniques de discussion type brainstorming pour inventer l'idée d'action qui vous convient. Vous pouvez vous inspirer d'actions existantes, ou partir d'un jeu de mots, d'une image, d'une histoire, d'une information intéressante...

Attention, si vous optez pour une action de désobéissance civile, renseignez-vous bien sur les risques et faites en sorte que tous les participants les connaissent.

Testez. L'action sera-t-elle compréhensible ? Le slogan est-il vraiment sans ambiguïté ? Est-ce la bonne cible qui est visée ?

Répartissez-vous le travail. Formez des groupes de travail :

– repérages/scénarios (aller sur les lieux, repérer un trajet, réfléchir aux diverses manières dont l'action peut se passer et aux solutions de rechange envisageables) ;

– mobilisation (faire en sorte que du monde vienne : distribuer des tracts, diffuser l'information sur Internet...) ;

– argumentaire/revendications (qu'est-ce qu'on critique ? qu'est-ce qu'on veut à la place – rédiger une proposition de tract à soumettre au groupe) ;

– presse (envoi du communiqué, contact avec les journalistes) ;

– déco, matos, slogans (affiches, banderoles...) ;

– sur place, il faudra au moins un groupe presse, un groupe négociation, une équipe médicale. En cas d'action à risque, prévoyez une legal team. Répartissez-vous en groupes d'affinité avant l'action.

Secret et paranoïa. Certaines actions impliquent que la police ignore jusqu'au bout votre cible. Soyez discrets : ne donnez pas de détails par téléphone, ni dans des lieux publics ou dans des locaux militants et, si vous échangez des renseignements par mail, utilisez un logiciel de cryptographie. Seules quelques personnes du groupe connaîtront l'objectif précis, les autres devant leur faire confiance à l'aveugle. Pas très démocratique comme fonctionnement... Il faut limiter au maximum l'effet « caste d'initiés », dévastateur pour la cohésion de votre groupe. Si le lieu précis est secret, le reste ne l'est pas, et tout le monde peut travailler à la préparation générale. Les personnes qui font les repérages doivent évaluer le risque et la pertinence politique de l'action.

Anticipez et mettez-vous au diapason. Très important : discutez ensemble de différents cas de figure qui pourraient se présenter pendant l'action. La question classique est celle du départ : une fois sur les lieux de l'action, quand part-on ? Attendra-t-on que la police fasse déguerpir le groupe *manu militari* ?

Il est très utile d'organiser un training avant l'action.

TRAINING À L'ACTION DIRECTE NON VIOLENTE

(d'après le collectif RANT)

Dans la tradition du mouvement des droits civiques, les militants américains ont élaboré des programmes de formation à l'action directe non violente. À Seattle, à Québec, à Gênes ou à Évian, les manifestants ont pu suivre des courtes formations à la non-violence active.

Le but est d'apprendre à rester calme et concentré dans des situations de confrontation, à se servir de son corps comme d'un instrument de résistance, et à agir en groupe (se déplacer, s'immobiliser).

L'entraînement fait alterner des petits exercices corporels, des jeux de rôles, des informations pratiques et des discussions.

S'il ne devait faire passer qu'une seule idée, ce serait celle-ci : dans une action, c'est toujours à vous de choisir ce que vous allez faire.

Le groupe est assis en demi-cercle. Le formateur est debout devant le groupe. Il se présente, et dit de quoi il va parler. Si le groupe n'est pas trop nombreux, faire un tour de présentation.

Pour avoir une idée du degré d'expérience du groupe, demander qui a déjà participé à des actions de désobéissance civile, qui a déjà reçu des lacrymogènes, subi une charge de police, une arrestation...

Pas de panique

L'aplomb et le calme. Former un cercle. Est-ce que vous avez déjà été en colère ? Qui peut montrer à quoi on ressemble quand on est en colère ? La personne s'avance dans le cercle et mime la colère. Tous les autres l'imitent. On recommence deux ou trois fois. Même chose avec la peur.

Questions : qu'est-ce que vous ressentez quand vous êtes en colère ? Quand vous avez peur ? Comment est votre corps ? Est-ce que vous pouvez réfléchir dans ces états-là ?

Redressez-vous, respirez profondément, écartez un peu les jambes, fléchissez-les un tout petit peu, ancrez-vous dans le sol, imaginez que vos pieds ont des racines qui s'enfoncent dans le sol.

Maintenant, marchez dans la pièce en gardant cet aplomb et en continuant à respirer profondément.

Élargir son champ de vision. Arrêtez de marcher. Tendez les bras de chaque côté de votre corps, perpendiculairement à votre torse. Agitez les doigts. Regardez devant vous et cherchez à apercevoir vos doigts sans bouger la tête. Vous avez élargi votre champ de vision au maximum. Recommencez à déambuler dans la pièce, dans cette position, les bras tendus, en bougeant les doigts. Vous pouvez tout voir, devant, à gauche, à droite et même derrière vous. Vous respirez profondément.

(À ce moment-là, un complice du formateur agrippe une personne et la tire sur le côté de la pièce.)

Arrestation. Le formateur dit à tout le monde d'arrêter de marcher. Qui a remarqué quelque chose ? La police vient juste de rentrer dans la foule et d'arrêter quelqu'un. Les gens qui étaient autour de la personne arrêtée ont-ils réagi ? Et la personne arrêtée, qu'a-t-elle fait ? À qui est-ce déjà arrivé d'être arrêté/de voir une arrestation dans une manifestation ? Qu'avez-vous ressenti ? Qu'avez-vous fait ? Quelles sont les différentes attitudes possibles dans cette situation ? Laisser le groupe répondre.

Conclusion : c'est à vous de choisir. Vous pouvez : coopérer et vous laisser faire, essayer de vous dégager, faire le poids mort pour freiner l'évacuation, agripper tous la personne attrapée pour la libérer...

Binôme. Chacun choisit une personne qui devient son binôme. Marchez de nouveau. En déambulant, faites en sorte de toujours savoir où est votre binôme, de toujours garder un œil sur lui.

(La police attrape de nouveau quelqu'un.)

Stop. Est-ce que le binôme s'est aperçu de l'arrestation ? Qu'est-ce qui a changé dans vos réactions ?

Conseils en cas d'arrestation

S'identifier. Au moment de l'arrestation, crier : « Je m'appelle... X, la police m'a arrêté. » Les personnes autour doivent faire remonter l'information aux équipes juridiques. Faire l'exercice par groupes de trois, au signal.

Se faire lourd. Si on veut compliquer la tâche de la police et ralentir l'évacuation, au moment de l'arrestation, détendre tous ses muscles, se faire aussi mou qu'une chique molle. Trois personnes font la démonstration devant tout le monde. Premier cas de figure, la personne arrêtée se contracte : il est facile de la porter. Deuxième cas de figure, elle relâche tous ses muscles, sauf la nuque et le menton, pour empêcher que sa tête heurte le sol : il est visiblement beaucoup plus difficile de la transporter. À présent, faites l'exercice par groupes de trois (deux flics, un manifestant).

Faire masse. Lorsque la police attaque quelqu'un pour l'attraper, fondre tous ensemble sur le manifestant pour le retenir. C'est la technique du « tas de chatons » : la personne attrapée se jette à terre et se fait lourde, une deuxième personne se met sur elle et fait un pont avec ses bras et ses genoux, en protégeant sa tête et ainsi de suite, jusqu'à former un bel empilement. Cette technique peut servir en prison pour éviter qu'une personne soit isolée du reste du groupe. La personne du dessous doit se recroqueviller pour ne pas être écrasée. Inconvénients de cette technique : elle immobilise et empêche les personnes du dessous de se dégager en cas de besoin. Faire l'exercice par groupes de sept (deux flics, cinq manifestants). Cette technique est vivement déconseillée en cas de charge et de tirs de lacrymogènes. Elle est surtout adaptée dans les cas d'évacuation de lieux occupés, en présence de caméras de télévision (leur présence tend à faire baisser l'intensité de la violence policière).

Groupes d'affinité

➡ GROUPES D'AFFINITÉ

Former des groupes de cinq ou six. Recommencer à déambuler. Chaque membre du groupe doit garder à l'œil tous les autres membres pendant qu'il marche.

Se regrouper. À un premier signal, tout le monde court et se disperse. À un second signal, les groupes d'affinité doivent se regrouper. Essayer plusieurs fois. Question : est-ce que vous arrivez à vous retrouver ? Comment ? Quelle méthode utilisez-vous ? On peut se servir de cris, de percussions, de gestes, d'instruments... Autres suggestions ?

Choisir son niveau de risque. Le formateur montre à tous des drapeaux de couleurs différentes. Par exemple le rouge signifiera un haut degré de prise de risque et le vert signifiera un faible niveau de prise de risque. Demander aux groupes d'affinité de discuter pour savoir quel drapeau chacun veut suivre, en fonction du niveau de risque qu'ils choisissent d'encourir.

Se répartir dans l'espace. Chaque groupe désigne un porte-drapeau. Distribuer les drapeaux. On recommence à marcher. Tous les porte-drapeaux marchent ensemble d'un côté, et tous les groupes d'affinité déambulent à côté d'eux, en se gardant à l'œil. Au signal, les drapeaux se séparent et se postent à deux côtés opposés de la pièce, en fonction de leur couleur : d'un côté le risque élevé, de l'autre le risque faible. Les groupes d'affinité doivent retrouver leur drapeau et se reformer au bon endroit. Refaire l'exercice plusieurs fois, en changeant les porte-drapeaux, jusqu'à ce que les groupes effectuent la manœuvre facilement.

Techniques de désescalade

Demander aux personnes de former deux lignes face à face l'une de l'autre. D'un côté de la ligne, on joue le rôle d'un automobiliste qui veut forcer un barrage routier, de l'autre côté, on joue le rôle des manifestants qui bloquent la route. On peut décliner les personnages et les situations de confrontation. Plus la situation se rapproche de la situation réelle de la prochaine action, mieux c'est.

Au signal, l'automobiliste essaye de passer et le manifestant tente de l'en empêcher. Laisser la situation se jouer pendant une minute. La tension monte.
Question : les manifestants ont-ils intérêt à donner l'image d'un conflit avec les automobilistes ? Le formateur intervient pour expliquer l'importance de l'élargissement de la lutte et de la solidarité du reste de la population contre un adversaire commun. Toute tactique de conflit n'est pas à bannir absolument. Mais il ne faut pas se laisser imposer ce type de situation si on ne l'a pas choisi.
On échange les rôles et on recommence. Quels sont les groupes dans lesquels la tension n'est pas montée ? Quelles stratégies ont été trouvées par les manifestants pour convaincre les usagers ou, au moins, modérer leur hostilité ? Quels arguments a-t-on trouvé ?
Le formateur explique comment faire baisser la tension face à une personne énervée : ne pas hausser la voix – au contraire, baisser d'un ton –, regarder la personne dans les yeux sans attitude de défi, prendre en compte sa parole, commencer par lui dire que l'on comprend ce qu'elle nous dit, rester calme, garder son aplomb, chercher à lui expliquer les raisons de l'action, et essayer de lui montrer en quoi elle est concernée elle aussi par notre action.

Vérifier les informations et garder son sang froid

Une personne essoufflée fait irruption dans la pièce, et annonce à tout le monde que la police est en train d'arriver, qu'elle va envahir le lieu de la réunion, et qu'il faut partir tout de suite.
Laisser les gens réagir. Au bout de quelques minutes, révéler qu'il s'agit d'une fausse information. Que s'est-il passé ? Est-on resté calme ? A-t-on cherché à vérifier l'information ? Avait-on les moyens de la vérifier, par exemple avec des guetteurs à l'extérieur de la pièce de réunion ?
Expliquer comment naît une rumeur : toujours à partir d'une personne en laquelle on a confiance. Avez-vous déjà fait l'expérience d'une rumeur au cours d'une action ? Racontez. Comment l'éviter ? Chaque groupe d'affinité discute de ces questions. On liste les solutions possibles.
Pistes : mettre en place un groupe d'éclaireurs qui repère les voies de sortie en cas d'intervention, un groupe d'observateurs qui scrute le comportement de la police (ont-ils un masque à gaz ou pas ? S'ils n'en ont pas, il est peu probable que le tir soit imminent etc.)
Le formateur explique le fonctionnement d'un spoke council (voir cet article) : pendant l'action, chaque groupe d'affinité discute de ce qu'il veut faire (par exemple toutes les heures) et envoie un délégué au

spoke council qui coordonne tous les groupes. Lorsque le nombre des participants n'est pas très élevé, ou que les conditions permettent de discuter en grand groupe (grande salle, sonorisation et, surtout, beaucoup de temps devant soi) on peut fonctionner directement en assemblée générale.

Cohésion

Former des chaînes. Demander à cinq personnes de venir au milieu du cercle. Elles se mettent en ligne, côté à côte, sans se tenir les mains. Deux formateurs les poussent et les déséquilibrent facilement. Deuxième étape : les cinq personnes forment une chaîne, bras dessus bras dessous, en se tenant par les coudes. On pousse, mais, cette fois-ci, la chaîne résiste. Troisième étape, dans la même position, chaque personne renforce la chaîne en se tenant les poignets avec les mains. On pousse encore, la chaîne ne bouge plus.
Faites l'exercice : déambuler et, au signal, se mettre en chaîne.
Expliquer la fonction d'une chaîne dans une manifestation : encadrer le cortège, faire bloc, ralentir la progression de la police en cas de charge, éviter les mouvements de foule et les piétinements. Lancer la discussion sur les avantages et les désavantages de ce dispositif.

Devant-derrière. Dans une situation ou des projectiles ou des charges peuvent venir de plusieurs endroits différents, il est utile d'avoir des yeux partout. On forme alors des chaînes en alternant une personne de face et une personne de dos. Faites l'exercice : se mettre en chaîne, se retourner un sur deux, permuter, revenir à la normale.

Manœuvrer. Formez un cortège en chaînes. Imaginez que vous arrivez dans une rue moins large. Divisez les chaînes en deux par le milieu et reformez un cortège plus fin.
Imaginez que vous arriviez à un carrefour et qu'il faille bloquer la circulation. La première ligne pivote comme un volet de fenêtre et se rabat latéralement pour fermer le passage. La deuxième ligne devient la première ligne et continue d'avancer.
Recommencez plusieurs fois les exercices.

Donner des conseils en cas de charge et de tabassage. Face à une charge de police, ne jamais se réfugier dans une porte cochère ou dans tout autre coin isolé. Rester sur les grandes artères, bouger en groupe, si possible en formant des chaînes. Si vous avez besoin d'un refuge, optez pour des lieux publics et éclairés, avec du monde à l'intérieur.
Si vous tombez et que vous êtes frappé à terre (ce qui est la pire des situations), mettez-vous en position fœtale, torse replié pour protéger votre abdomen, tête repliée et poings serrés contre votre nuque, si possible le côté droit au sol, pour protéger votre foie.

Sit-in

Demander à tout le monde de se mettre en ligne, puis de s'asseoir. Tout le monde forme des chaînes de bras. Montrer qu'on peut aussi former des chaînes de jambes. Montrer comme il est difficile d'extraire quelqu'un de cet enchevêtrement de corps.

Expliquer les techniques policières dans ce cas de figure : « sulfateuse » de lacrymo, en gaz ou en gel, coups, torsions de bras avec la matraque, etc. Autre technique utilisée par les flics : forcer une personne à se lever en mettant les pouces sous sa mâchoire inférieure et en tirant par derrière. Dans ce cas, au lieu de lever la tête comme on en a le réflexe, il faut rentrer le plus possible le menton dans le cou : il n'y a alors plus aucune prise. Faire la démonstration.

Rappeler que les personnes du bord sont les plus exposées. Si des « personnalités » intouchables viennent en soutien à votre action (star de cinéma, généticien, philosophe, grand professeur de médecine, curé rouge...), c'est à cet endroit qu'il faut les placer.

Négociations avec la police

Lancer la discussion sur ce thème. Quel est l'intérêt de négocier ? Gagner du temps, connaître les intentions de l'adversaire... Insister sur le fait que le négociateur est porte-parole du groupe, mais qu'il ne doit en aucun cas décider pour le groupe.

Consignes

Donner les consignes juridiques et médicales pour l'action. Voir les fiches « se préparer à l'action », « face à la police », « gaz lacrymogènes » et « en cas d'arrestation ».

Jeu de rôles : l'évacuation *manu militari*

Pour finir, organiser un grand jeu de rôles. Se répartir en deux groupes :

– une ligne de flics avec des matraques faites en journal roulé et scotché ;

– une foule désordonnée de manifestants.

Confrontation simple. Les policiers avancent en tenant les matraques à deux mains devant eux pour repousser les manifestants. Remarquer à quel point il est facile de pousser une foule inorganisée. Souligner le rôle essentiel des manifestants de derrière pour donner un appui à ceux qui sont en première ligne.

Attaque de côté. Les manifestants sont debout. La police fait mine d'avancer de front, mais une partie attaque par le côté et attrape un manifestant. Former des chaînes.

Tas de chatons et appel de la presse. À présent, lorsque les policiers avancent, la foule s'assied. Un des policiers saisit un manifestant assis. Les autres font un tas pour empêcher qu'il soit emmené. Variante : les autres manifestants attirent l'attention de la presse sur l'arrestation en montrant la scène du doigt, ou en allant chercher les journalistes.

Encerclement. Les manifestants forment les chaînes, et deux groupes de flics les prennent en sandwich.

Distinguer les niveaux de risque. Le groupe se divise en deux : le premier suit le drapeau vert, le second suit le drapeau rouge. Les manifestants avancent. Les flics avancent pour les empêcher de passer. Les groupes d'affinité qui suivent le drapeau rouge restent en première ligne, les autres reculent vers l'arrière, avec le drapeau vert.

Variante : le groupe se divise en trois : le bleu essaiera de forcer le passage, le rouge s'assied si les flics avancent, et le vert se met à l'abri.

Pour en savoir plus :

http://www.rantcollective.org

http://www.starhawk.org/

FACE AUX MÉDIAS

COMMENT FAIRE UN COMMUNIQUÉ DE PRESSE

Rédiger un communiqué de presse

La rédaction d'un communiqué de presse obéit à des règles très codifiées. Les journalistes n'ont pas le temps de les lire tous dans le détail. Vous devez attirer l'œil et vous faire comprendre en peu de mots.

Les ingrédients

Un titre accrocheur, un texte concis, une signature, les cordonnées du « contact presse ».

Aucun journaliste ne reprendra une information qui n'est pas « sourcée ». Signez « Le concombre masqué » si ça vous chante, mais signez. Le cas échéant indiquez l'adresse de votre site Internet, et donnez quelques lignes de présentation : qui êtes vous ? Par quoi vous êtes-vous déjà fait remarquer ?

La pyramide inversée

La technique de la « pyramide inversée » consiste à placer au début du communiqué les faits bruts, et à poursuivre avec des informations sur le contexte, des détails, des arguments, un historique... « Pyramide inversée », parce que l'ordre va du plus large au plus précis. Cette progression répond à une logique de hiérarchisation de l'information. Les informations factuelles élémentaires sont données dès les premières lignes. Si le lecteur veut des détails, il passe aux paragraphes suivants.

Début. Le premier paragraphe répond aux questions quand ? où ? qui ? quoi ?

Vient ensuite le « comment ? » : description des circonstances de l'action, des accessoires, de l'ambiance...

Enfin l'argumentaire : pourquoi avons-nous fait ça ? Et quelles sont nos revendications ? Ce troisième point sera plus ou moins développé en fonction de l'action menée. En règle générale, il ne faut pas faire trop long, quitte à sacrifier le détail de certains arguments. Un dossier de presse en plusieurs pages distribué sur le lieu de l'action pourra fournir un argumentaire plus détaillé aux journalistes intéressés.

Les journalistes qui font de l'info en temps réel (agences de presse ou radio) sont des gens pressés. Il faut leur mâcher le travail. Le communiqué, structuré comme une dépêche d'agence, doit comporter des formules directement réutilisables par les journalistes.

La reprise du communiqué varie en fonction du type de média : un flash radio type France Info ne réutilisera que les deux premières phrases (les faits bruts), un article de presse écrite ira plus loin et pourra s'intéresser aux arguments que vous développez.

Envoyer le communiqué

Trouver les coordonnées des journalistes. Consultez le *Mediasig*, annuaire officiel de la presse écrite et audiovisuelle disponible en ligne sur le site du service d'information du gouvernement, www.premier-ministre.gouv.fr/mediasig.htm ou en librairie, réactualisé chaque année.

Vous y trouverez les noms des journalistes par spécialité au sein des rédactions. Il sera parfois nécessaire de téléphoner pour avoir leur numéro de fax spécifique.

Envoyer les fax. Pour des envois en nombre, utilisez de préférence un logiciel de fax. Cela vous permettra d'archiver un fichier de journalistes avec leurs coordonnées, pour éviter de recomposer les mêmes numéros à chaque action.

Un fax ne suffit jamais. Il se peut que votre fax passe à la corbeille sans avoir été lu. Deux moyens pour éviter cela :

– adresser le fax nominativement à un journaliste spécialiste de votre domaine d'intervention ;
– et surtout téléphoner pour vous assurer de la bonne réception.

Les types de communiqués

Il y a trois grands types de communiqués de presse :
– le communiqué de réaction, lorsque vous commentez par exemple une décision gouvernementale ;
– le communiqué d'annonce. Une action aura lieu tel jour à telle heure ;
– le compte rendu, qui décrit le déroulement de l'action.

Quels envois sont prioritaires ?

Commencez toujours par envoyer vos textes aux agences de presse (AFP, Reuters, AP). Vérifiez bien que votre fax a été reçu par la bonne personne. Si elles reprennent l'info, tous les autres médias la recevront.

COMMENT SAVOIR SI VOTRE ACTION SERA MÉDIATIQUE

Plus vous pouvez cocher de cases dans la liste suivante, plus votre action aura de chances de passer dans les médias :
– actualité (votre thème d'action est dans l'actualité ce jour-là, à cause d'un événement, d'un anniversaire, d'une journée internationale...) ;
– nouveauté (votre action est étonnante, elle mobilise des groupes sociaux qu'on n'a pas l'habitude d'entendre, elle illustre une « nouvelle tendance »...) ;
– dramatisation (votre action raconte une histoire, il y a de vrais personnages, du suspense, des rebondissements...) ;
– conflictualité (l'action s'inscrit dans un rapport de forces déjà médiatisé, elle met en scène un affrontement verbal, symbolique, ou physique) ;
– perturbation (votre action désorganise le cours normal des choses : trafic automobile, approvisionnement, services en tout genre, spectacles...) ;
– VIP (des personnalités sont à vos côtés, ou votre action met en cause directement des gens connus, des hommes de pouvoir, des grandes marques) ;
– symbolique (votre action met en jeu des symboles forts, vous intervenez par exemple sur un monument célèbre) ;
– insolite (déguisements bizarres, acrobaties, animaux exotiques, nudité, fakir, femme à barbe...) ;

– scandale et polémique (vous révélez une injustice, une affaire, et/ou votre action suscite un débat intellectuel où tout le monde s'étripe) ;
– vécu (votre action engage la vie d'un quartier, d'un village, d'une communauté, elle met en scène des « vrais gens » émouvants dont la télé pourra raconter la vie).

Pour utiliser les médias à votre profit, il faut savoir quels sont leurs critères d'appréciation. Mais attention, la médiatisation ne doit pas devenir la seule boussole de votre action politique.

COMMENT FAIRE PASSER SA PAROLE À LA TÉLÉ

(adapté d'un article de B. Tijou dans « Vacarme »)

Vous êtes un groupe, mouvement ou association, vous ne disposez pas *a priori* d'une parcelle de parole autorisée à la télévision. Vous voulez cependant utiliser la télé comme instrument de propagation de votre discours, mais sans trop en être victime, sans que votre discours y soit déformé, tronqué, ou détourné.

Inutile de rêver à votre propre émission, vous serez toujours inscrit dans un dispositif avec lequel il vous faudra jouer. Tous les groupes, associations, ou mouvements issus de luttes sociales et politiques ne peuvent se passer de l'instrument qu'est la télévision. Certains ont donc intégré une stratégie particulière envers la télévision, dès leur création. C'est le cas, entre autres, de Greenpeace, d'Act Up et du DAL (Droit au logement). Cela demande une connaissance minimale de l'aménagement technique du temps et de l'espace publics que se sont appropriés ceux qui exercent le pouvoir médiatique.

Voici donc plusieurs procédés, expérimentés à ce jour, pour tenter de vous faire entendre à la télé.

Créer un événement

Cette stratégie repose sur l'attrait des médias pour le spectaculaire et l'inédit. L'actualité est souvent constituée par ce qui ferait désordre dans un ordre supposé établi et continu des choses. Elle s'adresse en premier lieu aux journaux télévisés. Il s'agit avant tout de fournir de l'illustration, des images, et à cette occasion d'inviter les médias à faire leur propre enquête.

Greenpeace utilise systématiquement cette stratégie, tout comme Act Up (« encapotage » de l'obélisque de la place de la Concorde), ou encore les militants anti-FN (banderole déployée sur la façade de l'Opéra Garnier), le DAL investissant des immeubles inoccupés, etc.

À jouer ainsi sur la fabrication d'images fortes et émotionnelles, le risque principal est d'abandonner entièrement au journaliste le soin de fabriquer le discours. L'image est traditionnellement le lieu de l'émotionnel et le texte celui de la rationalité. Essayez donc d'adapter votre discours aux normes du journal télévisé, prévoyez des interventions courtes et un langage à la limite du slogan, intégrez votre discours aux images par exemple sur des pancartes ou des banderoles. Malheureusement, cette forme de pensée par slogans et simplifications semble mieux convenir au FN qui s'attaque avant tout aux grands fantasmes collectifs, qu'aux pensées plus subtiles et plus élaborées. Mais il faut alors savoir opposer une inventivité et une étrangeté de slogans multiples (« silence = mort », « nature = vie », etc.) au ressassement sombre des deux, trois mêmes équations simplistes.

Choisissez enfin une date creuse en événements, faites jouer la concurrence entre les différentes chaînes, et sachez vous faire désirer, notamment, en ne dévoilant jamais complètement à l'avance l'événement que vous allez créer.

Fournir de l'information

Il s'agit de se constituer en agence de presse, dont les informations peuvent être reprises par les journaux télévisés, et par toutes les émissions de débats. C'est une méthode efficace si le dossier est suffisamment complet, et sans grands risques. Sauf peut-être celui de heurter la susceptibilité des journalistes professionnels. Vous pouvez avoir parfois la désagréable surprise de voir votre dossier réduit à quelques points d'une importance secondaire.

Se faire inviter sur son thème

Si vous êtes déjà un peu reconnu en tant que groupe, ou en tant que personne, vous pouvez avoir l'opportunité de participer à une émission. Réussir à placer quelques-unes de ses revendications au cours des débats ne va pas sans difficultés. Tout intervenant va se retrouver prisonnier d'une règle du jeu qu'il ne maîtrise pas, soumis aux décisions du présentateur qui distribue les temps de parole, et fait généralement du chantage au temps. Les conditions « naturelles » de la discussion, de l'expression et de la réflexion sont largement faussées et entamées par les dispositifs techniques de ces émissions. Ne pas rêver au quart d'heure de gloire, car on sort la plupart du temps frustré et humilié. Pour éviter cela, mieux vaut ne pas se laisser emporter par la logique du débat, ne pas se disperser. Il faut essayer de réduire son discours à un point, et y revenir au besoin. Un dernier conseil : renoncer définitivement aux talk-shows du type « Mireille Dumas et ses amis ».

Perturber l'émission (hors règle du jeu)

La stratégie consistant à profiter du dire et pour créer un scandale en interrompant l'émission, quels qu'en soient le genre et thème, fait beaucoup rêver. Il y a quelque années, l'irruption intempestive demeurait envisageable. Aujourd'hui la télévision est transformée en bunker, particulièrement les studios de direct. L'arrivée d'une trentaine de sans-papiers devant le hall de France 2 à 20 heures, provoqua cet hiver la fermeture immédiate de toutes les issues et le déploiement de CRS dans toutes les rues avoisinantes.

Disons que vous parvenez quand même à franchir le triple sas de l'entrée, vous arrivez jusqu'au plateau, vous déployez votre banderole et vos pancartes devant les caméras. Attention ! Vous risquez fort d'être avalés par l'émission et intégrés au décor, en particulier dans ces *shows* « bric-à-brac » qui digèrent tout ce qui se présente. Vous n'aurez pas le temps de dire grand-chose d'intéressant, et vous passerez finalement pour des guignols. La télévision ne supporte pas que soit cassé le rythme et le rituel établis.

Perturber une émission (de l'intérieur)

Certaines émissions de débats prévoient l'intervention du public, il est *a priori* relativement aisé d'y participer. Il faut alors entrer au moment opportun dans le débat. Vous êtes dans une position relativement privilégiée, qui permet d'éviter le strict face-à-face dans lequel le présentateur enferme souvent les interlocuteurs principaux. En outre, vous bénéficiez du respect et de la politesse que la télé instaure envers cet intervenant venu du public, peut-être parce que son statut fait de lui une figure emblématique du téléspectateur. Cependant, on ne vous donnera pas la parole plusieurs fois. Il vaut donc mieux se limiter à une seule intervention et, surtout, ne jamais rendre la parole avant d'avoir tout dit.

Produire ses propres images

Vous aurez ainsi l'avantage de maîtriser toutes les étapes : élaboration du discours, tournage et montage. Avec un minimum de matériel et quelques compétences techniques, tout groupe peut envisager la fabrication de produits audiovisuels. Cela peut aller des simples images de ses actions qui pourront être utilisées par les journaux télévisés, au film ou clip plus élaborés. Voir vidéoactivisme.

Vendre sa structure

Dès qu'un groupe connaît une certaine renommée, les émissions de reportages s'intéressent à son fonctionnement. Les durées souvent conséquentes de ces reportages permettent de vendre l'image du groupe et d'instiller dans le PAF les messages que l'on veut faire passer, même s'ils disparaissent très souvent derrière la fascination pour les structures. Il vous sera difficile de contrôler ce qui est filmé, et vous ne posséderez aucune maîtrise des différentes étapes de la production. Cependant il en restera toujours quelque chose !

Se greffer sur un autre événement

Du défilé du 14 juillet à la visite de la crèche locale par un ministre, tout événement qui attire des caméras peut être investi, qu'il soit ou non en relation directe avec le discours que l'on veut faire passer. Mais on court le risque de voir son intervention devenir purement anecdotique, de faire partie du décorum, et d'être au mieux réduit au rôle de figurant dans deux plans de quatre secondes (voir Perturber une émission).

Participer à l'élaboration d'une émission

Les « professionnels » de la télé ne lâchent pas facilement une partie de leur pouvoir, essentiellement par peur des dérapages. Cela peut se produire dans les grands *shows* humanitaires, type Téléthon et Sidaction. Même en participant aux premières étapes de la fabrication de ces émissions, vous vous retrouverez rapidement en porte-à-faux. Il faudra essayer de rattraper *in extremis* le flux de l'émission, et ne pas hésiter à se plaindre sur le plateau, en direct (voir Act Up lors des Sidactions).

Vous connaissez les limites et les difficultés de l'utilisation de la télévision à des fins politiques. Mais ne vous privez pas de cet espace public, ce serait ridicule. Envisager la télévision comme un lieu infréquentable est une position réservée à ceux qui ont d'autres lieux de diffusion de leurs idées. Vous regrettez que la télévision devienne l'arbitre de l'accès à l'existence politique ? Sachez vous en servir malgré tout. Vous hésitez encore à le faire ? Espérez-vous garder une sorte de virginité par rapport la télé ? Ne soyez pas si naïf.

Il est toujours possible de s'inscrire dans cet espace public, ne serait-ce que dans quelques interstices du flux télévisuel, car le mode de communication de la télé est tel qu'il suffit d'occuper quelques parcelles de la continuité pour y prendre une place visible.

On peut considérer la télévision comme dangereuse pour la démocratie, car soumise à la logique de l'audimat. On peut aussi y voir une technique qui participe à sa manière aux processus de démocratisation. Des mouvements ou groupes politiques ont réussi à faire passer leurs idées en grande partie grâce à la télévision.

Apprendre à se servir de la télévision, ne plus être passif et analphabète devant son fonctionnement peut aider à transformer les normes télévisuelles et à investir cet espace public qui pourrait être davantage un miroir de toute la société.

Enfin, rappelez-vous que pour toute action publique, il n'y a aujourd'hui rien de mieux qu'une caméra de télévision pour vous protéger de la violence toujours possible de la police, des vigiles, des militants FN. Encore que depuis Saint-Bernard, on ne soit plus sûr de rien...

Version originale du texte sur : http://vacarme.eu.org/article85.html

CHAHUTER

PERTURBER UNE ASSEMBLÉE GÉNÉRALE D'ACTIONNAIRES

(d'après Corporate Watch)

Bonnes raisons pour choisir cette méthode de contestation :

- enfin une action en intérieur, dans des locaux confortables et chauffés ;
- chance inespérée de parler directement aux gros poissons et aux grosses légumes ;
- occasion rêvée pour leur mettre le nez dans leur caca ;
- assez peu de risques de se faire arrêter ;
- le buffet est souvent très bien.

Les entreprises cotées en Bourse ont l'obligation d'organiser des assemblées générales d'actionnaires pour entériner les rapports d'activité et réélire la direction. Ce sont des moments assez médiatisés, qui attirent l'attention sur l'entreprise en question.

1. Identifiez l'entreprise que vous voulez cibler, renseignez-vous sur ses pratiques, mettez-vous en relation avec des syndicats, des groupes qui la critiquent déjà, des associations écologiques, des droits de l'homme, etc.
2. Acheter des actions dans une banque ou via un courtier en Bourse. Chaque transaction est taxée. Mieux vaut grouper les achats sur un seul nom et redistribuer ensuite les actions en effectuant une série de transferts. Il faut s'y prendre à l'avance pour les deux opérations, ça peut prendre du temps.

3. Vous recevrez normalement un courrier vous avertissant de la date de l'AG et des réunions extraordinaires. Repérez les lieux. À quoi ressemble la salle, etc. Que voulez-vous/pouvez-vous faire ? Action symbolique, perturbation sonore, tarte à la crème, intervention de la salle, invective, témoignage émouvant, capture du micro, envahissement... Vous pouvez opter pour la stratégie de l'escalade : poser des questions qui fâchent très poliment, puis, si on n'y répond pas, revenir à la charge et finir par perturber franchement la réunion pour qu'on vous réponde. Lisez le rapport annuel pour préparer vos questions.
   Vous pouvez monter une association bidon de défense des petits actionnaires et publier des communiqués de presse qui dénoncent les pratiques de la direction la veille de l'AG. Vous pouvez aussi lancer une manifestation devant les portes de la réunion, qui critiquera la compagnie du dehors pendant qu'un groupe lui dira ses quatre vérités du dedans, envoyer un communiqué de presse annonçant la possibilité de clichés intéressants à l'intérieur de la salle si vous prévoyez une action visuelle, poser des tracts au logo de la compagnie sur les sièges des actionnaires, ou les distribuer habillés en costard cravate...
4. Le moment est enfin venu.
   Habillez-vous correctement (enlevez ce jean troué et ce sweat à capuche). N'oubliez pas de prendre vos actions ou les certificats nécessaires.
   Attendez-vous à être fouillé à l'entrée (ouvrir les sacs, vider les poches, détecteurs de métaux, rayons X, etc.). Il sera difficile de passer à l'intérieur une minicaméra ou des objets en métal type menottes, etc. On s'est déjà servi d'un fauteuil roulant pour tout passer en douce sous le portique. Variante : vos sous-vêtements et vos chaussures.
   Une AG des actionnaires peut-être un peu intimidante. La direction prend place sur une estrade. Au premier rang, il y aura des employés et des types de la sécurité. C'est aussi la sécurité qui fait passer le micro sans fil dans les allées pour poser les questions. Si vous réussissez à l'avoir, ne le lâchez pas avant qu'on vous ait répondu.
   La réunion commence par une introduction du P-DG suivie par un exposé sur la santé de l'entreprise, et par des votes. Il y a aussi souvent des questions venues de la salle. C'est là que vous commencez à intervenir. Vous pouvez commencer à poser des questions ou à perturber la réunion. Idéalement, l'objectif serait de faire capoter la réunion.
   Les vrais actionnaires risquent d'en avoir assez vite marre de votre petit jeu. Après tout, ils sont là pour faire du profit, et pas pour qu'on leur parle de syndicalistes assassinés, de travail des enfants, de forêts saccagées, de pollutions mortelles et autres vérités. Il faut s'attendre au minimum à quelques signes d'agacement, et, au pire, à des vio-

lences physiques. Vous pouvez envisager des contre-mesures en diversifiant les interventions de votre pool de vrai-faux actionnaires : une partie peut poser des questions sages sur des thèmes qui angoissent les actionnaires, juste pour tendre un peu l'atmosphère contre le board, une autre partie, déguisée en parfaits actionnaires, peut relayer les questions des autres sur le thème « je ne suis pas d'accord sur la forme, mais la question me semble pertinente. Il faut que nous y répondions »...

FAIRE UN RÉVEILLE-MINISTRE

1. Trouvez l'adresse du ministre.
   Menez l'enquête dans les quartiers bourgeois de Paris ou d'ailleurs. Des centaines de personnes connaissent son adresse (postiers, femme de ménage, traiteurs, livreurs, plantons...).
   Si vous êtes en province, guettez les déplacements officiels et intéressez-vous aux hôtels de grand standing.
2. Repérez les lieux.
3. Fixez un rendez-vous très tôt le matin, à l'heure du premier métro.
4. Prévenez la presse par communiqué, en restant très évasif sur votre cible.
5. Levez-vous (c'est le plus difficile dans l'histoire).
6. Munissez-vous de quoi faire du bruit : casseroles, sifflets, cornes de brume, réveils. Inventez aussi de beaux slogans.
7. Rendez-vous sur les lieux.
8. Réveillez le ministre.

ENTARTER

L'éthique de la tarte, par les entartistes, membres de l'Internationale des anarcho-pâtissiers :

1. Amusez-vous ! Gueulez Gloup Gloup !
2. La tarte ne doit pas (autant que possible) être lancée, mais plutôt déposée amoureusement dans le visage de la personne cible.
3. L'entartage ne doit jamais être agressif. Nous conseillons d'utiliser des nez de clown ou tout autre apparat ridicule qui vous distinguera facilement d'un tueur à gages de la CIA. Quand ce n'est pas possible, n'oubliez pas que le meilleur déguisement est votre attitude. N'ayez pas l'air de dangereux conspirateurs, mais de farceurs. Souriez, ceci est une blague !
4. L'assiette doit être légère, assurez-vous qu'elle ne blesse pas. À proscrire : les assiettes en aluminium ou en pyrex. Seulement du carton

mou ou de la vraie pâte. La crème doit être de bonne qualité, comestible, et doit absolument être de la crème fouettée. Pas de crème à barbe, ni aucun autre substitut qui pourrait s'avérer dangereux ou de mauvais goût.

5. L'entartement doit être filmé ou photographié. Eh oui, ça fait partie du jeu. Vous rigolerez davantage en revoyant les faciès couverts de crème au bulletin de nouvelles et, de plus, que diantre, partagez votre blague avec la population ! N'oubliez pas de nous faire parvenir une copie des photos et articles de presse, nous les mettrons sur le site des Entartistes et les ferons parvenir aux autres membres de l'Internationale des anarcho-pâtissiers en Belgique et aux États-Unis.
6. Pratiquez une politique d'entartement universel. Entartez les chefs de tout acabit et ceux qui occupent les positions d'autorité, mais d'une façon non partisane. S'il vous plaît, pas de tarte séparatiste, fédéraliste, communiste, sexiste, raciste, etc. Nous sommes contre TOUT pouvoir, qu'il soit économique, politique ou médiatique, mais nous sommes définitivement en faveur des humains libres.

OCCUPER

COMMENT ORGANISER UNE OCCUPATION DE BUREAUX

Repérage

Une fois la cible choisie, il faut effectuer un travail de repérage : se rendre sur les lieux pour évaluer la facilité d'accès. Le mieux est d'y aller à l'heure et au jour de la semaine qui correspondront à ceux de l'action, pour que les conditions soient à peu près identiques. Un couple éveille moins les soupçons.

Peut-on entrer facilement (et en masse) ? Portes coulissantes automatiques ou bien interphone ? Vigiles ou simplement secrétaire ? Pour s'en assurer, on peut entrer sous un prétexte quelconque (demander un renseignement, une rue...).

Quels sont les bâtiments adjacents ? (tant qu'à faire, mieux vaut éviter d'occuper un immeuble qui jouxte une préfecture par exemple...).

Il faut bien repérer le parcours : quelle sortie de métro ? quelles rues (à prendre si possible dans le sens inverse de la circulation pour retarder les éventuelles voitures de police...) ? Combien de temps de trajet ? Si les conditions d'accès sont trop défavorables, il faudra changer d'objectif. En règle générale, il vaut mieux avoir deux lieux sous le coude. En cas de pépin sur le premier, on pourra changer à la dernière minute pour le plan B.

Fixer un rendez-vous

Le jour. L'action sera mieux relayée par la presse si elle tombe le « bon jour ». C'est-à-dire à un moment où le thème sur lequel on intervient est déjà dans l'actualité.

Le lieu. Il ne faut évidemment pas donner rendez-vous devant le bâtiment visé, ni mentionner l'institution en question dans le tract d'appel. Deux cas de figure : 1. soit vous avez la chance d'être dans une ville qui possède un bon réseau de métro : il suffit alors de fixer rendez-vous devant une station assez centrale et avec beaucoup d'interconnexions pour brouiller les pistes. 2. soit votre ville n'a pas de métro, et c'est beaucoup plus compliqué. Plusieurs solutions : 1. Ne pas diffuser très largement l'information pour éviter qu'elle tombe dans des oreilles indiscrètes et décider d'agir en petit groupe, mais c'est risqué. 2. Si on est nombreux, faire semblant de partir en manifestation, puis bifurquer rapidement vers le lieu choisi. 3. Ou bien faire deux groupes : un groupe « leurre » qui se rassemble à un endroit connu de tous (et donc aussi de la police), un groupe opérationnel plus petit qui a rendez-vous ailleurs et qui entre dans le lieu pendant que le premier retient l'attention. Le premier groupe peut ensuite essayer de rejoindre le deuxième, mais, généralement, il devra se contenter de rester à l'extérieur en soutien si la police a encerclé le bâtiment. 4. On peut étudier d'autres solutions plus complexes : par exemple transport d'une partie des occupants en camionnette, mais bon... ce sont souvent les tactiques les plus simples qui sont les plus efficaces.

Annoncer l'action à la presse

Sur ce chapitre, voir la fiche « Faire un communiqué de presse ».

S'assurer d'un nombre minimal de participants.

Ce type d'action peut être mené sans problème avec un minimum d'une vingtaine de personnes. Il vaut mieux s'assurer de leur présence à l'avance en faisant un tour téléphonique l'avant-veille.

Se mettre d'accord

Discutez ensemble de ce que vous ferez dans le lieu. L'une des questions importantes est celle de la durée de l'occupation. Si vous partez pour une occupation longue (même si, en général, ce ne sont pas les occupants qui décident tout seuls de la durée des réjouissances...), prévoyez le matériel en conséquence (nourriture, duvets, dentifrice, etc.).

Le trajet

Il y a de fortes chances que des policiers en civil vous suivent pendant le trajet en métro. Ils communiquent avec leurs collègues et des véhicules de CRS ou de gendarmes vous suivent en surface. Vous aurez très peu de temps pour sortir du métro et investir le lieu. Si vous n'avez pas de chance, les CRS sont arrivés avant vous et vous cueillent à la sortie de la station.

L'entrée dans le lieu

Il faut que l'une des personnes de l'équipe « repérage » soit à proximité du lieu avant l'arrivée du cortège. Deux raisons à cela : 1. équipée d'un portable, elle pourra signaler si la voie est libre (sinon il faudra se rabattre sur le lieu de repli), 2. au besoin, elle et quelques autres pourront entrer quelques secondes avant l'arriver du groupe pour empêcher, de l'intérieur, l'éventuelle fermeture des portes. Si l'entrée est très surveillée, prendre rendez-vous sous un faux nom à cette heure-là. Il est possible qu'un vigile s'interpose : bloquez la porte de tout votre poids, en essayant de l'embrouiller le plus possible. Pas du tout préparés à ce genre de situation, ils peuvent vite se montrer violents, mieux vaut parlementer avec un grand sourire que de jouer la carte de la menace.

Le déroulement de l'occupation

La première chose à faire une fois que le groupe est entré, c'est informer les participants. : On est où ? Pourquoi ? On peut le faire oralement, et le mieux est de compléter avec un tract explicatif distribué aux occupants et aux employés présents (on peut utiliser pour cela le texte du communiqué de compte rendu). Rassurez les employés chargés de l'accueil : vous ne leur voulez aucun mal.

Laissez les portes ouvertes et précisez aux employés présents qu'ils sont libres de leurs mouvements. Vous pouvez le préciser par écrit sur un tract que vous leur distribuez. Prenez cette précaution pour éviter une éventuelle plainte pour séquestration.

Il faut en même temps avertir la personne de l'équipe presse qui est restée de permanence qu'elle peut commencer à envoyer les fax aux médias et téléphoner aux rédactions.

Si des journalistes sont sur place, on peut leur distribuer un dossier de presse plus complet qui explique les raisons de l'action.

Et puis commencer à s'approprier le lieu, en le décorant, en mettant en place les animations prévues, etc.

Organisez une AG dans le lieu.

Le rapport avec les « forces de l'ordre »

Une fois entrés dans le lieu, vous êtes dans l'illégalité. Le jeu est de gagner du temps et d'éviter une expulsion immédiate et musclée.

Entamez des négociations, avec trois interlocuteurs.

Dans le premier quart d'heure de l'occupation, si vous avez eu de la chance, vous ne trouverez sur place que le personnel. La première chose à faire est de demander à parler au directeur (vous avez trouvé son nom sur Internet). Comme c'est lui qui peut demander l'expulsion à la police, il faut essayer de lui tenir la jambe un bon moment.

Ensuite et très vite arrivent – s'ils ne vous ont pas accompagnés – les fonctionnaires des RG.

Enfin, les cars de CRS commencent à venir et les cordons se déploient devant la porte.

Entre l'arrivée des RG et celle des CRS, vous pouvez avoir entre 20 minutes et 1 heure pour décider de sortir de votre plein gré, et négocier afin de ne vous faire ni embarquer ni contrôler.

La décision d'évacuer les lieux ou de rester jusqu'à se faire déloger par la force doit être autant que possible prise collectivement. Il est recommandé de faire une assemblée générale rapide pour se décider.

Le facteur primordial dans la prise de décision est la sécurité des participants : par exemple, y a-t-il avec vous des sans-papiers susceptibles d'être expulsés en cas de contrôle d'identité ? Ou encore : y a-t-il des caméras de télévision ou des personnalités avec vous dans le lieu ? Si c'est le cas, la police peut hésiter à se montrer trop brutale lors de l'évacuation.

Si vous décidez de rester et que la police entre dans le lieu, demandez à tout le monde de s'asseoir par terre et de garder son calme. Chansons ou slogans bienvenus. Ensuite, les CRS soulèvent les occupants un par un et les jettent vers la sortie.

Si vous êtes interpellé, vous serez emmené en bus dans un commissariat pour contrôle d'identité. Vous n'avez pas à déclarer autre chose que ce qui figure sur votre carte d'identité. Il faut contacter rapidement par portable les militants susceptibles de vous soutenir à l'extérieur et d'alerter la presse. Si vous êtes placé en garde à vue, donnez votre identité, ne dites rien d'autre et demandez un avocat.

Voir la fiche « Guide juridique du manifestant ».

OCCUPER DES LOGEMENTS VIDES
COMMENT OUVRIR UN SQUAT

(adapté de Zanzara athée, « Le Squat de A à Z »)

Repérer un immeuble inoccupé

Ce ne sont pas les immeubles vides qui manquent. Quand vous circulez en ville, repérez les portes murées, les façades aux volets fermés, etc. Passez plusieurs fois, à des heures et à des jours différents, pour vous assurer que l'immeuble est bien inoccupé. Placez un bout de papier dans l'embrasure de chaque porte et vérifier régulièrement sa présence.

Choisir de préférence un logement abandonné depuis plus de six mois.

Identifier le propriétaire

Il est utile de savoir à quel propriétaire vous allez avoir affaire. C'est un critère important dans le choix de l'immeuble. Le propriétaire se comportera différemment s'il s'agit d'un organisme public (région, État), parapublic (mutuelle), d'un particulier ou d'une grande entreprise privée.

Pour savoir à qui appartient l'immeuble, il faut se rendre au cadastre de votre ville (au service d'urbanisme de la mairie). Vous pouvez être un acheteur potentiel ou un étudiant en architecture... Préférer les instances d'héritage (problèmes de succession), les propriétés de la ville et/ou les opérations d'urbanisme en panne : les permis de construire et de démolir sont de plus légalement périmés au bout de cinq ans. S'il n'y a pas de permis ou s'ils sont périmés, cela enlève un argument important au propriétaire dans sa procédure d'expulsion.

Visiter les lieux

Se faire le plus discret possible.

Si vous avez utilisé des outils pour entrer, ne les gardez pas sur vous. N'emportez rien non plus avec vous en sortant. Toute preuve démontrant votre responsabilité dans la fracture d'une porte, fenêtre, etc., vous enverrait directement au pénal.

En cas d'interpellation, toujours dire que la porte était déjà ouverte quand vous êtes entré... À l'intérieur, notez le nombre de pièces, la qualité des planchers, des murs, l'état des réseaux d'eau et d'électricité, et repérez les différentes issues (il faut prévoir le futur barricadage du squat, mesurer les serrures, etc.).

À éviter. Les logements meublés, et tous les lieux ou est entreposé du matériel, ainsi que les bâtiments délabrés et les logements insalubres.

Trucs et astuces. Pour casser une vitre sans outil, sans faire de bruit et sans vous blesser, couvrez entièrement la vitre de plusieurs couches de scotch et taper avec un gros caillou que vous pourrez abandonner sur place l'air de rien : le verre se cassera, mais les morceaux resteront collés à la feuille de scotch. Se munir de gants de cuir pour enlever le tout sans se couper.

S'installer

En fanfare. Vous décidez de faire de l'entrée dans le lieu une action politique. Vous appelez publiquement les gens à participer avec vous à une action de réquisition de logement. Vous avertissez la presse. Vous faites éventuellement venir des personnalités pour attirer des caméras, en espérant que leur présence modérera les violences policières en cas d'expulsion musclée. C'est la forme d'action pratiquée par l'association Droit au logement pour reloger des familles mal logées.

Quand le groupe arrive sur les lieux, il faut qu'il trouve une porte déjà ouverte.

En catimini. Vous voulez vous installer dans le lieu ni vu ni connu, et attendre que le délai légal pour l'expulsion immédiate soit écoulé avant de faire vraiment surface. C'est en général la tactique choisie pour les squats alternatifs.

Les 48 heures et la domiciliation

Légalement, le propriétaire ne dispose que de 48 heures, à compter du début de l'occupation pour faire évacuer l'immeuble dans le cadre d'une procédure de flagrant délit. Passé ce délai, le propriétaire devra attendre une décision de justice avant de pouvoir vous faire expulser. Et ça peut prendre un peu de temps. Il est donc essentiel de passer ce cap des 48 heures et de pouvoir attester la date du début de l'occupation.

Une première ruse consiste à établir votre domicile dans les lieux bien avant l'entrée en fanfare, qui se transforme en simple pendaison de crémaillère entre amis. Il faut avoir rassemblé toute une série de preuves de votre domiciliation : des lettres timbrées (et donc datées) à votre nom et à cette adresse, des factures de France Télécom, d'EDF-GDF, des bons de commande de pizzas...

Faites durer le plus possible les négociations avec le propriétaire. Construisez un rapport de forces en votre faveur. S'il s'agit par exemple d'une entreprise connue, vous pourrez vous appuyer sur son souci de préserver son image de marque. N'hésitez pas à la citer devant la presse comme étant le propriétaire de l'immeuble, à poser sur la façade une banderole qui l'interpelle directement, avec son nom et son logo. Pendant les négociations, vous pourrez essayer de lui faire comprendre qu'envoyer des CRS pour expulser des sans-logis devant des caméras de télévision, ce n'est pas un très bon plan marketing...

Vous pouvez proposer au propriétaire de payer un loyer, ce qui sera un gage de bonne foi au moment du procès. Dans certains squats négociés, les occupants versent un loyer au propriétaire.

Pour des négociations efficaces, notamment avec les autorités, il vaut mieux que vous ayez à vos côtés un avocat militant.

Une fois dans les lieux

Réparez le plus vite possible tout dommage matériel causé aux portes, aux volets, etc.

Posez immédiatement un verrou et barricadez les entrées potentielles du lieu. Débarrassez-vous des vieilles serrures, ça pourrait être compromettant...

Nettoyez, lavez, et décorez tous ensemble. Prenez des photos du lieu « avant/après », cela peut être utile pour montrer l'ampleur de vos travaux dans le bâtiment, et pour montrer que vous n'avez pas abîmé les lieux. On ne pourra pas vous accuser de dégradation de biens.

Pensez à apporter de l'eau, de la nourriture, des sacs de couchage, de la lumière (lampes de poche, bougies...).

Réunissez-vous, faites une assemblée générale des occupants et discutez de la manière dont vous allez organiser la vie dans ce lieu. Fixez très vite des règles de vie commune : Quelles seront les parties communes ? S'il y a des enfants, organise-t-on une garderie collective, des espaces de jeu ? Quels seront les espaces de vie privée des habitants ? Quelles seront les conditions d'entrée dans le lieu ? Y a-t-il besoin de faire des tours de garde à l'entrée ? Quelles seront les heures limites pour le bruit ? Etc., etc. Il vaut mieux avoir en grande partie réglé ces questions ensemble avant de s'installer.

Discutez aussi de l'éventualité d'une évacuation *manu militari* et du comportement à adopter face à la police. Voir la fiche « Training à l'action directe non violente ».

L'évacuation a de fortes probabilités d'avoir lieu le soir du premier jour ou le lendemain matin à l'aube.

Autour du lieu, dans le quartier

Faites connaître votre arrivée aux gens du quartier. Rencontrez les associations locales. Distribuez des tracts dans les boîtes aux lettres. Expliquez qui vous êtes, ce qui vous pousse à réquisitionner un immeuble, ce vous allez y faire. Si le lieu s'y prête, invitez les voisins à un pot de bienvenue. Vous pouvez éventuellement aussi leur indiquer comment exprimer leur solidarité s'ils le souhaitent (aide matérielle, pétitions de soutien, etc.).

Eau et électricité à tous les étages

Commencez par vous faire installer le téléphone. Appelez France Télécom en disant que vous ne pouvez pas vous déplacer à cause de votre travail, ce qui vous évitera de présenter vos papiers. Vous voilà en possession d'une première facture qui améliorera sensiblement vos rapports avec les autres administrations.

Pour EDF, les démarches seront plus faciles si vous connaissez le nom de l'ancien abonné. Vous pouvez téléphoner pour faire la demande de branchement. En cas de refus, présentez votre facture téléphonique pour prouver qu'il s'agit bien de votre domicile. Si vous n'en possédez pas, faites pression sur EDF (harcèlement, occupation des bureaux...). Vous pouvez rappeler au responsable de l'agence que son rôle n'est pas de se substituer à la justice pour décider de la légalité de votre installation et que l'électricité fait partie de services publics vitaux. Contactez éventuellement les syndicats d'EDF.

Il est grandement recommandé d'éviter d'utiliser le système au gaz si l'immeuble est resté vide depuis des années (ou alors, vérifiez très sérieusement l'état des conduits et du système). Pour l'eau, utilisez les mêmes procédures. L'eau étant reconnue comme vitale, en cas de refus, demandez à la mairie ou à la préfecture l'installation d'un point d'eau à disposition (bec de cygne) ou négociez avec la compagnie dont vous dépendez (Régie municipale, CGE, Lyonnaise des eaux, SAUR...).

Défense juridique

Vous êtes à présent en mesure de prouver que votre installation date de plus de 48 heures. Vous êtes dans votre domicile. Légalement, seule une décision du tribunal peut vous en chasser. Les procédures judiciaires peuvent prendre plusieurs formes.

L'ordonnance sur requête. C'est la pire des procédures. Un huissier se présente pour établir un procès-verbal d'occupation, sur lequel il ne note aucun nom (qu'il dispose ou non de cette information). Dans ces circonstances, l'avocat du propriétaire demande au juge l'expulsion. Il l'obtient assez facilement, et l'expulsion physique peut alors avoir lieu assez rapidement.

Il s'agit d'une forme inique de procédure, puisque non nominative et non contradictoire, c'est-à-dire que l'on vous juge sans votre présence, sans votre avocat et sans même que vous soyez au courant.

Contre cette procédure, quelques tuyaux : relevez des témoignages de quartier, ayez au moins un contrat (France Télécom...) nominatif. Si vous êtes au courant qu'une procédure non nominative est en cours contre vous, faites une demande de « rétractation » auprès du juge pour l'empêcher d'aboutir.

L'attaque en référé. Pour lancer une procédure en référé, le propriétaire a besoin de connaître le nom des personnes qui occupent le logement. Évitez donc de crier vos noms sur les toits, même si vous finirez de toute façon par les divulguer. Le but est de gagner du temps.

Le seul moyen par lequel le propriétaire peut vous forcer à lui donner vos noms est de présenter une requête devant le juge du tribunal de grande instance. Si un huissier se présente à votre domicile sans l'autorisation d'un juge de grande instance, vous êtes en droit de l'envoyer paître. En revanche, s'il possède une autorisation pour « requête afin de constat » (dans ce cas, il sera accompagné du commissaire du quartier) vous devez décliner votre identité, faute de quoi le propriétaire peut obtenir votre expulsion.

Mise en place d'un dossier de défense juridique. À partir du moment où le proprio est en possession de votre nom, il peut vous attaquer devant un tribunal. Il vous sera alors remis une assignation en justice que vous devez lire avec attention pour vérifier la validité de l'adresse et des noms qui y sont portés (une erreur à ce niveau devrait faire repartir la procédure à zéro, ou pour le moins vous faire gagner du temps).

Une fois assigné en justice, si vous gagnez moins que le SMIC, vous avez droit à l'aide juridictionnelle (procédure assez longue) qui devrait vous permettre d'obtenir un report de votre procès.

Surtout, présentez-vous à l'audience. Soyez « diplomate » dans la mesure du possible. Par exemple, si vous avez préalablement fait une demande de logement (cela étant très conseillé car prouve votre bonne foi) à la mairie (renouvelable périodiquement), faites-le valoir, de même si vous avez proposé de l'argent au proprio (d'où la lettre recommandée). Vous pouvez également donner les photocopies des papiers prouvant vos difficultés à vous reloger par vous-même (petits revenus, allocations, RMI...). Avant le procès, vous pouvez proposer un accord à l'amiable au proprio.

Si vous arrivez à prouver que vous aviez déjà un accord avec le proprio (donc juridiquement, vous ne squattez pas), le juge devra se déclarer incompétent et renvoyer l'affaire devant le tribunal d'instance, ce qui sera encore plus long.

Le squat dans lequel vous vivez est votre unique logement, précisez-le.

Les suites du jugement... Puis l'expulsion. Le jugement en référé sera rendu le jour même ou dans les jours qui suivent l'audience et devra vous être signifié par huissier. En ce cas, il est intéressant de rajouter au dossier des faits nouveaux (de nouvelles et nouveaux arrivant-e-s) pour essayer d'obtenir un report d'audience et donc plus de temps.

Deux cas se présentent alors :

— Avant d'être « expulsables », vous bénéficiez d'un délai de deux mois à compter de la date du résultat (c'est le cas si vous avez prouvé que le logement occupé constitue votre habitation principale). Si l'huissier « oublie » ces deux mois de délai alors que la décision de jugement ne notifie pas l'annulation de ces deux mois, faites un recours auprès du juge de l'exécution (« Jex ») pour « faire appliquer la loi »...

— Si le jugement vous précise que vous ne bénéficiez pas de ces deux mois, vous êtes donc expulsables à compter de l'expiration de la date fixée par le juge.

Au terme du délai initial l'huissier peut se présenter chez vous pour récupérer les lieux sauf cas de résistance de votre part. Auquel cas le proprio devra faire une requête auprès du commissaire et du préfet (de police) pour pratiquer l'expulsion. Le proprio ne pourra faire appel aux flics qu'une fois passée la période de deux mois (ou la date fixée par le juge) qui suivent le jugement. Le proprio devra également envoyer le jugement au préfet pour qu'il étudie la possibilité de vous reloger (loi Besson) si vous avez préalablement fait une demande de logement. Il reste possible de saisir le « Jex » pour lui demander des délais supplémentaires.

C'est au préfet de décider de l'expulsion forcée, pour cela il demande au commissaire du quartier de faire une enquête sur les conséquences de celle-ci. Lorsque vous sentez que l'expulsion se prépare, vous pouvez appeler la préfecture pour soutirer des infos sur l'état de la procédure.

La trêve d'hiver peut vous faire gagner du temps si vous réussissez à en bénéficier (ce qui devrait être le cas pour la plupart des squats). *Elle dure au moins du 1er novembre jusqu'au 15 mars de l'année suivante* (parfois plus).

Après l'expulsion. Le proprio a l'obligation de garder les affaires du squat à disposition. Pour ce, vous faites l'inventaire avec un huissier puis elles sont placées en garde-meuble gratuitement (aux frais du proprio) pendant deux mois où elles sont censées être à votre disposition.

Bien sûr, il s'agit lors de toute discussion avec la police de ne pas s'énerver, de rester calme sans flipper ni se laisser impressionner : c'est notre domicile et nous sommes protégé-e-s par la loi, nous sommes dans notre droit !

— Si possible, relever l'identité de l'officier de police judiciaire et des flics qui l'accompagnent ;

— préciser qu'il n'y a pas eu effraction, la porte était ouverte, etc. ;

— la constatation d'occupation, ainsi que la remise de l'acte d'expulsion en main propre doit être effectuée par un huissier, pas par un de ses employés. Donc si quelqu'un se présente comme huissier, lui demander de le prouver, s'il ne le peut pas, le baratiner pour que ce soit l'huissier en personne qui vienne. Si l'huissier vient, il faut absolument lui donner les noms des occupant-e-s afin qu'il ne puisse pas déclencher une procédure d'urgence qui nous ferait expulser en un temps record sans que nous ayons droit à une audience au tribunal de grande instance.

EMPÊCHER L'EXPULSION D'UN SANS-PAPIERS

(extraits du Guide pratique d'intervention
dans les aéroports du Collectif antiexpulsions)
pour la version intégrale, voir http://bok.net/pajol/ouv/cae/

« Cette brochure est née d'une expérience de lutte contre les expulsions qui s'est révélée relativement efficace : se déplacer à l'aéroport au moment où les passagers "consentants" embarquent, les informer de la présence d'expulsés sur leur vol et leur suggérer des moyens de s'y opposer. Dans bien des cas, si les passagers manifestent leur désapprobation, l'expulsé est redescendu sur ordre du commandant de bord. »

Développer la lutte en intervenant dans les aéroports. Les expulsions sont quotidiennes que ce soit de sans-papiers ou d'étrangers refoulés à la frontière. Il faut informer le maximum de passagers avant d'entreprendre une action (manifestation, slogans, déploiement de banderole, etc.) qui puisse donner à la police un motif d'interpellation.

Aller au comptoir d'embarquement deux heures avant le départ du vol. Discuter avec les passagers peut suffire même si on ne distribue pas de tract (peut être prétexte d'interpellation).

Ne pas traiter le personnel en ennemi, mais essayer d'instaurer une discussion pour obtenir des informations (nombre d'expulsés sur le vol, débarquements éventuels, lieux où sont séquestrés les expulsés avant l'embarquement, déroutage de l'embarquement...).

Les destinations d'expulsions fréquentes sont celles d'où viennent les sans-papiers, celles avec qui la France entretient des liens et celles qui ont le plus de vols réguliers : Maghreb, Afrique de l'Ouest, Europe de l'Est, Amérique du Sud, Turquie, Chine. Éviter les destinations touristiques évidentes (Djerba).

D'après notre expérience, c'est sur les vols où la majorité des passagers sont des travailleurs immigrés allant en vacances au pays que les réactions de solidarité se déroulent le plus souvent. En effet, beaucoup ont été sans-papiers ou ont des familiers ou des amis sans-papiers.

Il faut avoir en permanence le souci de développer le débat et les prises de position des salariés et syndicats des compagnies aériennes, de la SNCF, de la SNCM. Car au bout du compte les sans-papiers expulsés sont des travailleurs comme eux, mais plus précaires.

En 1998 et en 1999, conjointement avec SUD-Rail de la Gare de Lyon à Paris, le CAE a bloqué des trains qui emmenaient des « double peine » maghrébins vers Marseille où des bateaux de la SNCM les conduisaient de l'autre côté de la Méditerranée. Des syndicats ont par exemple proposé d'imposer qu'une « clause de conscience » existe pour que les salariés des sociétés qui expulsent puissent refuser d'y participer sans risque de sanction ou de licenciement.

Ce sera un grand pas en avant dans la lutte pour la liberté de circulation et d'installation.

Les derniers incidents survenus lors d'actions de solidarité avec des sans-papiers expulsés montrent que le gouvernement Raffarin a décidé de réprimer les passagers qui manifestent leur désapprobation. Ils ont pu être accusés, ironiquement, d'« entrave à la liberté de circulation ».

Deux leçons à en tirer

1. En tenir compte lorsque l'on informe les passagers – les informer également des risques et insister sur la nécessité de garder son calme et de ne s'adresser qu'au commandant.

2. Diversifier les actions en développant des campagnes en direction des compagnies aériennes, qui sont des prestataires de basses besognes – elles peuvent souvent inclure dans les critères de choix d'un siège un « plus ou moins loin du sans-papiers ». Les attaquer sur leur image de marque (*cf. déportation class*).

Enfin, lancer des campagnes de solidarité autour des cas d'arrestation pour « délit de solidarité ».

Pour en savoir plus :

Collectif antiexpulsions d'Ile-de-France 21 *ter*, rue Voltaire, 75011 Paris
e-mail : caeparis@free.fr répondeur/fax : 01 53 79 12 21

BLOQUER

CONNAÎTRE LE DROIT DE GRÈVE

(d'après SUD aérien)

Dans le public, préavis obligatoire. Le Code du travail impose cinq jours de préavis aux fonctionnaires et aux personnels effectuant une « mission de service public ». Ce préavis doit émaner des organisations syndicales. Juridiquement, le non-respect du préavis constitue une faute.

Dans le privé, où on veut, quand on veut. La grève peut être déclenchée à tout moment. En cela, la grève surprise est légale sauf abus. Chaque salarié peut exercer son droit de grève sans être lié par la majorité du personnel, mais, si les revendications ont été jugées satisfaites par la majorité du personnel (par référendum par exemple), une minorité de personnel ne peut continuer la grève sans présenter de nouvelles revendications.

Important : aucune disposition conventionnelle (convention collective, accord d'entreprise ou d'établissement...) ne peut limiter ou réglementer le droit de grève. Mais les patrons tentent régulièrement de nous imposer des contraintes, souvent dans les protocoles de droit syndical : conciliation préalable, délais avant de déclencher la grève, clause d'attente, etc. C'est illégal et aucune sanction ou aucun reproche ne peuvent être opposés à un ou des salariés ou à des syndicats n'ayant pas respecté de telles mesures.

Durée. Il n'existe pas de durée minimale ou maximale pour un arrêt de travail : les débrayages et grèves répétés, même de très courte durée, sont légaux sauf s'ils ont pour objectif de désorganiser l'entreprise (et non pas la production du service ou de l'établissement) ou de nuire à sa situation économique.

Formes. Les grèves « sauvages » : sauf pour les services publics, il n'est pas obligatoire que ce soit un syndicat qui déclenche la grève, les salariés peuvent le faire. La seule obligation est que l'employeur doit être informé des revendications (tract par exemple ou délégation de salariés auprès de la direction...).

Les grèves « tournantes » consistent en des arrêts de travail soit par service, soit par activité, soit par catégorie professionnelle : elles sont légales. Si l'employeur juge qu'il y a abus, il doit saisir le tribunal pour demander l'arrêt du conflit, il ne peut unilatéralement en décider. Les grèves avec occupation des locaux sont légales mais elles ne doivent pas entraver la liberté du travail et constituer un trouble manifestement illicite. Dans ce cas, l'employeur peut demander l'intervention des forces de police pour faire procéder à l'évacuation.

Les grèves de solidarité en soutien aux revendications d'autres salariés (d'un autre service ou d'une autre entreprise) ne sont légales que si les revendications les concernent également (par exemple la liberté syndicale).

Les grèves purement politiques de contestation contre les décisions gouvernementales ne sont pas légales car les revendications ne concernent pas l'employeur. Mais les grèves à l'appel des centrales syndicales nationales sur les retraites, le chômage ou la Sécurité sociale n'ont jamais été contestées.

Les grèves perlées (ou grèves du zèle) consistant à ralentir la production, à travailler au ralenti sans interruption véritable de l'activité sont illégales.

Incidence sur le contrat de travail. La grève suspend le contrat de travail mais elle ne le rompt pas sauf faute lourde du salarié. Il ne peut y avoir d'incidences sur les avantages acquis, toute discrimination est illégale. Durant la grève, l'ancienneté est conservée. Le gréviste ne perd pas sa qualité d'assuré social, il conserve son droit aux prestations familiales mais il n'est plus couvert pour les accidents du travail et du trajet.

Les sanctions. Dans tous les cas, un employeur n'a pas le droit de déclarer une grève illégale, il doit saisir les tribunaux pour cela. Les salariés grévistes ne peuvent être licenciés ou sanctionnés pour fait de grève sauf en cas de faute lourde. Les sanctions pour fautes légères ou graves sont interdites. Il appartient à l'employeur de prouver que le salarié a participé personnellement à des actes illicites durant le conflit. La faute lourde est caractérisée par des violences, des voies de fait, des coups et blessures, la destruction ou la dégradation du matériel, le refus d'assurer la sécurité, l'entrave à la liberté du travail...

Très souvent, dans nos entreprises, les directions font appel à des huissiers de justice : ils servent justement à constater ces faits pour apporter la preuve de la faute lourde. Ces OPJ (officiers de police judiciaire) dressent des rapports et sont agrémentés devant la justice mais ne peuvent pas tout faire : ni vérifier l'identité d'un salarié ni l'interpeller.

Combien ça coûte ? Il faut distinguer la grève dans le secteur privé et celle dans les services publics.

– Secteur privé : la retenue par heure de grève doit être égale au salaire mensuel divisé par le nombre d'heures mensuel. Ce résultat est à multiplier par le nombre d'heures de grève effectuées.

– Secteur public : les retenues sur salaire se montent à 1/160e du salaire mensuel si la grève n'excède pas une heure, 1/50e si la grève dépasse une heure sans dépasser une demi-journée ou 1/30e si la grève dépasse demi-journée sans dépasser une journée.

COMMENT FAIRE PERDRE 2 000 EUROS À MCDO

Pendant les grèves à McDo, les salariés grévistes utilisaient des techniques d'obstruction pour faire baisser le chiffre d'affaires des restaurants à l'heure du rush (12 h 00-14 h 00).

Piquet de grève. C'est la technique la plus simple. Les grévistes se rassemblent devant la porte et dissuadent les clients d'entrer en leur expliquant les raisons de la grève (affiches, tracts, slogans...). Voir ci-dessous.

Opération pièces jaunes. La semaine qui précède, mettre de côté la petite monnaie. Le jour J, se présenter pour acheter un hamburger. Payer en pièces de 1 centime. Un commerçant n'a pas le droit de refuser votre argent. Et un bon employé de caisse est tenu de vérifier consciencieusement la monnaie. À ce compte-là, il suffit d'une dizaine de personnes pour créer le plus légalement du monde un immense bouchon, et pour amputer sérieusement le chiffre d'affaires.

Verres d'eau. Même principe, mais on demande un verre d'eau. Les restaurants n'ont pas le droit de refuser un verre d'eau gratuit à des non-clients (à la différence des bars).

COMMENT ORGANISER UN PIQUET DE GRÈVE

(d'après le collectif de lutte des MI/SE)

1. Prévenir des personnes qu'il y aura un piquet de grève. C'est important de ne pas se retrouver tout(e) seul(e) dans le froid du petit matin. Vingt ou trente personnes semble un bon chiffre pour pouvoir bloquer suffisamment les portes, et avoir le nombre de notre côté.
2. Prévenir les médias que vous allez faire un piquet de grève si vous voulez qu'on parle de vous.
3. Soyez en forme.
4. Amenez des cadenas et des chaînes pour fermer les grilles, c'est toujours mieux que cinq gros bras qui font peur. Un antivol de vélo peut faire l'affaire.
5. Retrouvez-vous au moins trois quarts d'heure avant l'ouverture du bâtiment que vous voulez bloquer pour être sûr que personne n'est encore entré.
6. Une fois que les personnes sont devant le bâtiment tôt le matin, se répartir les portes selon les affinités de chacun.

7. Poser les chaînes si c'est possible. Si ce n'est pas possible, faire une chaîne humaine devant les portes et ne laisser entrer personne, en expliquant clairement pourquoi vous faites cela.
8. Si les gens sont des forcenés qui rêvent d'équation mathématique ou de bruit de machine, et essaient de forcer le piquet de grève, se tenir par les coudes et ne pas céder. Il est important de ne jamais élever la voix, et lors des bousculades possible de ne pas répondre de manière violente. Utiliser l'humour pour désamorcer les tensions.
9. Tout le monde est responsable de tous. Ne jamais laisser les gens seuls. Si quelqu'un est pris à partie, aller le (la) rejoindre pour l'entourer. L'effet du nombre calme souvent les esprits bien échauffés.
10. Il est important que les gens qui ont peur, ou se sentent mal puissent le dire. Nous ne sommes pas là pour nous sentir mal et faire des choses que nous ne voulons pas faire.
    C'est encore mieux d'amener des thermos de café, car c'est toujours bon de partager avec les gens qui nous entourent dans ces cas-là. Avoir des tracts, des bonbons et du café à offrir est toujours bienvenu car cela détend tout de suite l'atmosphère.

COMMENT BLOQUER UNE ROUTE : GADGETS ET ACCESSOIRES

(d'après l'Intercontinental deluxe guide to blockading)

Attention. Les techniques présentées ne conviennent pas à toutes les situations. Mal utilisées, elles peuvent être très dangereuses. Des personnes attachées ou placées en équilibre précaire sont à la merci de toute intervention policière mal maîtrisée ou malveillante. Si vous utilisez ces dispositifs, assurez-vous que les responsables des opérations de police ont bien pris la mesure des risques, et protégez-vous toujours par la présence de caméras. Une charge de police, en déstabilisant la base d'un tripode, peut faire mortellement chuter la personne qui s'y trouve. Pendant le G8 d'Évian en juin 2003, des militants avaient tendu une corde d'escalade en travers d'une bretelle d'autoroute pour la bloquer. Deux personnes étaient suspendues dans le vide, chacune attachée à un bout de la corde. En intervenant dans des circonstances peu claires, la police suisse a coupé la corde, blessant grièvement l'un des deux militants encordés.

Accessoires

Verrouillage. Ajouter des chaînes et des cadenas sur une grille, mettre de la glue ou de la mousse de polyuréthane dans les serrures... peut causer des retards importants à l'ouverture du bâtiment le lendemain matin.

Efficace techniquement, mais pas forcément politiquement (l'adversaire aura beau jeu de dénoncer la lâcheté d'un acte de vandalisme).

Obstacles. Placer des obstacles physiques sur les voies de communication : carcasses de voitures, blocs, chaînes, etc. Attention à ne pas provoquer d'accidents. Les obstacles doivent être signalés aux usagers (panneaux explicites, avertissement des responsables du réseau de transport...)

Barrages. Barrages de voitures ou de camions, bloquants ou filtrants.

Sit-in, lie-in. S'asseoir ou se coucher tous sur le point de blocage désiré et forcer la police à enlever les manifestants un par un. Pour ralentir leur progression, on peut se tenir par les mains, les coudes, et se faire le plus lourd possible quand ils vous soulèvent (attention au moment où ils vous lâchent, c'est souvent là que les mauvais coups arrivent...).

S'enchaîner. Une personne se passe l'antivol ou la chaîne autour du cou en s'attachant par exemple aux barreaux d'une grille. La clé est ensuite confiée à une autre personne qui reste dans les parages pour pouvoir libérer la première en cas d'urgence (ne pas perdre la clé). Même technique avec des menottes, ou des chaînes avec cadenas.

Le tube à bras. Ingrédients :

– Tube en plastique d'environ 20 cm de diamètre, et d'environ 1 m de long (assez large pour laisser passer un bras, et assez long pour recouvrir deux bras attachés). On peut utiliser les tubes annelés orange qui servent habituellement pour les canalisations électriques sur les chantiers.

– Mousqueton d'escalade et bracelet, ou menottes.

Deux personnes passent chacune un bras dans le tube et s'attachent les mains l'une à l'autre à l'intérieur avec des mousquetons fixés au poignet par un bracelet ou avec des menottes – dans ce dernier cas, il ne sera plus possible de se libérer tout seul. En répétant l'opération, on peut former une chaîne humaine pour barrer une route, ou pour encercler un bâtiment. La police devra couper le tube pour dégager l'accès. Pour plus d'efficacité, on peut aussi utiliser des tubes en métal.

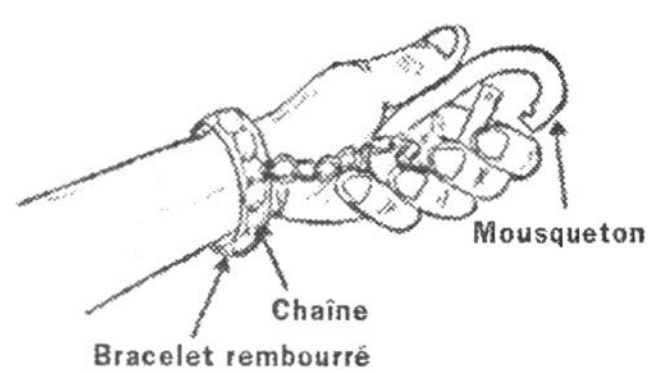

Verrouillage

Ingrédients :

– tube plastique ou métallique coudé de 80 cm de long environ et de 20 cm de diamètre environ ;

– barre métallique de 30 cm ;

– mousqueton et bracelet ;

— grand bidon d'essence vide ;
— béton à prise rapide.

Recette.

Fixer transversalement la barre métallique à travers une des extrémités du tube. Boucher le tube de ce côté. Percer la paroi du bidon de façon à pouvoir y encastrer le tube. Remplir le bidon de béton à prise rapide et de pierres, de pièces de métal, etc. Laisser sécher. Pour que le béton ait atteint sa dureté maximale au moment de l'action, mieux vaut s'y prendre à l'avance. Disposer le bidon à l'endroit souhaité, passer le bras dans le tube et attacher sa main à la barre transversale à l'aide d'un mousqueton fixé au poignet. Comme la position est souvent assez inconfortable, il est préférable d'attendre le dernier moment pour s'attacher (c'est-à-dire au moment où va commencer l'intervention policière). Prévoir de la nourriture, de l'eau, des vêtements rembourrés, des lunettes de protection et un masque à poussière au cas où la police décide de démonter le bloc de béton.

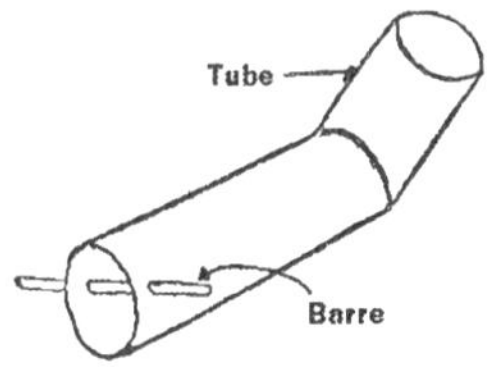

Ces techniques de blocage sont très efficaces, mais il faut bien être conscient des risques encourus : outre les possibilités de poursuites judiciaires, il n'est pas rare que la police emploie des menaces, des coups, des torsions de bras, etc. pour que les manifestants pacifiques lâchent prise. Là comme ailleurs, c'est la présence des médias et la sympathie d'une grande partie de la population qui constituent les protections les plus sûres.

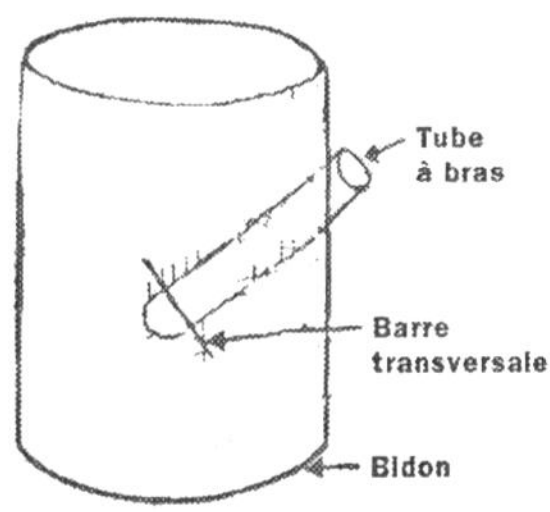

Verrouillage au sol. Même recette, sauf que le béton est coulé directement dans le sol. Pour renforcer la prise du bloc de béton, on peut l'armer avec des tiges de métal enfoncées à moitié dans le sol sur toutes les parois du trou. Pour un blocage plus convivial, on peut équiper le bloc de béton de plusieurs tubes à bras.

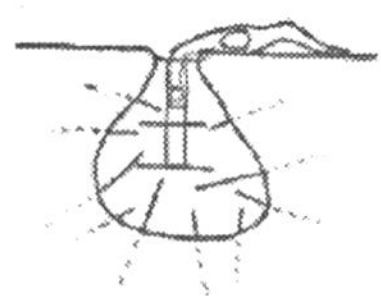

Tripode

Le tripode permet de bloquer une rue en étant perché sur des trépieds géants, genre tipi, à plusieurs mètres de hauteur, au beau milieu de la rue. Une fois en haut, personne ne peut vous déloger (sauf en prenant le risque de vous tuer).

Ingrédients :

– 3 barres d'échafaudage, de 7,5 m environ ;
– 2 clips pivotants d'échafaudage ;
– corde ;
– clé à mollette ;
– un lieu assez grand pour vous entraîner.

Assemblage :

Il vaut mieux avoir déjà fixé les clips sur les barres, avant de les transporter.

Assemblage principal : attacher les deux premières barres en forme de V inversé, avec une troisième en soutien, attachée à l'une des deux.

Le troisième clip de fixation doit être posé à environ 30 cm sous le premier. Pour pouvoir pivoter correctement, il doit former un angle d'environ 120° avec le clip principal.

Installation :

Au minimum, 5 personnes pour un tripode en acier :

– au moins deux costaud(e)s pour soulever progressivement chacun des deux pieds principaux en commençant à partir du sommet vers la base ;
– une personne pour tirer le troisième pied, et le faire basculer au moment crucial pour faire tenir le « V » inversé ;
– deux personnes qui bloquent les extrémités des deux premières barres avec leur pieds pour les empêcher de déraper.

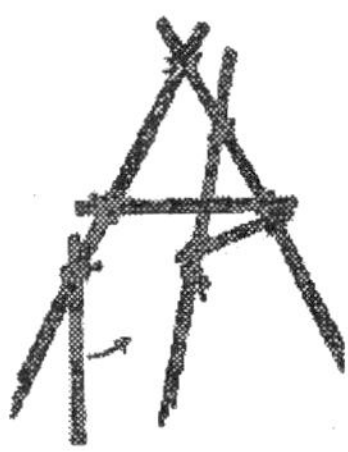

Si vous avez utilisé des barres en aluminium, c'est plus facile. Il suffit de trois personnes.

Dès que le tripode est debout, il faut que quelqu'un grimpe à la barre et s'installe au sommet. Pour vous asseoir, vous pouvez confectionner une sorte de hamac en nylon attaché avec une corde.

Consolidation

Pour améliorer la stabilité, vous pouvez ajouter trois barres horizontales.

Avant de mettre le tripode sur pieds, laisser pendre les barres horizontales à un clip seulement. Fixer le second une fois en haut.

Ne pas oublier de prendre la clé à mollette avec soi avant de grimper.

PEINTURLURER

COMMENT FABRIQUER DES BOMBES DE PEINTURE

Le récipient

Cannettes en verre. Pas recommandé. Les bouteilles ont tendance à se casser par terre en retombant plutôt que sur le panneau publicitaire ou la façade visée. Elles font du bruit en et attirent l'attention des voisins. Enfin, vous laissez derrière vous par terre des morceaux de verre coupant.

Bulbes de lampe. C'est la formule la plus fiable et la plus discrète, même si la préparation demande un peu de travail. Sciez au trois quart le pas de vis en alu avec une scie à métaux. Ouvrez l'ampoule sans détacher cette partie métallique, seulement en la pliant à 90°. Enlevez le filament avec un tournevis. Remplissez de peinture. Votre mélange doit être assez liquide pour que la bombe fasse un bel effet de splash. Comptez moitié de peinture et moitié de diluant. Refermez votre ampoule en remettant la culasse à la verticale et scellez le tout avec du scotch.

Boules de Noël. C'est en gros la même méthode.

Œufs. Plus fragile, mais ça fonctionne aussi. Faites un trou à chaque sommet de l'œuf. Soufflez pour le vider de son contenu. Élargissez un peu l'un des trous. Versez la peinture et refermez (par exemple avec de la cire de bougie).

Œuf en plastique. Si la cible est très éloignée ou très haute et que vous voulez utiliser une fronde pour lancer la bombe de peinture, l'ampoule risque de vous éclater dans les doigts. Pour la fronde, utilisez plutôt des œufs en plastique.

Bombes à eau. Achetez des ballons type « bombe à eau » dans un magasin de farces et attrapes.

Le problème est de les remplir avec de la peinture. Il existe plusieurs techniques de remplissage :

- première méthode : achetez des tubes de gouache. Mettez l'embout ballon sur l'ouverture du tube de peinture. Pressez pour mettre un peu de pigment dans le ballon. Il ne vous reste plus qu'à remplir votre ballon au robinet pour diluer la gouache à l'intérieur. Le seul inconvénient est que ce type de peinture ne résistera pas longtemps aux intempéries ;
- deuxième méthode : achetez un pulvérisateur de jardin 3/5 litres, pression à main. Remplissez-le de votre mélange coloré (pour ne pas

boucher l'appareil, mieux vaut de l'acrylique diluant eau, ou pour faire du rouge, du mercurochrome). Pompez et remplissez votre ballon.

Fabriquer un tube à pression artisanal

Vous pouvez aussi fabriquer vous-même un pulvérisateur artisanal très efficace, grâce à la recette du collectif SPLAT, de Montréal.

Ingrédients :

– 1 bouteille plastique de 1,5 litres (type soda) ;

– 1 tube rigide en plastique (par exemple le tube de l'intérieur d'une bouteille de produit à vitres) ;

– 1 m de tube flexible (en vinyl clair, du type utilisé pour les aquariums) ; Le tube flexible doit pouvoir être ajusté fermement sur le tube rigide, ni trop gros ni trop fin.

– 1 pompe à vélo (de préférence avec poignée) ;

– de la colle époxy.

Fabrication :

Prenez le bouchon de la bouteille. Enlevez le truc rond en plastique souple qui est à l'intérieur de la capsule. Ne le jetez pas – vous en aurez encore besoin plus tard. Prenez une perceuse avec une mèche du même diamètre que le tube rigide. Faites deux trous à l'intérieur du bouchon, et 2 trous correspondants dans la rondelle en caoutchouc.

Coupez le tube rigide en deux morceaux d'environ 15 mm de long. Fichez-les dans la capsule. Collez les hermétiquement avec la colle époxy. L'air ne doit pas pouvoir passer entre la paroi extérieure des tubes et le bouchon. Remettez en place la rondelle en caoutchouc dans la capsule.

Coupez trois longueurs de tube flexible. (1) un long morceau qui ira de l'intérieur du bouchon jusqu'au fond de la bouteille, (2) un petit morceau qui ira du bouchon jusqu'au ballon, et (3) un long morceau qui ira du bouchon jusqu'à la pompe à vélo.

En utilisant environ 3 cm de tube rigide et un bout de scotch, ajustez fermement le tube souple (3) à l'embout de sortie de la pompe à vélo. Fixez les autres morceaux de tube flexible : le morceau (1) à l'un des deux bouts de tube rigide fixé dans le bouchon, vers l'intérieur de la bouteille ; le morceau (2) sur le même tube rigide fixé sur le bouchon, mais côté extérieur ; le morceau (3) sur le deuxième embout rigide à l'extérieur du bouchon.

Le tube à pression est terminé. L'appareil fonctionne. L'air est poussé dans la bouteille, et chasse la peinture dans le long tube, avec une pression suffisante pour remplir le ballon. Remplissez la bouteille à moitié avec un entonnoir. Passez le dernier tube souple dans un ballon. Serrez le bout du ballon sur le tube en enroulant plusieurs fois un élastique autour du bout du ballon. Pompez jusqu'a ce que le ballon soit rempli. Débranchez le tube à air de la pompe à vélo pour laisser la pression sortir. Enlevez le ballon du tube. L'élastique va fermer hermétiquement le ballon. C'est fini.

Pistolets à eau. Pour maculer une façade, on peut aussi utiliser les énormes pistolets à eau à longue portée de type « super soaker ». En vente dans tous les bon magasins de jouets.

COMMENT FAIRE UN POCHOIR

Ingrédients :

- bristol rigide (250 g/m^2) ou feuille en polypropylène (utilisée pour certaines chemises de bureau) ;
- gros cutter en métal ;
- colle en aérosol ;
- bombe de peinture.

Dessin de départ.

Pochoir

Création du motif. Il y a une seule contrainte à respecter : aucune zone de blanc ne peut être totalement entourée de noir (le noir correspondant aux parties à découper). On ne peut par exemple pas tracer la lettre O telle quelle, mais seulement en entrecoupant le cercle noir par des languettes de blanc. Pour faire un pochoir à partir d'un dessin, il faut le modifier en suivant cette règle. Sur papier en utilisant du « blanco » pour relier entre elles toutes les zones de blanc, ou sur ordinateur en utilisant l'outil « gomme » d'un logiciel graphique. Exemple : le sigle du mouvement de libération des femmes.

On peut aussi réaliser de très beaux pochoirs à partir de photos. Si vous avez un ordinateur et un logiciel de traitement d'image ou une photocopieuse, passez en noir et blanc, et augmentez fortement la luminosité et le contraste. Corrigez ensuite le résultat obtenu en appliquant la règle précédente. Exemple : le pochoir de Géronimo

Photo de départ

1. augmenter le contraste et la luminosité

2. corriger et ajouter des blancs

Réalisation du gabarit. Utilisez de préférence une feuille de PVC. Votre gabarit sera beaucoup plus durable que si vous le faites en carton. Collez-y le motif (de préférence à la bombe de colle). Découpez ensuite le tout au cutter sur une planche de travail jusqu'à avoir « vidé » toutes les parties noires.

Le pochoir est prêt à l'emploi.

Vous pouvez aussi réaliser sur le même principe des pochoirs polychromes, en faisant autant de gabarits qu'il y aura de couleurs correspondantes, et en les appliquant les unes après les autres sur le même support.

Peinture. On utilise en général des bombes aérosol. Variante : au petit rouleau en mousse et à l'acrylique (ça donne de très beaux résultats).

COMMENT DÉTOURNER DES AFFICHES ET DES PANNEAUX PUBLICITAIRES

Dans ce chapitre, il n'est question que des techniques concrètes de peinture et de collage. Pour la théorie et les exemples, voyez le site http://www.subvertise.org/

Il suffit parfois de changer un tout petit élément dans une pub pour en transformer totalement le sens (enlever une lettre, ajouter un mot, un petit objet...).

À l'improviste. Avoir sur soi un gros marqueur, des autocollants, voire une raclette pour arracher les affiches du FN. Attention, si vous tombez sur des affiches politiques encore humides, faciles à décoller, cela signifie aussi que les équipes de colleurs d'affiches ne sont pas très loin.

Taches de couleur. Voir la fiche « bombes de peinture » p. 219.

Peinture. Les grands panneaux publicitaires sont la plupart du temps trop hauts pour être peints à hauteur d'homme. Utilisez les grandes barres en bois ou les perches télescopiques qu'on trouve dans les magasins de jardinage et de bricolage.

Pour peindre au rouleau (très utile si vous voulez « effacer » des lettres sur fond monochrome), il suffit de monter le rouleau sur la perche télescopique. À la bombe, c'est plus compliqué, mais vous pouvez aussi vous fabriquer un long manche spécial pour actionner le spray depuis le sol. Voir la fiche « Spray de peinture téléguidé », p. 226.

Affichage. Autre possibilité : coller des images ou des lettres préparées à l'avance. Avant de vous lancer, mesurez bien l'affiche et ses différents éléments. Au besoin, prenez-la en photo et faites des simulations sur votre logiciel graphique pour déterminer la taille optimale des éléments à découper, ou pour repérer le contour exact d'un élément que vous voulez remplacer.

Si vous voulez modifier un slogan, vous pouvez choisir de le faire très proprement, avec le même lettrage que l'affiche (ça désorientera dans un premier temps le spectateur, qui ne sera pas sûr tout de suite qu'il s'agit d'un détournement). Remarque : vous trouverez très facilement toutes les polices de caractères sur Internet (tapez fonts, ou fontz sur google, ou, mieux, téléchargez directement sur des logiciels peer to peer).

FAIRE DES AFFICHES GÉANTES AVEC UNE PHOTOCOPIEUSE

(d'après Smashing the image factory, A Complete Manual of Billboard Subversion & Destruction)

Faire des grandes images

Si vous ne voulez pas peindre vos éléments un par un, vous pouvez utiliser la photocopie. Idéalement, il faut trouver une photocopieuse qui agrandisse jusqu'à 400 %. Commencez par agrandir votre dessin au format A3. Pliez ensuite la feuille 4 fois. Dépliez-la. Avec une règle et un stylo, tracez sur le dessin les lignes correspondant à chaque pli. Vous obtenez un quadrillage de 16 cases. Faites une copie de votre motif quadrillé et mettez-la de côté (elle servira à vous repérer pour assembler les différents bouts).

Découpez les 16 cases, agrandissez chaque morceau à 397 %. Vous obtenez 16 feuilles A3, c'est-à-dire, une fois assemblées, un très grand poster (plus de 1,6 m de long sur 1,1 m de large). Vous pouvez recommencer l'opération autant de fois que vous le voulez. Pour ne pas vous perdre dans les morceaux du puzzle, inventez une notation et marquez chaque feuille au dos en reportant le même code sur la photocopie quadrillée, qui fait office de plan d'ensemble.

Assemblez ensuite vos A3 par groupe de deux ou de quatre en les scotchant au dos. Vous pouvez éventuellement ajouter des couleurs et découper les contours de votre motif.

Faire des grosses lettres. Si vous voulez agrandir seulement un slogan, indépendamment du dessin, il est plus simple de procéder lettre par lettre. Sortez d'abord les lettres une à une sur votre imprimante (une grosse par page A4), et agrandissez-les ensuite l'une après l'autre à la photocopieuse suivant la méthode indiquée ci-dessus.

Le collage. Achetez de la colle à tapisserie en poudre. À défaut, vous pouvez vous dépanner avec de la farine diluée dans de l'eau. Munissez-vous de seaux et de balais à colle (équipés de manches télescopiques pour les panneaux en hauteur).

L'affichage sauvage est interdit, *a fortiori* sur des panneaux publicitaires, et c'est bien normal vu tout l'argent que les annonceurs dépensent pour nous polluer le regard, occuper l'espace public et nous conditionner du soir au matin...

Vous pouvez mener une grande opération de détournement de pubs sur le parcours, pendant une manifestation, le long du cortège : la police n'interviendra pas et vous aurez les réactions des manifestants en direct.

Vous pouvez aussi le faire le soir. L'idéal est d'avoir trois groupes : deux qui font le guet de chaque côté, assez loin pour voir arriver les éventuelles voitures de police, et un groupe qui colle (une personne qui tient le seau, une qui s'occupe du balais, une qui gère les affiches et une quatrième qui reste en contact avec les guetteurs et qui peut répondre aux questions des passants pendant que les trois autres restent concentrées).

Commencez par enduire le panneau de colle à l'endroit voulu, poser l'affiche au bout du balai (attention au « devant-derrière »), levez le balai, posez l'affiche, badigeonnez pour chassez les bulles d'air. Si vous avez plusieurs bouts à assembler, commencez par coller l'un des coins inférieurs, pour être sûr d'avoir la place pour les autres. La personne qui s'occupe des affiches doit bien connaître l'ordre de collage, sinon vous risquez de vous empêtrer les pinceaux et de perdre du temps. Normalement, le collage doit se faire en moins de trois minutes.

Plus rusé (et peut-être plus risqué) : collez en plein jour, l'air dégagé, avec une camionnette blanche et des combinaisons de travail.

Autres types de panneaux

Grands panneaux dans le métro. Dans le métro, le seau de colle et le balai ne sont pas très discrets. Vous pouvez opter pour la bombe de colle en aérosol (parfait mais un peu cher) ou pour le gros scotch double face pour moquette, que vous poserez à l'avance sur tous les bords de vos affiches. Autre solution, beaucoup plus chère (sauf à récupérer le matériel au bureau), les photocopies sur papier autocollant.

Repérez les stations à l'avance et voyez où sont les caméras. Vous pouvez fonctionner par équipes de trois à cinq personnes. Désignez toujours au moins une personne pour répondre aux passagers et aux gens dans la station. À partir d'un point de rendez-vous central, chaque équipe se charge d'une ligne ou d'un parcours. Si vous êtes très prudent, vous collez l'affiche, vous sortez immédiatement, et vous marchez jusqu'à une autre station. Sinon, vous sortez sur le quai, vous attendez, et vous collez l'affiche juste avant que la rame arrive (mais avant qu'elle n'entre dans la station, pour que le conducteur ou que des vigiles dans les rames ne puissent pas vous voir en train de coller). Reprenez le métro et continuez, en prenant des correspondances de temps en temps. À la fin, retrouvez les autres équipes pour vérifier que tout s'est bien passé et faire un débriefing.

Les affichettes. Vous savez, les affichettes de pub pour magazines, sur la porte vitrée des magasin ou des bars. Ces cadres ne ferment que grâce à des aimants. Pour les ouvrir, il suffit de passer un coupe-papier dans la rainure sur le côté. Il ne reste plus ensuite qu'à remplacer l'affiche ou à la redécorer.

Les panneaux d'abribus. Connus sous le nom de « sucettes », ces hauts panneaux en verre s'ouvrent normalement avec une clé standard sur le côté. Vous pouvez vous débrouiller pour en récupérer une, ou relever les dimensions et la fabriquer vous-même. Mais un bon coup de pied latéral suffit à faire sauter le loquet, et si une autre personne tire en même temps la vitrine, elle s'ouvre.

Transformer un panneau publicitaire en espace d'expression libre. Dans une rue, recouvrir un panneau en tout ou partie de peinture à tableau noir. Disposer des récipients (verres en plastique scotchés) avec des craies. Laisser sécher une nuit. Venir de temps en temps relever les messages. Il faut trouver un panneau assez bas, et, si possible, intégrer le tableau noir au graphisme de l'affiche. Sur le même principe, essayer avec du papier blanc.

COMMENT TRACER DES SLOGANS GÉANTS

Peinture. À la peinture, sur des berges ou sur des bords de route, utilisez de la peinture à façade et un rouleau, éventuellement monté sur un long manche pour peindre en hauteur.

Pensez aux passerelles au-dessus des autoroutes. Des milliers de voitures passent dessous tous les jours. Mettez-vous sur la passerelle et peignez sur la rambarde, en faisant passer le rouleau par-dessus. Attention, vous devrez écrire à l'envers, de droite à gauche. Entraînez-vous avant, surtout pour les « N », très difficiles à écrire correctement à contresens.

Désherbant. Sur une pelouse, il est possible d'utiliser du désherbant pour écrire vos lettres. Mais bon, ce n'est pas très écolo...

Projecteur. Pour projeter des images géantes sur un bâtiment de nuit, contactez un loueur son et lumière. Mais attendez-vous à ce que la location du projecteur soit très coûteuse.

COMMENT FABRIQUER UN SPRAY DE PEINTURE TÉLÉGUIDÉ

(d'après Écodefense)

Si vous voulez graffer en hauteur, mais que vous n'avez pas d'échelle sous la main, pas de problème : grâce à la bombe de peinture téléguidée, vous pourrez peindre et dessiner à plusieurs mètres de haut sans quitter le sol.

Ingrédients :

– une longue barre en bois, ou un manche à balai télescopique ;
– une bombe de peinture aérosol ;
– 1 baguette métallique trouée type Meccano d'une quinzaine de centimètres (plus longue que le diamètre de la bombe) ;
– 1 vis filetée plus longue que la largeur de votre barre, et 2 écrous correspondants ;
– 1 équerre simple en métal, comme sur le schéma (une de ses branches doit être légèrement plus courte que la baguette de Meccano, et trouée elle aussi à son extrémité) ;
– 2 autres équerres et/ou du gros scotch ;
– 1 équerre plus grande ;
– 1 pied de chaise en plastique, ou un embout de béquille en caoutchouc ;
– des vis à bois ;
– un piton à vis (vis à tête de boucle) ;
– du fil résistant en nylon (du gros fil de pèche fait l'affaire).

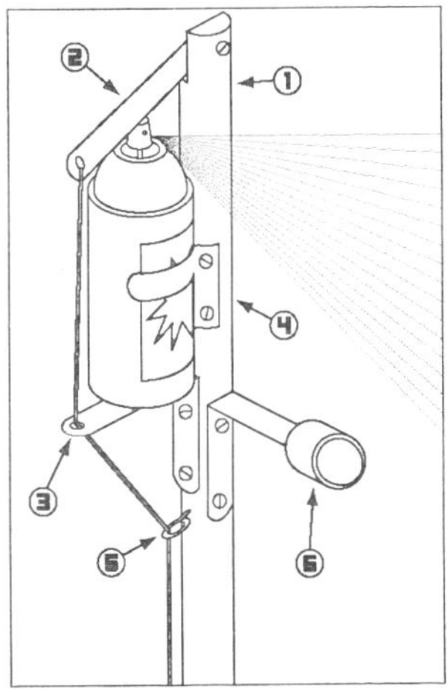

Fabrication :

Taillez le bout de la perche en faisant un coin de 4 cm de haut, comme sur le schéma (1) et faites un trou dans la barre, du diamètre de la vis filetée.

Prenez la vis filetée, passez-la dans un trou à l'extrémité de la baguette de Meccano. Vissez ensuite le premier écrou sur la vis sans le serrer à fond. La baguette est fixée à la vis, mais elle peut toujours pivoter. Enfilez la vis dans le trou de la barre en bois et fixez le tout avec le deuxième écrou (2).

Positionnez l'équerre qui soutiendra la bombe aérosol. L'idée est que la bombe doit être placée de telle manière que la baguette, en pivotant vers le bas, puisse appuyer sur la tête du spray.

Fixez ensuite la bombe. Vous pouvez tordre des équerres pour enserrer la bombe un peu comme dans un porte-gourde de vélo (4), ou tout simplement l'attacher avec plusieurs tours de gros scotch.

Sous la bombe, fixez le piton à vis comme indiqué en (5).

Prenez le fil et passez-le dans l'anneau (5), puis dans le trou de l'équerre (5), et attachez-le enfin à l'extrémité de la baguette (2).

Lorsque vous tirez le fil, la baguette appuie sur le capuchon de la bombe et la peinture sort.

En option, vous pouvez ajouter une grosse équerre munie d'un embout de plastique pour rester toujours à la même distance du mur et avoir une grosseur de trait régulière (6).

L'engin demande une assez longue période d'entraînement.

COMMENT FAIRE UN LÂCHER DE BANDEROLE

Pour la confection de la banderole voir la fiche « Manifester ».

Préparation. Les jours précédents, repérer les lieux : trouver l'endroit le plus propice, étudier les voies d'accès, déterminer quelle taille doit avoir le lettrage pour qu'on puisse lire le slogan depuis le sol.

La banderole sera suspendue à ses deux angles supérieurs par des cordes, de préférence en nylon. Pour éviter qu'elle ne se déchire, il faut renforcer les points d'attache, par exemple avec des œillets métalliques. Si elle fait trop de plis, elle ne sera pas lisible. On peut donc ajouter des points d'attache supplémentaires, la tendre en ajoutant une sorte de tringle sur le côté supérieur (par exemple à l'aide d'un tube en plastique), la lester en cousant le long du côté inférieur une sorte de boudin de tissu rempli de sable (long à faire), ou encore ajouter une corde à chaque coin inférieur pour la tendre (mais si ces cordes touchent le sol, on pourra s'en servir pour arracher la banderole).

Attacher à l'avance les cordes à la banderole. La plier de manière à pouvoir la dérouler facilement et rapidement : les deux coins supérieurs doivent venir en premier, et le recto et le verso doivent être clairement différenciés pour ne pas se tromper de sens. La mettre dans un sac à dos.

Au sol, prévoir des guetteurs qui indiquent par portable si la voie est libre. Organiser éventuellement au même moment une diversion pour détourner l'attention et permettre aux autres de passer inaperçus (bruit, happening...).

Sur un échafaudage. Le lâcher est assez facile (à faire en dehors des heures de travail du chantier), mais la banderole ne reste pas très longtemps.

Sur une façade. Dans beaucoup d'immeubles, on peut accéder au toit à partir du dernier étage par une trappe. Deux personnes montent sur le toit, attachent les cordes, par exemple aux cheminées, et lancent la banderole.

À partir d'un monument accessible au public. Cela dépend des lieux et des dispositifs de sécurité. Le principal problème est en général la fouille à l'entrée pour « passer » le sac contenant banderole. Pour le lancer, prévoir des personnes en soutien à l'intérieur du bâtiment, pour calmer les inévitables vigiles.

Entre deux bâtiments, en travers d'une rue. Il faut trois équipes. Les deux premières sont munies d'une corde, et postées sur le toit ou à la fenêtre de deux bâtiments de chaque côté de la rue. La troisième équipe est au sol, entre les deux, avec la banderole. Les deux premières équipes lancent simultanément au sol un bout de corde. Les personnes qui sont en bas les récupèrent et les attachent chacune à l'un des deux coins supérieurs de la banderole. Les deux équipes en hauteur tirent sur la corde, et remontent la banderole.

Entre deux arbres, entre deux réverbères... (d'après AARRG !! : http://www.aarrg.ras.eu.org/temp/kits_banderole. pdf)

— La première méthode consiste à grimper pour attacher la corde une fois arrivé en haut. Mais ce n'est pas toujours très possible ou très prudent de le faire.

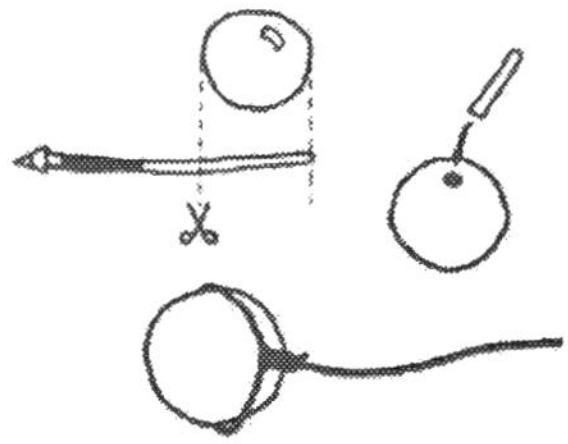

— La seconde consiste à utiliser un projectile pour faire passer la corde par-dessus tout point d'attache potentiel. En fonction de la précision requise pour le tir, on peut utiliser un ballon, une balle de tennis ou un lance-pierre muni d'une balle rebondissante (pour éviter de blesser quelqu'un quand on tire).

Il faut d'abord attacher au projectile plusieurs mètres de fil à pêche nylon (diamètre 80). Si vous utilisez une balle rebondissante, découpez un bout du tube d'encre vide d'un stylo bic égal au diamètre de la balle, transpercez celle-ci avec une grosse aiguille ou une mèche de perceuse, introduisez le fil dans la balle renforcée du tube (sans cette précaution, la balle risque de se fendre sous la pression du fil en nylon), et faites un nœud.

Lancez le projectile par-dessus la branche ou la barre visée. Avant de lancer, si vous utilisez un lance-pierre, vérifiez bien que le fil passe par-dessus le bout de cuir qui retient la balle — sinon, le fil s'emmêlera dans le lance-pierre et la balle ne pourra pas être envoyée. Faites passer autant de balles que de points d'attache pour votre banderole (en général deux).

Il faut prévoir des ramasseurs de balles et faiseurs de nœuds. Dès que la balle est retombée à terre, on la ramasse, on la détache, on noue le fil à pêche aux cordes attachées aux coins de la banderole, et on tire, de manière à la hisser progressivement. Attention, il faut faire des trous dans la banderole pour éviter la prise au vent qui peut casser le fil. Une fois à la bonne hauteur, un nœud et c'est fini.

DANSER

COMMENT ORGANISER UNE STREET PARTY EN 10 LEÇONS

d'après Reclaim the Streets

1. D'abord, rassemblez du monde autour de vous, des amis, des teufeurs, des musicos, des acrobates, des cracheurs de feu... Formez éventuellement un collectif de préparation (comité des fêtes).
2. Creusez-vous la tête, imaginez, rêvez, discutez et faites un plan d'action. Fixez une date (laissez-vous du temps, mais pas trop). Listez les différentes tâches, répartissez-vous les rôles (matériel, invitations, bouffe...). Vous aurez besoin d'un peu d'argent.
3. Choisir le lieu : votre rue, le centre-ville, un axe rouge, le périph' ou la rocade, ou l'autoroute du coin... Vous pouvez d'abord donner rendez-vous à un autre endroit et vous rendre à la fête tous ensemble l'air de rien. Un peu de mystère ne gâte rien.
4. Faites connaître l'événement : bouche à oreille, flyers, mails, affiches, cartes postales, pigeons voyageurs... Laisser des tracts dans les boutiques (magasins de vélos, rollers, produits bio), les bars anarchistes, les cafés chébrans, les maisons associatives... Faites en sorte que tout le monde sache où et quand aura lieu la teuf.
5. Lister le matos sono, et les différents styles musicaux qui seront présents. Dans une street, il faut de la musique, et de préférence pour tous les goûts (de la cornemuse au punk hard core). Inviter des jongleurs et des jongleuses, des clowns, des poètes, des diseurs de textes

et des diseuses de bonne aventure, des peintres, des monocyclistes, des gens qui savent marcher sur les mains, des têtes en l'air, des maquilleurs, des fanfarons et des tambourins. Contactez aussi des associations locales. Invitez-les à installer leur stand au beau milieu de la rue avec vous.

6. Comment allez-vous transformer l'espace ? Grande banderole, fresques et graffitis, statues géantes, vieux canapés, jeux pour enfants... Prévoyez un tract à distribuer aux participants et aux passants.
7. Pour « ouvrir » la rue et éviter que les voitures ne l'envahissent à nouveau, vous pouvez mettre des obstacles bien visibles sur la chaussée, des rubans, des panneaux et même monter un ou plusieurs tripodes (voir la fiche technique de blocage). Vous pouvez aussi bloquer la circulation avec une vieille voiture qui tomberait en panne au beau milieu de la rue, comme par hasard – ou édifier de bonnes vieilles barricades.
8. Plantez des arbres.
9. Faites la fête ! Appréciez l'air pur et la bonne humeur. Donnez à boire et mangez gratos. Discutez, riez, dansez.
10. Il se peut que des types en bleu s'invitent à la fête. Essayez de les calmer. Prévoyez à l'avance une personne qui servira d'interlocuteur-trice et mettez-vous d'accord tous ensemble sur ce que vous voulez faire (rester ou pas, combien de temps, dans quelles conditions, etc.).

Trouver des cours de batucada et trouver une fanfare

Batucada. Percussions brésiliennes. Il n'y a pas encore assez de batucadas militantes !

Liste des associations, groupes, écoles et professeurs :
http://sambistas.online.fr/en-france/adreEcolesFr.html
Tutorial sur Internet : http://www.surdorei.com/methode/index.htm

Fanfare. Liste des fanfares en France : http://cybodega.free.fr/

ORGANISER UN CONCERT

(aspects logistiques)

Musicos. Une fois choisis le style de musique et les artistes, prenez contact avec leur « tourneur » (la personne qui gère leur tournée). Pour des musiciens connus, vous devrez vous y prendre au moins un an à l'avance. Pour des groupes locaux, comptez de 2 à 6 mois.

Ils peuvent décider de jouer gratuitement ou à cachet réduit s'ils sympathisent avec la cause que vous défendez. Dans tous les cas, la moindre des choses sera de les défrayer, de les héberger et de leur ouvrir le bar.

Vous devrez préciser ce que vous prenez en charge dans le contrat que vous signez avec eux (plus les frais engagés sont importants, plus il est nécessaire de signer un contrat avec les artistes, pour être couvert en cas d'annulation).

Cotisations sociales. Si vous versez un cachet aux musiciens (c'est mieux), vous devrez verser des cotisations sécu. Renseignez-vous auprès des artistes et de l'URSSAF.

Fixer la date. La date dépendra de la disponibilité des musiciens, mais aussi de la météo et du calendrier des fêtes pour éviter les chevauchements.

Sono. Les artistes vous feront parvenir leurs fiches techniques et leurs plans de scène, documents qui détaillent le matériel dont ils auront besoin pour le concert. Dès que vous avez ces informations en main, vous pouvez contacter des loueurs de sono pour obtenir les premiers devis. Idem pour l'éclairage, les effets spéciaux, la scène et éventuellement les chapiteaux pour un concert en extérieur.

Buvette. Vous aurez besoin d'une autorisation (voir plus bas). Pour acheter les boissons, adressez-vous de préférence à un grossiste. Évitez les bouteilles en verre, qui peuvent servir de projectiles.

Service d'ordre. Les organisateurs de concerts sont tenus d'assurer le service d'ordre. C'est sans doute la partie la plus détestable à organiser. Évitez de laisser cette tâche à des petits chefs qui se rêvent en responsables de milice armée.

Les tâches sont les suivantes : gestion du parking, contrôle des entrées, limitation de l'alcoolémie ambiante, ramassage des objets dangereux, gestion du périmètre de sécurité autour de la scène, distribution d'eau au public, évacuation des personnes victimes de malaise, interposition en cas de bagarre.

Pour des événements dans des très grands lieux, il est nécessaire que les groupes de SO soient reliés par talkie walkies.

Promotion. Plusieurs semaines avant le concert, collez des affiches, laissez traîner des paquets de flyers dans les bars, faites jouer le bouche à oreille...

Budget. Avant de vous engager, établissez un budget prévisionnel et assurez-vous que vous pourrez l'équilibrer. Les paramètres sont les suivants (*cf.* tableau page 232).

Subventions. Pour des demandes de subvention, vous pouvez vous adresser aux collectivités locales et aux institutions culturelles : Conseil régional, Conseil général, mairie, Direction régionale des affaires culturelles (DRAC), Direction départementale jeunesse et sports (DDJS), Fonds d'action sociale (FAS).

Aspects juridiques

Association. Si vous voulez faire les choses dans les règles, vous avez besoin d'un support juridique. Vous pouvez choisir de créer une association pour l'occasion ou demander à une association amie de servir de prête-nom. Une association a le droit d'organiser jusqu'à six manifestations exceptionnelles exonérées d'impôts par an.

Déclaration. Au moins un mois avant la date prévue, vous devez demander par courrier au maire de la commune l'autorisation d'organiser la manifestation et d'ouvrir un débit de boissons occasionnel. L'événement doit aussi être déclaré à la gendarmerie ou au commissariat.

Commission de sécurité. Avant d'obtenir l'autorisation définitive, les lieux seront visités par une commission de sécurité qui vérifiera toutes vos installations.

SACEM. Au moins dix jours avant la manifestation, contactez la délégation régionale de la SACEM. Vous recevrez ensuite une demande d'autorisation de spectacle, des papiers à remplir et à retourner.

Dépenses	Montants	Recettes	Montants
Artistique Cachets et cotisations sociales des musiciens Défraiement transport hôtel, restaurant Droits d'auteur (SACEM) Location technique sono, lumière, scène, chapiteau... Salaires et cotisations techniciens Assurance Total charges artistiques :		Artistique Ventes billetterie Collecte, bons de soutien Subventions spéciales Total recettes artistiques :	
Promotionnel Conception, impression, transport et collage des affiches Tracts, flyers Total dépenses promotionnel :			
Buvette Achat des boissons, de nourriture Location ou fabrication des stands Taxe Total dépenses buvette :		Vente buvette Total recettes buvette :	
Service d'ordre Salaires, si pas bénévole Location talkies walkies, PC Total dépenses service d'ordre :			
Autre			
Total dépenses :		Total recettes :	

Impôts. Remplir une demande d'exonération (accordée pour six spectacles dans l'année dans le cadre d'une association à caractère culturel).

Taxes. Quelques jours avant le concert, se rendre à la recette des douanes et droits indirects pour y déclarer la manifestation et indiquer les horaires d'ouverture de la buvette. Ne pas oublier de se munir de l'autorisation délivrée par le maire. Il faudra s'acquitter d'une taxe (moins de 20 euros). Il sera impératif de délivrer à chaque spectateur du concert un billet d'entrée numéroté avec le prix payé, et de conserver le carnet à souches.

Assurance. Au moins 15 jours à l'avance, contactez l'assureur de l'association pour vérifier si les contrats d'assurance en cours couvrent le type d'événement que vous organisez.

JARDINER

ARRACHER UN CHAMP D'OGM

(adapté de Geneticsaction)

Chacun cherche son champ. Pour la France, la liste des essais d'OGM, se trouve sur le site Internet du ministère de l'Agriculture :
http://www.agriculture.gouv.fr/OGM/ogm.htm
Allez à la rubrique « Carte et FIP des essais ». Le seul problème, c'est que ce site n'indique que le nom de la commune, et pas la localisation exacte des champs. Pour trouver les champs, il faudra prospecter sur le terrain.
Avant de vous lancer dans l'exploration vous-mêmes, contactez les associations écologistes du coin ainsi que les militants de la Confédération paysanne. Au besoin, épluchez la presse locale.
Vous pouvez ensuite vous rendre sur place en voiture avec une carte IGN au 1/50 000. Le jeu consiste à trouver le champ et à noter précisément son emplacement.
Quelques indices : les champs d'expérimentation se distinguent par un agencement insolite, différent de celui des cultures classiques. Le champ peut être divisé en petites parcelles de quelques mètres carrés d'OGM, entourées par d'une sorte de haie de plantes non transgéniques servant de « capteurs de pollen ». Dans certains cas, la « bor-

dure » non transgénique occupe une surface plus importante que la culture testée. Dans d'autres, elle s'apparente à un « paravent » végétal de deux à trois mètres d'épaisseur.

Dans certains cas, juste avant la floraison, surtout pour le colza, les parcelles sont recouvertes de filets, soit en forme de chapiteau, soit de housses moins volumineuses. Les plants testés sont souvent les seuls de leur espèce dans un rayon de plusieurs centaines de mètres. Ils contrastent donc avec les cultures traditionnelles.

Attention à la période choisie. Au moment de la floraison vous risquez d'accroître les risques de pollinisation croisée entre les variétés transgéniques et les autres en agitant les plants et en diffusant le pollen.

Type d'action. Vous avez le choix entre un arrachage clandestin ou un arrachage public, au grand jour. La deuxième solution peut s'avérer plus risquée (*cf.* José Bové), mais elle est beaucoup plus forte politiquement. Une solution : arrachez au grand jour, mais portez d'énormes moustaches postiches pour vous rendre méconnaissables.

Déplanter à la mode de chez vous. Il existe plusieurs techniques pour détruire des plants d'OGM. Elles varient plus ou moins en fonction des espèces végétales considérées.

Écraser

La roulade. Se coucher par terre et rouler comme des gamins pour écraser les pousses.

Le crabe. Se mettre à genoux, et se déplacer latéralement, en crabe, en pinçant et en coupant les pousses avec les mains au passage (ces deux premières techniques sont surtout appropriées pour le colza).

Les extra-terrestres. Cette technique est celle utilisée par les imposteurs qui avaient fait croire à l'atterrissage de soucoupes volantes dans des champs de céréales en dessinant d'immenses figures géométriques, comme la trace qu'aurait laissée un énorme vaisseau spatial en se posant là (vous savez, comme dans le film *Signs* avec Mel Gibson).

Prenez une planche d'environ un mètre de long, percez des trous aux deux bouts. Passez une corde dans les trous, un peu comme si vous fabriquiez un siège pour balançoire artisanale géante. Nouez la corde de façon à obtenir une longue boucle que vous tiendrez à deux mains tandis que votre pied appuiera sur la planche pour écraser les pousses.

Pour avancer, tendez la corde vers vous en calant la planche sous votre pied, faites un pas, posez, appuyez, puis recommencez.

Le manche à balai. Tenez un manche à balai à deux mains devant vous, et baissez-vous pour plier et casser les plants.

Faucher

La vraie faux. Apprendre à manier la faux, ou se procurer un long bâton, que vous balancerez en arc de cercle devant vous pour briser les tiges.

Arracher. Prenez les plants dans vos bras, serrez et tirez (particulièrement efficace pour le maïs).

Trancher. Pour les plantes type betterave, couper les feuilles ne suffit pas, pour les détruire, il faut trancher le bulbe à la pelle.

COMMENT CLONER JOSÉ BOVÉ

(d'après AARRG !!)

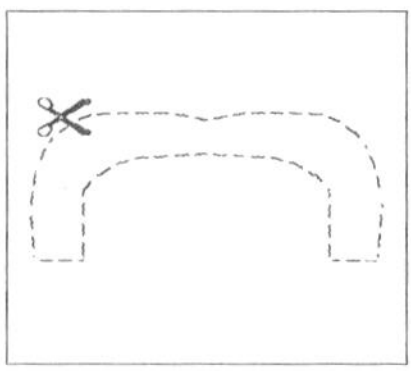

1. Trouver un morceau de moumoute.
   (Un manteau de fourrure acheté aux puces fera très bien l'affaire.)
2. Coller le patron au dos de la pièce de moumoute ainsi récupérée.
3. Découper minutieusement suivant les pointillés.
4. Enlever le papier.
5. Fixer la moustache entre le nez et la bouche avec de la colle à postiche, du scotch double face ou de l'élastique à chapeau agrafé de chaque côté de la moustache.
6. Se regarder dans un miroir (vous serez certainement la plus belle...).
7. Démonter un McDo ou faucher du colza transgénique.

JOUER

FAIRE DU THÉÂTRE VIDÉOSURVEILLÉ EN DIX LEÇONS

d'après les Surveillance Camera Players

1. Repérez quelques caméras de vidéosurveillance.
2. Prévoyez votre propre caméscope pour enregistrer votre performance (il sera difficile de récupérer la véritable cassette de la caméra de surveillance).
3. Cartographiez l'emplacement exact des caméras repérées à l'étape 1. Vous intégrerez ces cartes à vos flyers (voir le point 7).
4. Choisissez la « pièce » que vous allez jouer. Le message doit être clair, compréhensible et pertinent. Plus c'est court, mieux c'est (prévoyez en gros deux minutes de représentation). Vous pouvez écrire un texte original ou adapter une œuvre existante (dans ce cas, préférez les grands textes connus). Exemple de textes adaptés : *1984*, *La Ferme des animaux*, *Ubu roi*, *Le Corbeau* de Poe...

   N'oubliez pas que les caméras ne prennent pas le son. Votre performance doit être très visuelle : costumes, masques, gestes, pancartes avec des dessins ou des slogans...
5. De combien de personnes avez-vous besoin ? Au moins deux, sans compter le cameraman : un acteur et une personne qui distribue des tracts. Et plus on est de fous, plus on rit.
6. Pour la date de votre performance, choisissez un jour où il se passe quelque chose d'important ou de mémorable ailleurs, et faites si possible correspondre le thème de votre pièce avec cet événement.
7. Rédigez un petit flyer à distribuer pendant la performance. Le tract doit dire ce que vous faites et pourquoi vous le faites ce jour-là, à cet endroit-là. Faites-y figurer la carte préparée à l'étape 3. Signez l'action avec un nom de groupe qui sonne bien, même un nom fictif, ce n'est pas grave.
8. Une fois sur les lieux, jouez et rejouez la pièce plusieurs fois de suite (entre une demi-heure et une heure). Avant, pendant et après votre performance, n'ayez pas peur des vigiles ou de la police. S'ils débarquent, expliquez-leur que vous ne faites rien d'interdit. S'ils vous ordonnent de partir, faites-le, surtout si vous avez déjà joué pendant un bon moment. Vous pouvez choisir de rester et de risquer l'interpellation.
9. Racontez votre performance et publiez tout le matériel sur papier et en ligne.

Revenez à l'étape 1 ou 4 et recommencez.
http://www.notbored.org/the-scp.html

FABRIQUER DES MASQUES

Masques blancs. Classique et toujours efficace. À acheter dans les magasins de farces et attrapes.

En papier bristol ou en carton fin. Vous pouvez acheter du papier bristol. Pensez aussi aux assiettes en carton. Il y a trois formes possibles, selon que le masque couvre le visage entier (prévoir une découpe pour le nez), seulement le contour des yeux (loup), ou le haut du visage et les joues, sans le nez.

Deux systèmes de fixation : un élastique autour de la tête, ou bien deux petites boucles d'élastique autour des oreilles. Si vous ne trouvez pas d'élastique, vous pouvez utiliser de la ficelle.

Pour faire des visages d'hommes politiques (ou de n'importe quoi d'autre), trouvez une photo, agrandissez-la à la photocopieuse, collez la feuille sur du bristol et découpez.

Vous pouvez aussi vous faire de très beaux masques en récupérant des affiches publicitaires. Vous obtiendrez par exemple de magnifiques masques de hamburger à partir des pubs posées dans les McDo.

Masque-pancarte. Procurez-vous deux grands rectangles de carton souple (passez dans une pharmacie et demandez-leur s'il leur reste de vieux panneaux publicitaires en carton, c'est idéal). Agrafez-les ensemble de chaque côté sur la largeur et sur une longueur. Agrafez aussi la longueur inférieure, mais en laissant la place pour passer la tête. Faites une encoche pour les yeux. Peignez ou écrivez vos slogans. Chaussez la pancarte avec la tête. Vous voilà transformé en pancarte vivante.

En plâtre. Achetez de la bande plâtrée en pharmacie. Appliquez de la vaseline ou toute autre crème grasse sur le visage Mouillez les bandelettes une par une et plâtrez le visage (à part évidemment les yeux, le nez et la bouche). Retirez lorsque c'est sec. Vous pouvez alors ajouter des bouts de bandelette, du papier mâché ou de la pâte à bois pour faire des reliefs. Peignez, vernissez, ajoutez un élastique.

Grosses têtes en papier-mâché. Gonflez un grand ballon de baudruche, de manière à ce qu'il devienne plus gros que votre tête. Posez-le verticalement sur un bol. Préparez un mélange de colle à tapisserie et d'eau. Déchirez des bandes de papier et mouillez-les dans la colle. Appliquez les bandelettes tout autour du ballon (sauf à l'extrémité inférieure). Mettez au moins 4 couches et laissez à chaque fois un temps de séchage.

Ajouter du papier mâché et des éléments découpés pour le nez, les oreilles, les yeux et les autres reliefs du visage. Laissez sécher. Peignez, ajoutez des poils. Crevez le ballon. Au besoin, entaillez la base du masque pour pouvoir passer la tête.

À partir d'autres supports. Les lunettes de ski, les masques à poussière et tous les types de casques peuvent servir de base pour fabriquer de grands masques en relief. Pendant les manifestations contre Claude Allègre à Paris, des enseignants s'étaient fabriqué un masque d'éléphant avec un casque de moto et un long tube en PVC. Aux États-Unis, pour une manifestation prévue à Washington en 2001, des collectifs d'artistes avaient repeint et redécoré des centaines de masques à gaz, pour casser leur aspect militaire.

COMMENT CONSTRUIRE DES MARIONNETTES GÉANTES ET AUTRES BÊTES DE CARNAVAL

Silhouettes découpées. Vu à Seattle : une foule inquiétante de personnages sombres, en costume cravate. En fait, des grandes silhouettes découpées dans du carton, peintes, et portées par les manifestants. Prévoir éventuellement des baguettes de bois pour rigidifier le carton.

Pantins articulés. Il s'agit d'une silhouette découpée dans du carton ou du contreplaqué très fin, montée sur un piquet, comme une pancarte, et munie de bras articulés. Une personne porte le piquet central, soit à la main, soit en utilisant l'armature d'un sac à dos de montagne (voir plus bas). Deux autres personnes marchent à sa gauche et à sa droite, en tenant d'autres piquets reliés aux bras du pantin. En levant ou en baissant les piquets, ils font bouger latéralement les bras du personnage.

Ingrédients :

- 2 plaques de carton fort ou de petit contreplaqué ;
- un cutter ou une scie sauteuse et une perceuse ;
- de la peinture, des marqueurs, etc. ;
- 3 piquets en bois ;
- des grosses agrafes ou des clous ;
- 4 grosses vis et des écrous.

Dessinez votre personnage sur la plaque. Peignez-le (éventuellement des deux côtés). Découpez suivant les contours. Dessinez, peignez et découpez deux avant-bras et deux bras de taille correspondante. Trouez le buste et les morceaux de bras aux articulations du coude et de l'épaule. Agrafez ou clouez le piquet central au buste. Fixez les deux autres piquets aux extrémités des mains. Vissez les grosses vis et les boulons dans les articulations sans serrer à fond.

Mannequins géants en papier mâché. Dessinez le plan de votre personnage. Fabriquez une armature en grillage à poule.

Diluez de la colle à tapisserie dans de l'eau. Déchirez des bandelettes de papier journal, imbibez-les de colle et posez plusieurs couches sur le grillage.

Laissez sécher au moins une nuit. Peignez.

Chars. Pour faire des personnages mobiles, vous pouvez récupérer des chariots de supermarché, éventuellement les scier pour ne conserver que le châssis, les fixer ensemble et monter votre armature dessus.

Pour fabriquer un véritable char, récupérer une vieille camionnette, enlever la carrosserie et les sièges passagers, souder un cadre métallique horizontal et poser un plateau en bois par dessus.

MARIONNETTES GÉANTES

(d'après la Puppeteers' Cooperative)

Têtes en carton

- Premier modèle

Ingrédients :

Carton, cutter, scotch ou grosse agrafeuse, peinture.

Prenez une plaque de carton. Taillez des languettes sur 1/3 de sa largeur. Plier dans le prolongement des entailles pour assouplir le carton. Mettez le carton en rouleau et scotchez les deux bords dans cette position. Rabattez et scotchez les languettes sur le dessus de manière à former un dôme. Vous pouvez aussi vous servir d'une grosse agrafeuse.

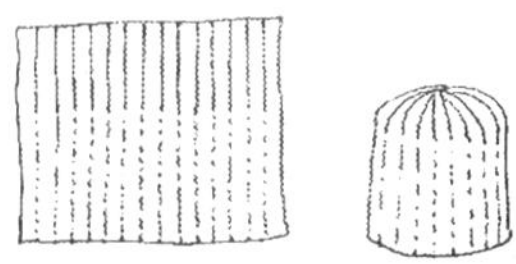

Ajoutez des éléments en carton et du papier mâché pour créer des reliefs.

Selon la taille choisie, vous pouvez faire des petites têtes de marionnette, des masques « casque intégral » ou des têtes géantes de la taille d'une personne. Il suffit alors de faire des ouvertures pour les bras et les yeux.

- Deuxième modèle

Ingrédients :

Carton, cutter, scotch ou grosse agrafeuse, papier journal, colle de tapisserie ou farine, peinture, gros fil de fer, tissu, longue perche en bois.

Fabrication :

Sur une plaque de carton, dessinez un ovale de la taille du visage de la marionnette. Ajouter au feutre une très grande marge, de sorte à tracer un ovale à peu près deux fois plus grand que le premier. Découpez ce grand ovale au cutter. Il faut ensuite lui donner une forme bombée et sphérique. Dans l'espace entre le bord et l'ovale intérieur, taillez des languettes au cutter, comme indiqué sur le dessin.

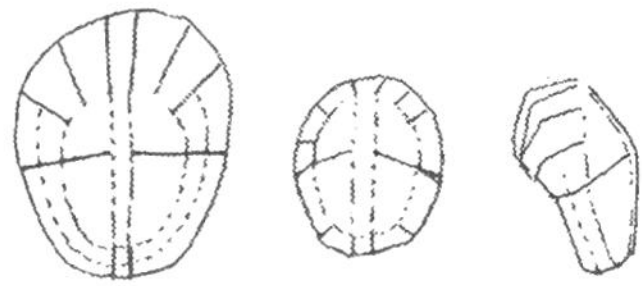

De part et d'autre du visage, à gauche et à droite, faites deux grandes entailles transversales, en laissant une dizaine de centimètre entre les deux au milieu. En ramenant un peu l'une sur l'autre la partie supérieure et la partie inférieure de l'ovale en carton, le masque se bombe légèrement. Lorsque les deux bouts de carton se chevauchent suffisamment, agrafez-les ensemble. Rabattez ensuite les languettes vers l'arrière en les fixant les unes aux autres. Le masque s'est arrondi. Dessinez les yeux et les traits du visage au marqueur.

Faites des boules de papier journal et scotchez-les pour donner du relief au visage (par exemple : un long boudin pour le nez, deux boules aplaties pour les joues...).

Préparez de la colle à tapisserie ou de la farine gluante dans un sceau. Découpez des bandelettes de papier. Passez-les dans la colle et appliquez-les en plusieurs couches sur le visage pour adoucir les reliefs. Laissez sécher au moins une nuit. Peignez.

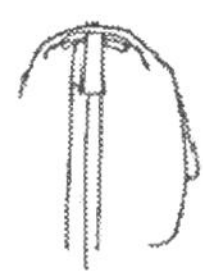

Attache de la tête. Pour pouvoir fixer la tête plus tard sur une perche en bois, il faut fabriquer une sorte de fourreau en carton. Fabriquez un tube en carton de l'épaisseur de la perche et fixez le à l'intérieur de la tête.

Mains. Découpez des mains dans la plaque de carton et peignez-les.

Utilisez le gros fil de fer pour faire des bras. Fabriquez deux manches en tissu pour cacher le fil de fer (il suffit de faire deux tubes de tissu). Passez les bras de la marionnette dans le tissu. Fixez les à la perche en bois verticale.

Faites un vêtement avec une grande pièce de tissu.

Porter la marionnette. Il existe plusieurs systèmes.

Le plus simple consiste à porter la perche à la main, comme un piquet de banderole.

Le moins fatiguant et le plus ingénieux : fixer la perche en bois sur l'armature d'un sac à dos de montagne, recyclé ou acheté chez Emmaüs et désossé pour l'occasion. Le porteur a alors les mains libres

et il peut diriger les bras de la marionnette avec des perches légères en bois.
Pour les très grandes marionnettes, des complices peuvent soutenir les bras avec des perches.

Dragon

Cette marionnette collective inspirée des parades chinoises est très belle, et idéale pour serpenter dans les rues.

Matériel :

Carton, cutter, colle à tapisserie, papier journal, gros fil de fer, gros scotch, agrafeuse, baguettes en bois, peinture, tissus et machine à coudre. Eventuellement, une brouette.

Fabriquer le crâne du dragon. Faites séparément le haut du crâne et la mâchoire inférieure en découpant et en pliant des éléments de carton suivant les schémas suivants :

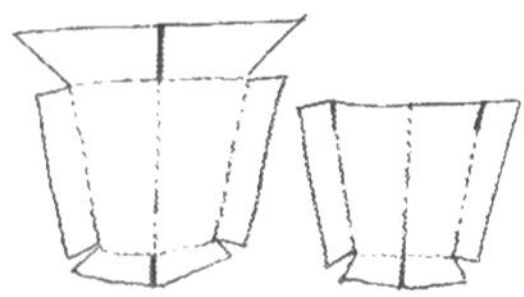

Plan pour le haut de la tête et la mâchoire inférieure

Vous pouvez utiliser des balles de ping-pong pour les yeux, ajouter de la moumoute rose, etc.

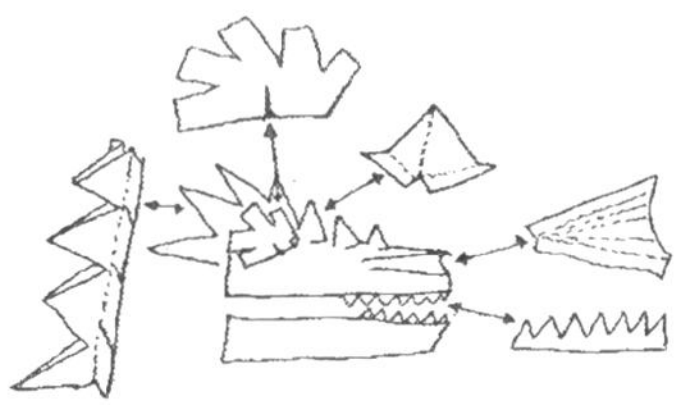

1. Porter la tête du dragon
- Sur une perche.

Montez la tête sur une perche. Si vous voulez avoir un dragon articulé, reliez les mâchoires entre elles avec du fil élastique.

Fixez une corde sur la mâchoire inférieure. Vous porterez la tête en l'air, en tirant la corde pour lui faire ouvrir la gueule.

- Avec les bras.

Assemblez les deux mâchoires. Reliez les à la base avec de l'élastique. Installez des poignées en tissu à l'intérieur de la tête et de la mâchoire inférieure. Passez les bras dans chacune et écartez les bras pour ouvrir les mâchoires.

- Sur roues

Renforcer la tête et la mâchoire inférieure avec une armature en bois. Récupérer des roues de vélo, les monter sur un axe, les fixer au bas de la mâchoire inférieure, et bidouiller un système de balancier comme sur le dessin.

On peut ajouter une troisième roue, plus petite, à l'avant.

Ce système peut supporter une tête assez grosse, éventuellement fabriquée en papier mâché sur une armature en grillage à poules.

2. Le corps du dragon

Le corps du dragon est en tissu.

Des personnes marchent à la queue leu leu dessous.

Pour que le corps ait une forme plus régulière, on peut renforcer le tissu avec des arceaux que les personnes porteront à la main.

Achetez une très longue et très large bande de tissu (de préférence léger). Au besoin, cousez plusieurs bandes ensemble. Fixez-la autour de la tête du dragon. Peignez, percez de petits trous pour les yeux de ceux qui seront dessous (si vous voulez les camoufler, cousez du tulle sur les ouvertures). En option : décorez avec des franges en bandelettes de tissu.

Les arceaux seront constitués de tiges souples en forme de U renversé, avec les deux extrémités reliées par une barre transversale sur laquelle vous mettrez vos mains. Pour des gros dragons, vous pouvez recycler des arceaux de tente igloo, ou, à défaut, des fines tiges de bambou. Sinon, du gros fil de fer peut aussi faire l'affaire.

Si vous voulez faire un dragon à hauteur d'homme, prévoyez un « U » plus grand que la distance entre votre tête et votre taille (sinon vous serez courbés dessous, ou, au choix, vous aurez vite mal aux bras).

Pour un dragon plus haut, ajoutez des piquets aux arceaux.

3. La queue du dragon

Elle se fabrique soit en franges de tissu, soit en carton découpé. Elle est montée sur un arceau en fil de fer et fixée sur un sac à dos dans le cas du dragon bas, ou montée sur une barre de bois dans le cas du dragon perché.

Pour plus d'information, et plein d'autres modèles,

http://www.gis.net/~puppetco/

FABRIQUER DES ÉCHASSES

(d'après Le baron perché et Wise fool)

Ingrédients :

– 2 barres en bois de fresne (ou d'un autre bois très solide, sans nœud) ;
– prévoyez des barres de 75 cm de long pour fabriquer des mini-échasses (qui vous grandiront de 20 cm), des barres d'1 m pour des échasses moyennes (grandissement de 50 cm), et de 1,30 et plus pour de grandes échasses ;
– une planche de contre-plaqué de 30 × 35 × 1,5 cm ;
– 2 morceau de pneu moto ;
– 1 vieux pneu de vélo ;
– une vieille chambre à air de voiture ;
– des vis à bois et des rondelles ;
– 6 écrous, 6 rondelles et 6 boulons (diamètre : 7 mm, longueur : 90 mm) ;
– 20 cm de velcro de 4 cm de large (ou autre système de fixation) ;
– 50 cm de ceinture synthétique, du type ceinture de sécurité ;
– colle Néoprène ;
– 20 clous cavalier en U.

Outils : scies (métaux et bois), perceuse, visseuse-dévisseuse, de quoi boulonner, un étau solide, un marteau, serre-joint.

Fabrication :

La cale pour le pied. Découpez 4 triangles et 2 rectangles de contreplaqué en suivant le schéma suivant :
– découpez un morceau de 10 cm sur chaque barre de bois ;
– mesurez la distance entre votre plante de pied et la base de votre genou (en gros autour de 40/45 cm) et reportez cette longueur sur les 2 barres en bois avec un marqueur ;
– ajustez les deux triangles sur ce repère, en prenant la barre en sandwich entre les deux. Ajoutez le morceau de bois de 10 cm entre les deux triangles, perpendiculairement à la grande barre, et bloquez le tout à l'aide d'un serre-joint. Percez trois trous de 8 mm de diamètre comme sur le schéma. Passez les boulons, les rondelles et serrez à fond avec les écrous. Recommencez l'opéra-

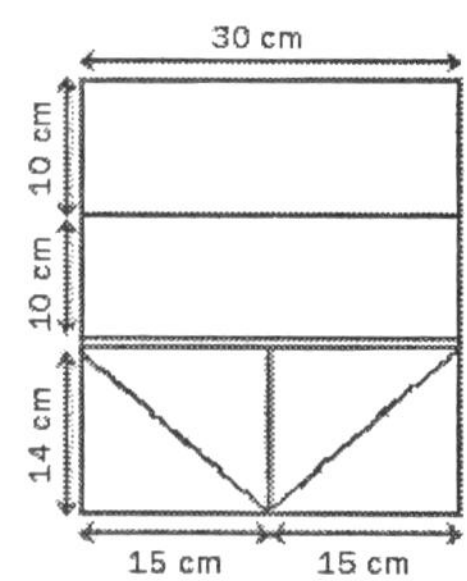

tion pour la seconde barre. Attention : les deux « équerres » en contreplaqué doivent être exactement à la même distance du bout de l'échasse, sinon, vous n'aurez pas les pieds à la même hauteur ;

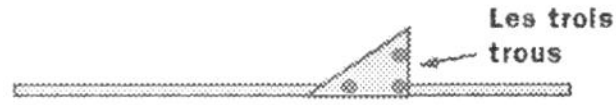

– variante plus simple : utilisez des cales triangulaires d'un seul tenant, de la même forme que les cales pour voiture ;
– à l'aide de vis, fixez l'une des planchettes rectangulaires en contreplaqué sur une première équerre. Posez-la de façon à la laisser dépasser de 6 cm d'un côté (ce sera le côté où vous poserez le talon). Arrondissez les angles de la planche rectangulaire ;
– recommencez l'opération pour l'autre jambe. Attention, pour faire la seconde échasse, il faut placer la planchette dans le sens inverse de la première : vue de profil, si le petit bout de 6 cm est à gauche sur la première, il doit être à droite sur la seconde. Il y a une échasse gauche et une échasse droite. Si vous recopiez simplement la première échasse, vous obtiendrez deux échasses du même pied.

L'attache pour le mollet. Il faut que le mollet soit retenu en haut de l'échasse par une attache qui passe autour de la jambe.

Commencez par coudre deux morceaux de velcro de chaque côté d'un morceau de ceinture de sécurité, de manière à pouvoir faire une boucle scratchable et déscratchable pour le mollet.

Découpez une tranche de 12 cm de pneu de moto, qui pourra enserrer votre mollet. Dans le pneu, percez deux trous de 4 mm de diamètre environ, alignés dans le sens de la largeur (voir le schéma).

Placez la sangle avec son velcro au sommet de l'échasse. Posez par-dessus la tranche de pneu. Fixez solidement l'ensemble avec des vis (renforcez avec des rondelles). Recommencez pour l'autre jambe.

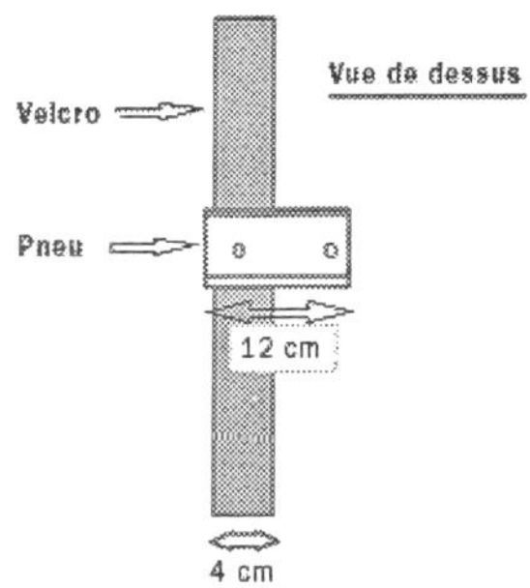

Pour rendre l'attache confortable, vous pouvez coller de la mousse à l'intérieur du pneu.

Les embouts. Il vaut mieux mettre un embout sur le pied en bois pour éviter de glisser. Récupérez un pneu, découpez un morceau en forme de croix, chaque branche étant de la largeur de la barre en bois. Placez le pied en bois au centre de la croix. Repliez les branches sur les côtés. Clouez avec les clous en U.

Variante : récupérez une balle de tennis, taillez deux grands coups de cutter en croix sur le dessus, retournez-la de manière à ce que le caoutchouc noir soit à l'extérieur et la moumoute fluo à l'intérieur. Chaussez la barre. Clouez.

La sangle pour la cheville. Découpez une bande de caoutchouc dans une chambre à air de voiture. Comptez environ 1 m de long sur 4 à 5 cm de large. Fixez-en une extrémité à la barre de l'échasse, juste au-dessus de la cale pour le pied, au niveau du talon.

20 centimètres sous la cale, fixez une vis dont vous laisserez la tête dépasser d'un centimètre hors du bois.

Pour fixer votre pied à l'échasse, posez-le sur la planchette, entourez-le plusieurs fois avec la sangle élastique bien tendue, et finissez par la bloquer sous la vis.

Apprendre à marcher. Pour apprendre à marcher avec des échasses, apprenez d'abord à tomber. Portez toujours des genouillères et des coudières. Commencez modestement : entraînez-vous d'abord sur de petites échasses. Au besoin, prenez des cours à l'école du cirque la plus proche de chez vous.

Pour chausser vos échasses, il faut vous asseoir sur une table ou sur une voiture. Demandez à des amis de vous parer, un de chaque côté, et essayez de marcher en prenant appui sur eux. Petit à petit, reposez-vous de moins en moins sur eux. Vous devriez pouvoir faire vos premiers pas au bout d'une vingtaine de minutes.

Faire un pantalon à échasses. Acheter du tissu, de préférence en 150 cm de largeur. Pour la longueur, comptez celle d'un de vos pantalons normaux plus la hauteur entre le pied de l'échasse et la cale en bois.

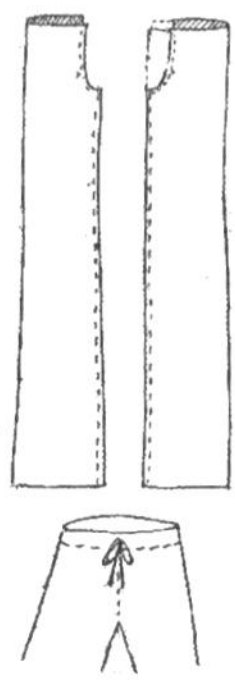

Couper le tissu en deux longues bandes égales. Pliez les chacune bord contre bord de façon à faire deux tubes. Échancrez le haut comme sur le schéma. Cousez en suivant les pointillés sur le schéma ci-dessous. Ajoutez une ficelle pour la taille et faites éventuellement un ourlet. C'est prêt.

FAIRE UNE BANDEROLE

Support. On peut se procurer du calicot dans la plupart des magasins de tissu. C'est fait exprès, c'est lisse et résistant, mais plutôt cher. Il est également possible d'« emprunter » une banderole promotionnelle par exemple sur la façade d'un fast-food et de récupérer la toile en enlevant les lettres adhésives. Moins risqué, du tissu pas cher acheté chez Toto ou sur un marché fait tout aussi bien l'affaire.

Pour de très grandes banderoles, penser à la toile de parachute (chercher dans les surplus militaires). Pour des banderoles très légères, on peut utiliser du tulle noir avec des lettres peintes en blanc (elles ne se verront que de loin), ou du filet, en y collant des lettres découpées.

Tracé. Dessiner d'abord une maquette à échelle réduite. Prévoir des marges à droite et à gauche pour fixer éventuellement le tissu à des piquets. Prévoir la place pour des trous destinés à réduire la prise au vent.

Reproduire ensuite la maquette sur le tissu. Si vous avez un rétroprojecteur (facile à trouver dans une fac ou dans un lycée), imprimez la maquette sur un transparent avec une imprimante laser ou une photocopieuse, tendez le tissu sur un mur, projetez, dessinez les contours au feutre et remplissez à la peinture.

Une autre technique d'agrandissement consiste à tracer un quadrillage sur la maquette, et un canevas correspondant sur le tissu. On s'en sert ensuite de repère pour reproduire à la main le contenu de chaque case.

Peinture. À la bombe, c'est le plus rapide, mais, pour un beau résultat, il vaut mieux avoir un grapheur sous la main.

Au pinceau, choisir de la peinture acrylique diluant eau (pas d'odeur, sèche vite, se lave facilement). Prévoyez au moins une nuit de temps de séchage. Pour les caractères, il est possible de découper des lettres dans de l'adhésif, mais c'est plus cher.

Fixation. Pour une manifestation, on peut soit la fixer sur des piquets en bois avec des clous ou des agrafes fortes, soit la tenir à la main à hauteur d'homme en formant une ligne de la largeur de la rue.

Idée originale. Faire une très longue banderole latérale, qui sera portée non pas en travers de la rue, mais dans le sens de la marche, pour être lue de chaque côté sur les trottoirs.

Banderole humaine. Écrivez de grosses lettres sur des T-shirts, ou combinaison blanche de chantier en polypropylène (vous trouverez les moins chères chez des grossistes spécialisés dans le BTP), ou sur des parties du corps (les fesses sont un grand classique, tendance rugbyman). Conseil : mémorisez bien l'ordre des lettres pour l'action.

DRAPEAUX ET PANCARTES

Drapeaux

Tissu. De la doublure synthétique : très bon marché, léger, elle existe en de nombreuses couleurs. Seul défaut : tendance à s'effilocher et à faire baver la peinture.

Motif. Pour marquer votre drapeau avec un sigle, un slogan ou une image, vous pouvez utiliser la technique du pochoir (voir p. 221), de la sérigraphie (voir p. 178), ou de la peinture à la main (de préférence de l'acrylique diluant eau, pas trop liquide).

Hampe. Vous pouvez troquer la baguette en bois contre du tube en PVC gris (20 mm de diamètre), disponible dans votre magasin de bricolage, au rayon isolation électrique.

Certains services d'ordre camouflent de grosses barres de bois en les coiffant d'un drapeau.

Si vous voulez faire flotter votre drapeau très haut avec une hampe très légère, pensez à la canne à pêche.

Fixation. Faites un ourlet à la machine et glissez la hampe dedans, ou enroulez la toile sur le manche et clouez ou agrafez.

Le drapeau « pendu ». Drapeau attaché par son côté supérieur à une baguette de même longueur, elle-même fixée perpendiculairement à la hampe, un peu comme une potence. Ce système d'attache permet de tendre le drapeau et de faire en sorte qu'il reste lisible en permanence.

Idée originale : le drapeau-parapluie. Si vous avez opté pour la hampe en tube plastique, vous pourrez enficher le drapeau sur la pointe métallique de votre grand parapluie et porter haut vos couleurs tout en vous protégeant de la pluie.

Étendard. Prévoyez deux hampes pour porter ce long drapeau vertical.

Kakemono. Un kakemono est un étendard suspendu à la verticale sur une sorte de mât en forme de T.

Ingrédients :

— une bande de tissu de 80 cm de large et de 1,60 m de long (tracer le slogan ou le dessin à l'avance, en prenant soin de laisser de la marge en haut et en bas).

Et, pour fabriquer un « T » léger et démontable :

— 1 tuyau de plomberie gris en PVC de 3 cm de diamètre et d'environ 2,20 m de longueur ;

– 2 tuyaux de 45 cm (soit un peu plus que la moitié de la largeur de la bande de tissu) ;

– 1 tuyau de 90 cm de long (soit un peu plus que la largeur de la banderole) ;

– 1 raccord de plomberie en « T » de même diamètre que les précédents ;

– de la ficelle.

Commencer par fixer la barre de 90 cm à l'extrémité inférieure de la banderole.

Prendre les trois autres barres et les fixer ensemble avec le raccord de sorte à former un T.

Enrouler et fixer le haut de la banderole autour de la barre supérieure (il faudra la découper au centre pour laisser passer la barre verticale et le raccord).

Il ne reste plus qu'à passer la ficelle dans le tuyau inférieur. La personne qui portera le mât (en prenant appui sur sa ceinture de pantalon ou sur un harnais) tiendra les deux extrémités de fil à la main pour retenir la banderole plaquée contre le mât en cas de vent.

Pancartes-sucettes. Les moins chères et les plus légères sont faites à partir de très fines baguettes en bois avec un carton agrafé au bout.

GONFLER DES BALLONS GÉANTS

Vous pouvez acheter des ballons géants auprès de grossistes spécialisés. Il existe trois grandes formes standard (sphère, zeppelin, montgolfière) et un nombre infini de formes spéciales sur demande. Il doit également être possible de fabriquer soi-même des ballons géants à partir de toiles synthétiques type mylar, avec un système de soudure à la chaleur. La piste est à creuser…

Il faut ensuite louer une bouteille d'hélium pour gonfler le ballon. (Ex : http://www.ballonexpress.fr/7geant.htm)

BRUITS ET SONS EN MANIFESTATION

Instruments. Sifflets, crécelles, maracas, tambourins, casseroles, poêles, bassines, cloches, gazous, gong, cymbales…

Tambours bricolés. Récupérer des boîtes de conserve de collectivité, des gros bidons, ou des bombonnes en plastique de distributeurs d'eau. Scier un des deux côtés, pour que le son puisse sortir.

Pour la fixation, vous pouvez utiliser de la sangle en nylon, attachée en bandoulière ou en bretelles. Si vous voulez porter un tambour lourd, vous pouvez attacher les sangles à un sac à dos de montagne.

Récupérez des grosses barres en bois pour faire les baguettes. Renforcez-les éventuellement au bout avec du caoutchouc et du gros scotch.

Klaxon. Klaxon poire manuel : voir dans les magasin de vélos.

Corne de brume. Corne de brume manuelle : peut s'acheter neuve dans certains magasins pour bateaux. Cherchez sinon dans les antiquités de marine. Peut se bricoler à partir d'un klaxon de camion et d'une grosse pompe à air.

Vous trouverez des cornes de brume à gaz (type supporter) dans tous les magasins de farces et attrapes.

Pétards. Idem.

Sirènes. Certains mégaphones ont une option sirène.

Sonorisation électrique

Mégaphones. Le prix des mégaphones varie en fonction du nombre de watts et donc de la portée, de 45 à 300 euros. http://public-adress.com

Il est aussi possible de louer un mégaphone à la journée.

Ampli portatif. Plus cher, moins beau, mais le son est de meilleure qualité, et vous pouvez passer des bandes enregistrées. Même adresse que précédemment.

Haut-parleurs. Se fixent sur le toit d'une voiture ou d'une camionnette. Premier prix à 80 euros. Il faut aussi se procurer un ampli et un micro (comptez autour de 150 euros). Pour que la personne qui crie les slogans soit plus mobile dans le cortège, pensez au micro sans fil.

Enceintes. Très chères à l'achat. Vous en trouverez en location chez les professionnels de la sonorisation pour concerts. Il faut un groupe électrogène, et un camion-plateau, une camionnette ou un pick-up.

Bandes enregistrées et bruits bizarres. Si vous voulez diffuser des bruits de guerre (tirs, explosions...), des cris d'animaux (barrissements d'éléphant, rugissements de bêtes féroces...), des rires, des applaudissements ou tout autre son bizarre :

– cherchez des fichiers sons sur Internet. Sur google, tapez le nom du son que vous cherchez et «. wav » (le wav est un type de fichier son) ;

– mettez-les en boucle et copiez le tout sur un baladeur mp3 ou sur une cassette (pour cela, branchez un câble audio mâle/mâle sur la sortie écouteur de votre ordinateur et sur l'entrée micro de votre enregistreur cassette) ;

– branchez le baladeur sur votre sono, ou mettez la cassette dans votre ampli portatif.

ORGANISER UNE MANIFESTATION

Préparation. Au cours d'une réunion préparatoire, on fixe en général :

- un texte d'appel (qu'est-ce qu'on veut ? pourquoi on appelle à manifester ?) ;

– le slogan principal de la manifestation, celui qui sera inscrit sur la banderole de tête, avec ou sans signature des organisateurs ;

– la forme de la manifestation : rassemblement (statique), cortège (mobile), manif de jour, de nuit, silencieuse, bruyante, logo/no logo, etc.

– une proposition de date, d'heure, de lieu de rassemblement et d'itinéraire. Envisagez plusieurs options au cas où la préfecture ne vous donne pas satisfaction sur votre premier choix ;

– l'ordre du cortège. Qui sera devant ? (carré de tête de dirigeants ? délégation unitaire ? secteur en lutte ?). Qui viendra ensuite ? On peut tronçonner par types d'organisations (exemple : collectifs, associations, syndicats, partis). On peut ensuite classer par ordre alphabétique, ou bien tirer au sort... Pour les grandes manifestations, il faut se mettre d'accord sur un ordre précis, avec des rendez-vous distincts pour chaque grand groupe de manifestants.

On désigne aussi quelques personnes qui seront chargées du contact avec les autorités avant et pendant la manifestation.

Déclaration. Légalement, les manifestations sur la voie publique sont soumises à une obligation de déclaration, qui doit être faite entre 15 jours et 3 jours avant l'événement.

La demande doit être faite :

– à la préfecture de police si vous êtes à Paris (contactez la direction de l'ordre public et de la circulation) ;

– à la préfecture ou la sous-préfecture dans une grosse ville de province ;

– à la mairie dans toutes les autres communes. Si le parcours traverse plusieurs communes, il faudra faire autant de déclarations.

Vous devrez rencontrer les autorités pour négocier le lieu de rassemblement et l'itinéraire. Il est évident que vous ne devez en aucun cas évoquer d'éventuelles actions de désobéissance civile. Il est recommandé que les personnes signataires ne participent pas à l'organisation d'actions de désobéissance civile pendant la manifestation. Elles pourraient être poursuivies pour avoir fait de fausses déclarations.

Vous signerez ensuite un formulaire comportant :

– la date et l'objet de la manifestation ;

– les noms et adresses des organisateurs ;

– la signature de trois d'entre eux (il faut qu'ils résident dans le département) ;

– l'heure et le lieu du rassemblement ;
– l'itinéraire du cortège ;
– l'heure de la dispersion (essayez d'obtenir le plus long délai possible, pour couvrir les manifestants qui s'attarderont sur les lieux) ;
– des observations diverses. Par exemple : si vous prévoyez des distributions de tracts dans les rues avoisinantes, etc.

NB : Vérifiez que les personnes signataires ont une bonne assurance responsabilité civile (elles peuvent être poursuivies en cas de dommages).

Départ du cortège. La banderole de tête s'avance et donne le départ du cortège. Des frictions peuvent avoir lieu à ce moment-là entre les différents services d'ordre, si certains jouent des coudes pour prendre la tête.

Si vous voulez envoyer une délégation à l'issue de la manifestation, avertissez assez tôt les flics, qui transmettront.

Animation de la manif. Slogans, chansons, sono, pas de danse, instruments, banderoles, marionnettes, drapeaux, etc.

Voir les fiches correspondantes.

Comptage. Vous devrez annoncer un nombre de manifestant à la presse.

Avant la manifestation, vous pouvez le cas échéant vous fonder sur le nombre de trains spéciaux et de cars affrétés pour l'occasion.

Pendant la manifestation, une personne est sur le bord et compte les rangs en multipliant le nombre obtenu par le nombre moyen de personnes par rang. Pratique, utiliser un « compteur à main ».

Service d'ordre. Chaque cortège peut organiser un service d'ordre. Si la circulation dans les rues adjacentes n'a pas été coupée, il est utile de former des cordons pour empêcher les voitures de débouler dans le cortège. L'idéal est d'avoir des groupes de 5 à 10 personnes qui se relaient d'intersection en intersection, en se tenant la main face aux voitures pendant que d'autres font rebrousser chemin aux automobilistes.

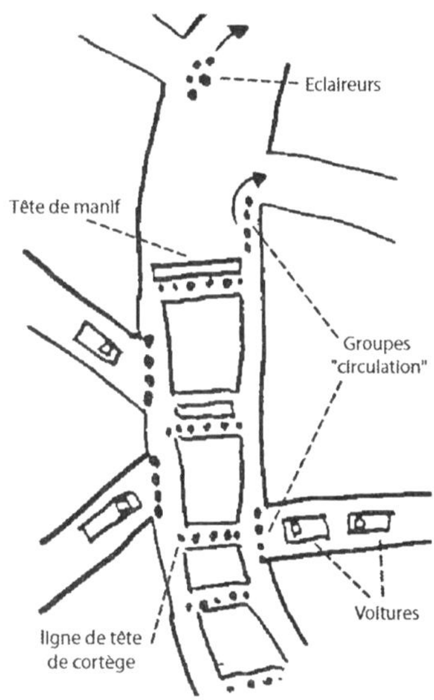

Dans les grandes manifestations très mobiles (par exemple des manifestations lycéennes), il faut former des lignes en tête de

FICHES BRICOLAGE
GUERILLA KIT

chaque petit cortège (à chaque lycée, une banderole), des personnes qui se tiennent par la main devant, et des groupes qui gèrent la circulation sur les côtés. En structurant vos cortèges de cette manière, vous empêchez que se produisent des mouvements de foule, et que des gens tombent et se fassent piétiner. Idem en cas de charge policière : formez des chaînes pour protéger le cortège, éviter la débandade, continuer à faire bloc et empêcher la chasse au manifestant isolé.

Vous pouvez aussi prévoir des petits groupes d'éclaireurs et d'éclaireuses qui précèdent le cortège pour voir si la voie est libre pendant la manifestation, et qui repèrent ensuite les portes de sortie au moment de la dispersion. Utilisez éventuellement des talkies walkies.

Le service d'ordre doit être mixte. Souvenez-vous que ce qui fait votre force dans des actions de rue, ce ne sont pas quelques gros bras velus avec des gants en cuir au bout, mais la solidarité entre tous les membres du groupe.

Dispersion. À la fin de la manifestation, vous pouvez organiser des prises de parole à la sono. Les organisateurs appellent ensuite à dissoudre la manifestation, ce qui les libère de leur responsabilité juridique. Si la police décide de faire évacuer les lieux par la force, elle est tenue d'en avertir les manifestants par deux sommations (intervention au haut-parleur et/ou envoi d'une fusée rouge). En pratique, c'est une autre paire de manches.

SE PROTÉGER ET CONNAÎTRE SES DROITS FACE À LA POLICE

QUATRE TACTIQUES POUR DÉJOUER LES VIOLENCES POLICIÈRES

(voir aussi la fiche « Training », p. 184)

1. **Souriez vous êtes filmés.**
   Faire en sorte que des caméras de télévision viennent à votre action. En règle générale, leur présence tempère l'attitude de la police. Si vous

connaissez des stars du show-biz, passez leur un coup de fil pour les inviter.

2. **Les gentils et les méchants.**
   Une action de rue est une petite scène de théâtre. Le public qui assiste au drame est assez ouvert. Les rôles de « gentils » et de « méchants » sont à prendre, et la distribution peut tourner aussi bien à l'avantage des manifestants que de la police.
   Mais vous avez de la chance : votre ennemi ressemble à Darth Vador. Les costumes sont tristes, sombres, et inquiétants. Si vous êtes habillés en rose fluo avec des paillettes, vous aurez plus de mal à apparaître comme le méchant dans l'histoire.
   L'idée est d'accroître le plus possible le contraste visuel entre vous et la police. Évidemment, le choix des couleurs et des symboles dépend de vos goûts, et de la situation. Pendant le mouvement des droits civiques, les étudiants noirs s'habillaient toujours en costume cravate lors des sit-in, pour incarner jusque dans leurs vêtements la dignité face aux insultes racistes.
3. **Les situations de dilemme.**
   Créer une situation de dilemme pour les autorités, c'est faire en sorte que, quoi qu'elles fassent, elles perdent et vous gagnez. Les ecowarriors sont maîtres dans ce type de tactique. Prenez l'exemple des occupations d'arbres centenaires. Si les écologistes restent sur les arbres, les arbres sont sauvés. S'ils en sont délogés *manu militari*, cela crée du scandale, les autorités en payent les conséquences et la lutte se popularise.
4. **La police nous surveille, qui surveille la police ?**
   Inversez les rôles : mettez la police sous surveillance :
   – médias indépendants et collecte de films et de photos témoignant des violences policières, qui peuvent être transmises ensuite à la presse officielle ;
   – mise en place de collectifs d'observateurs civiques crédibles (avocats, magistrats, associations de défense des droits de l'homme...) pour observer le comportement des forces de l'ordre.

FACE AUX LACRYMOGÈNES

Les femmes enceintes, les asthmatiques, les enfants et les personnes âgées ne doivent pas être exposés au gaz. En milieu confiné, les gaz lacrymogènes peuvent être mortels. À l'air libre, leurs effets (irritation de la gorge et du nez, pleurs, toux, sensation d'étouffement) se dissipent en quelques minutes.

Tirs. Pour savoir si les lacrymogènes vont être tirés, observez la tenue des flics : ont-ils des masques à gaz ?

La police est supposée tirer les cartouches de gaz vers le haut, pour qu'elles retombent en cloche. Lorsque la détonation retentit, suivez la cartouche du regard pour voir où elle va retomber.
Lorsque les cartouches sont lancées à tir tendu, c'est-à-dire à l'horizontale, à hauteur d'homme, protégez votre visage, écartez-vous rapidement et restez à bonne distance. Idem pour les flash-balls et les balles en caoutchouc.
Si vous ne savez pas faire la différence entre une grenade détonante et une cartouche de lacrymogène, ne les ramassez pas. Si une grenade détonante vous explose dans la main, vous perdrez des doigts. Par ailleurs, si vous renvoyez les lacrymos vers la police, soyez conscients de ce que vous risquez.

Autant en emporte le vent. Observez le sens du vent : essayez de vous mettre dos au vent. Si le vent est avec vous, les lacrymogènes seront inefficaces.

Hygiène. Avant la manifestation, lavez-vous bien le visage. Les particules toxiques s'incrustent moins quand la peau est moins grasse.

Vêtements. Mettez plusieurs couches de vêtements, à manches longues (évitez le coton, préférez le synthétique). Prenez des vêtements de rechange.

Citrons. Prenez avec vous :
- des citrons ;
- un foulard ;
- une bouteille d'eau minérale bouchon sport ;
- un flacon de Maalox ou autre plâtre à estomac.

Coupez un quartier de citron, imbibez le foulard et croquez-la pulpe. Les effets du gaz seront sensiblement diminués.

Rinçage. Rincez-vous les yeux à l'eau si besoin. Attention : le but est de laver l'œil, et pas simplement de diluer les particules toxiques. Allez-y franchement.
Si vous portez des lentilles, enlevez-les si vous pouvez (si elles sont jetables).
Pour vous rincer le visage, vous pouvez préparer à l'avance une solution à base de Maalox (s'achète en pharmacie) : mélangez moitié de Maalox, moitié d'eau.

Protections pour les yeux. Lunettes de plongée, masques de ski (plus élégants), lunettes de chantier en plastique transparent (très chic).

Masques à gaz. Avantage : vous protège entièrement. Inconvénient : attire l'attention sur vous.
Vous avez le choix entre le masque à gaz militaire (intégral, un peu chaud en dessous) et le masque à gaz de chantier (bouche et nez seulement).

BOUCLIERS, BOUDINS EN MOUSSE, CASQUES ET AUTRES PROTECTIONS

Vous trouverez dans cette section des recettes pour fabriquer différents gadgets pour vous protéger contre les charges policières. Elles sont empruntées aux « tute bianche » (Je reprends ici une brochure écrite par Sarin, « Bodyhammer, tactics and self-defense for modern protestor »).

Attention avant de vous lancer dans ce type de bricolage. Porter un équipement de protection d'aspect trop « militaire » dans une manifestation d'aspect classique peut se retourner contre vous. Avant de revêtir une armure de Robocop, souvenez-vous que tout ce qui vous fait ressembler à un flic témoigne de votre incapacité à créer un monde plus beau.

La protection la plus efficace contre les coups n'est pas plastique, mais politique. Elle n'est pas faite de mousse, mais de votre capacité à susciter un mouvement de solidarité en votre faveur, à médiatiser la violence que la police pourrait exercer sur vous et, le cas échéant, à faire payer au pouvoir le prix politique le plus élevé possible pour les violences policières qu'il a orchestrées. Dans des régimes qui prétendent être des démocraties, la légitimité de votre action, les caméras, les avocats et les campagnes d'opinion sont de bien meilleurs boucliers que des plaques de plexiglas.

N'inversez pas les priorités : avant de construire des objets, construisez votre groupe. C'est d'abord la présence, le souci et le soutien de vos amis et de vos camarades qui vous protégeront dans des situations d'affrontement.

Différents types de boucliers

Les boucliers de forme ronde ou triangulaire qu'on porte sur un bras sont plus courts et plus maniables. Ceux qu'on tient à deux mains devant soi sont de forme rectangulaire, plus hauts (entre 75 cm et 1 m), plus massifs et moins mobiles.

Les premiers se prêtent bien à l'autodéfense individuelle, ils autorisent des mouvements pivotants du haut du corps et des déplacements rapides. Les seconds sont plus appropriés à l'autodéfense collective statique : avec plusieurs boucliers rectangulaires, on peut former un mur de boucliers, ou une « tortue » à la romaine (comme dans Astérix : formation en carré avec un mur et un toit de boucliers).

On peut aussi fabriquer de grands boucliers collectifs d'une seule pièce.

Matériaux et fabrication

– *Poubelles et conteneurs*

Pour un bouclier rond (compter entre 50 et 90 cm de diamètre), un couvercle de poubelle peut faire l'affaire. Si vous avez le temps, il vaut mieux installer des attaches à l'intérieur du couvercle.

Les grands conteneurs poubelle en plastique permettent de fabriquer de grands boucliers rectangulaires. Il n'y a qu'à sortir le couvercle de ses gonds pour se procurer un bouclier bien dimensionné, et à scier le bac en plastique pour obtenir des plaques en PVC très résistant.

– *Les attaches*

Bouclier à un bras. On fixe deux attaches : l'une qu'on agrippera avec la main, l'autre, souple, dans laquelle on passera l'avant-bras. Pour la première, on peut utiliser les poignées en métal vendues dans le commerce, et, pour la seconde, un ceinturon en cuir (la boucle sera alors réglable), ou des sangles en nylon.

La poignée doit être placée près du coin supérieur gauche (si vous êtes droitier), à peu prés à 5 cm du haut, et la boucle pour l'avant-bras plus bas et à droite. Les deux attaches doivent être orientées de telle sorte que le bras fasse un angle de 45° avec le bord supérieur du bouclier.

Bouclier à deux bras. Pour le bouclier à deux bras, fixez deux poignées verticales, une pour chaque main. Attention à ne pas les mettre trop proches l'une de l'autre. Prévoyez un écartement suffisant pour les bras. Quel que soit le type de bouclier, rembourrez avec de la mousse la zone qui sera en contact avec vos bras et vos mains et utilisez des gants de ski.

Plexiglas. Vous trouverez des plaques de plexigas dans les magasins de bricolage. Prenez-les assez épaisses pour résister aux coups et aux projectiles : 1 cm d'épaisseur minimum. Vous pouvez aussi coller plusieurs couches.

Pour renforcer le bouclier en plexiglas, vous pouvez ajouter des tasseaux en bois tout autour. Pour fixer les poignées, faites deux trous à la perceuse, passez la sangle et faites un nœud.

Boucliers en mousse. Légers, doux et faciles à fabriquer. Procurez-vous des plaques de mousse, soit dans un magasin de bricolage, soit en récupérant des vieux canapés. Les plaques doivent être assez épaisses pour absorber les coups de matraque (10 cm minimum).

Taillez votre plaque et fixez-la avec du gros scotch sur du carton, qui sera le côté face du bouclier. Vous pouvez décorer le carton, le peindre, etc. Pour attacher les poignées, il faut faire des trous dans la mousse et le carton. Renforcez le carton avec du scotch à l'endroit de l'attache, pour qu'il ne se déchire pas. Ce type de bouclier, d'aspect inoffensif, amortit les coups, mais ne permet pas de tenir une rue face à une charge de CRS.

Boucliers gonflables. Rapides à fabriquer, faciles à transporter, et surtout très beaux : imaginez une charge de flics en train de rebondir sur une immense bouclier collectif en caoutchouc dodu. Visuellement (et politiquement) le dispositif est très différent de celui des murs de boucliers rigides organisés sur un modèle militaire.

Pour obtenir des boucliers pneumatique ronds, vous pouvez vous servir de bouées de sauvetage, de bouées de plage (moins résistantes, plus faciles à percer, on peut en coller deux l'une sur l'autre), ou de chambres à air de camion (très solides, mais plus lourdes). Pour obtenir des boucliers gonflables rectangulaires, utilisez des matelas pneumatiques. Il en existe de différentes tailles et de différentes qualités. Si vous utilisez des matelas bas de gamme, n'hésitez pas à en coller deux ensemble.

Pour renforcer le bouclier, utilisez plusieurs couches de gros scotch ou de la toile résistante (type toile cirée). Cette opération est particulièrement importante pour les boucliers ronds : il faut fermer le trou central de la bouée ou de la chambre à air avec une enveloppe de protection. Utilisez le ruban de scotch en plusieurs couches pour confectionner des attaches pour les bras et pour les mains.

Pour réaliser un bouclier géant, utilisez une bâche remplie de chambres à air, de matelas et de morceaux de polystyrène, pour former une sorte de gros boudin que les manifestants porteront devant eux en avançant.

Casques

Le modèle le plus simple et le moins cher est celui utilisé par les ouvriers du bâtiment. Vous pouvez le rembourrer avec du papier journal, mais il n'est pas très solide ni très stable. Vous pouvez aussi utiliser des casques de vélo. Seul le casque de moto offre une protection complète de la tête, mais l'aspect fait un peu trop service d'ordre des années 1970.

Armures

Armure improvisée. N'hésitez pas à porter plusieurs couches de vêtements l'une sur l'autre. Un gros blouson type bomber peut atténuer sensiblement les coups, notamment dans le dos.

Protections sportives. Les magasins de sport regorgent de dispositifs de protection corporelle dernier cri (aux rayons roller, arts martiaux, hockey sur glace) : coudières, jambières, genouillères, coquilles anatomiques (pour hommes et pour femmes), plastrons et épaulières, etc.

Pensez aussi aux gilets de sauvetage, très efficaces pour parer les coups sur les épaules, le torse et le dos. Et n'oubliez pas les gants.

Armure en mousse. Scotcher des bouts de mousse ou de matelas de camping sur votre corps pour vous protéger. Mettre une combinaison de peintre jetable et demander à vos amis de coller la mousse sur vous (c'est très convivial). Protégez en priorité le haut du corps (dos, épaules).

GUIDE JURIDIQUE DU MANIFESTANT

(d'après le Village anticapitaliste
et antiguerre, VAAAG)

Dans les manifs. Arrivez groupés, partez groupés, restez groupés et actifs. Même si vous êtes parti seul pour manifester, essayez de trouver quelques personnes au cours de la manif avec qui vous resterez. Déplacez-vous de façon compacte et mobile, en prenant garde de ne pas tomber dans une souricière (cas où toutes les issues sont fermées par des cordons de policiers). Ne restez ou ne partez pas seul, les fins de manifs sont les moments privilégiés des arrestations.

Les charges policières ont pour but d'éparpiller les manifestants, de les effrayer afin que la manif se disloque. Ne cédez pas à la panique, mettez-vous en chaîne quand c'est possible, soyez solidaires. Ces charges ont aussi pour but d'arrêter des manifestants. Il est souvent possible de récupérer un camarade quand il est en train de se faire arrêter.

Si quelqu'un se fait arrêter devant vous, demandez-lui de crier son nom et faites passer ces infos au legal team, à ses amis ou soyez, à défaut, capable de prendre vous-même de ses nouvelles au commissariat, faites aussi savoir que vous pouvez témoigner au besoin de son arrestation en vue du procès.

Quand vous décidez de partir de la manifestation, quelques règles élémentaires de sécurité s'imposent. Tout d'abord, vérifiez que vos camarades sont tous avec vous. Tâchez de vous renseigner à l'avance sur les modalités prévues de l'action, certaines actions conduisent presque nécessairement à un contrôle d'identité, d'autres non. N'emmenez pas de carnet d'adresses. Soyez conscients que la possession d'une arme (y compris Opinel ou arme par destination) ou de drogues peut conduire à vous inculper. Prenez des papiers d'identité et apprenez par cœur le numéro de téléphone d'un avocat ou garde-le sur vous, par exemple écrit sur le bras.

Les occupations. En cas d'évacuation, si elle est accompagnée d'interpellations, il faut tenter de maîtriser la situation et limiter la violence policière en adoptant une attitude collective. Si des participant-e-s se sont fait arrêter, les autres doivent agir en fonction de ces arrestations (en évitant tout ce qui pourrait alors aggraver leur situation) : rester sur place nombreux pour réclamer immédiatement la libération de quelques interpellés peut être efficace. Là encore, même à l'extérieur, il faut essayer de prendre le temps de discuter collectivement sans céder à la panique.

L'arrestation. Le plus souvent, lorsqu'il s'agit d'occupations, tout le monde est arrêté ensemble. C'est la situation qu'il faut rechercher (si les arrestations sont inévitables, bien sûr !) en évitant toute possibilité de mise à l'écart d'occupants qu'il serait alors plus facile d'inculper. En principe, le contrôle ne peut pas durer plus de 4 heures. Ceux ou celles qui ont déjà été dans cette situation doivent expliquer aux autres ce qui se passe, les rassurer, tout en leur communiquant le numéro d'un avocat au cas où.

Si vous êtes interpellé et seul au milieu des policiers, que ce soit dans le cadre d'une occupation ou d'une manifestation, mieux vaut se taire, et attendre stoïquement la suite des événements. Si vous êtes victime de violences, lors de l'arrestation ou du transport en fourgon, demandez immédiatement un médecin, ce qui ne peut pas vous être refusé, et cherchez à obtenir un certificat médical indiquant des jours d'arrêt de travail (même si vous ne travaillez pas...). Le cas échéant, relevez les numéros de matricule des policiers présents. Si vous êtes plusieurs, tâchez d'échanger vos identités et téléphones afin de ne pas vous isoler. N'hésitez pas à faire part aux autres interpellés d'un contact extérieur à qui transmettre les infos, ainsi que des conditions de votre interpellation. Essayez de discuter de l'attitude à adopter pour les suites éventuelles : garde à vue, inculpation, procès.

Au commissariat. Vous pouvez y être emmené, soit pour un contrôle d'identité (4 heures), soit pour une garde à vue (24 heures ou 48 heures si renouvelée). Ce temps peut être doublé sur des accusations de terrorisme ou de trafic de drogue. Vous allez alors être interrogé par un officier de police judiciaire (OPJ), qui va rédiger un procès-verbal (PV). Celui-ci est une simple main courante si vous êtes en contrôle d'identité. Si vous faites l'objet d'une procédure d'enquête, par contre, ce PV sera utilisé lors du procès éventuel, comme votre première déclaration.

Vous pouvez demander un interprète. Si vous êtes français, vous n'êtes pas tenu d'avoir vos papiers sur vous et pouvez justifier de votre identité par tous moyens (toutes sortes de papiers administratifs ou courrier, témoignage de quelqu'un, y compris au téléphone...). Le fait est que les choses seront plus dures si vous êtes dépourvu de papiers à ce moment-là... La prise de photos et d'empreintes n'est autorisée à ce stade que si la personne refuse de décliner son identité ou se trouve dans l'impossibilité d'en justifier. Vous serez palpé (pas de fouille au corps à ce stade), par une femme si vous êtes une femme. Si l'une de ces dispositions n'est pas respectée, ça peut être un motif pour faire annuler l'ensemble de la procédure.

Pour les identifications ADN, les policiers peuvent désormais vous obliger à donner votre ADN (cracher sur un buvard). La loi Sarkozy prévoit que le fait de refuser ce type de prélèvement est passible de 1 an de prison et de 15 000 euros d'amende qui s'ajouteront à la condamnation éventuelle.

La règle, en matière d'action collective, est de ne rien déclarer, c'est-à-dire de décliner identité, adresse et profession, ce qui est obligatoire ; puis de répondre « je n'ai rien à déclarer » à toutes autres questions (vous n'êtes pas obligé de répondre au « grand état civil », au cours duquel il vous sera demandé si vous avez le permis de conduire, la nature de votre logement, le nom de votre propriétaire...). En effet, dans un cadre collectif, le risque de réponses contradictoires voire dangereuses pour les autres fait souvent préférer un silence collectif. Attention : toute discussion, même informelle, dans un couloir, est un début d'interrogatoire.

Si malgré tout, vous choisissez de répondre, faites bien attention aux questions des policiers et à vos réponses lors de la rédaction du PV : tout ce que vous reconnaîtrez pourra servir à vous condamner, ou à condamner d'autres personnes (recoupement des diverses déclarations). Si vous n'êtes pas d'accord, vous avez le droit de refuser de signer le PV ou de demander des modifications. Si vous signez, veillez à ne laisser aucun espace blanc entre la déclaration et la signature. Si vous ne signez pas, il faudra alléguer des motifs (inexactitudes, pressions policères, etc.).

Vous pouvez être mis en garde à vue au cours de ces quatre heures. Une garde à vue, c'est un peu long, prenez votre mal en patience et contrôlez-vous. Comptez-vous : ainsi, si vous sortez, vous pourrez savoir le nombre et le nom des gens qui restent éventuellement, les motifs d'inculpation et toutes infos utiles. Vous pouvez voir un avocat après la première heure de garde à vue.

Demandez à voir un avocat que vous connaissez, à défaut un commis d'office : il est gratuit, vous pourrez toujours changer d'avocat en cas de procédure longue. Racontez-lui les conditions précises de votre interpellation et prévenez-le que vous êtes hostile à une éventuelle comparution immédiate. Discutez avec lui des garanties de représentation qui peuvent alors être nécessaires, indiquez-lui si possible à qui il peut s'adresser pour se les procurer et assurez-vous qu'il transmettra l'information à l'équipe juridique.

La garde à vue. Depuis la loi du 15 juin 2000, la personne gardée à vue doit être informée dans les plus brefs délais de ses droits, des dispositions relatives à la durée de la garde à vue, des raisons de son arrestation et de toute accusation portée contre elle, de la nature de l'infraction sur laquelle porte l'enquête, de son choix de faire des déclarations, de répondre aux questions qui lui seront posées ou de se taire.

Les enquêteurs doivent :

– informer la personne placée en garde à vue de ses droits dans une langue qu'elle comprend. Il existe un formulaire de deux pages traduit en huit langues étrangères : allemand, anglais, espagnol, italien, néerlandais, portugais, arabe et russe ;

– notifier les droits à une personne sourde par l'intermédiaire d'un interprète en langue des signes.

Droit de faire prévenir l'entourage. Vous avez le droit de faire prévenir votre famille, une personne avec laquelle vous vivez, ou éventuellement, votre employeur, au plus tard dans un délai de 3 heures à compter du début de votre garde à vue. L'officier de police judiciaire peut s'y opposer s'il estime que cela peut porter tort à l'enquête. Dans ce cas, le procureur de la République, prévenu sans délai, doit trancher.

Examen médical. Vous pouvez demander à être examiné par un médecin durant les 24 premières heures de garde à vue. Un membre de la famille peut demander un examen médical à défaut de demande faite par l'intéressé, par l'officier de police judiciaire ou le procureur de la République.

Présence d'un avocat. La personne gardée à vue peut s'entretenir avec un avocat dès la 1re heure de la garde à vue, puis à la 20e heure et à la 36e heure. Ce délai est porté à la 36e heure pour les gardes à vue concernant les faits de participation à une association de malfaiteurs, de proxénétisme aggravé, d'extorsion de fonds, de destruction ou de vol commis en bande organisée…

Ce délai est porté à la 72e heure pour les gardes à vue concernant les affaires de terrorisme ou de trafic de stupéfiants. L'entretien est confidentiel, il ne peut excéder trente minutes. L'avocat peut présenter des observations qui seront jointes à la procédure.

Vous pouvez demander de la nourriture (payante), mais n'êtes pas sûr de l'obtenir. Dès votre sortie éventuelle du commissariat, notez tout ce que vous avez éventuellement déclaré au cours de votre contrôle d'identité ou de votre garde à vue : cela sera nécessaire pour organiser votre défense.

Pour les mineurs. Vous pouvez être mis en garde à vue à partir de treize ans, mais vous serez jugé au tribunal des enfants si vous êtes mineur (pas de comparution immédiate). Vous serez systématiquement assisté d'un avocat, vos déclarations doivent faire l'objet d'un enregistrement audiovisuel. Ces enregistrements ne pourront être visionnés qu'avant l'audience du jugement, en cas de contestation du contenu du procès-verbal de police. Les policiers peuvent décider d'appeler chez vos parents ou un éventuel responsable légal pour votre sortie, c'est pourquoi il peut-être utile d'avoir demandé à vos parents une « décharge légale » du type « je confie la garde de mon enfant de façon temporaire à... », avec une photocopie de la carte d'identité des parents.

Ceux qui sont à l'extérieur. Dès que quelqu'un reste plus de 4 heures au commissariat, c'est qu'il est en garde à vue. Se rendre devant le commissariat pour manifester, pour demander des nouvelles de l'inculpé et montrer qu'il n'est pas isolé. Il faut contacter la legal team pour chercher des informations sur les suites éventuelles qui seront données à l'affaire (on peut être libéré en cours de garde à vue, sans convocation et sans suite). Il est souvent possible de faire passer à celui qui est gardé à vue de la nourriture et des cigarettes, il faut toujours essayer de le faire. Savoir que, dehors, une solidarité réelle existe est d'un grand secours pour supporter l'isolement de la garde à vue.

Une fois les informations obtenues, c'est le moment de réfléchir à la défense (voir suite) en sachant que, si c'est bien sûr l'inculpé qui choisit sa ligne de défense, le rôle de ceux qui ont participé avec lui à l'action est très important pour la relayer à l'extérieur et lui donner des conseils selon la situation politique du moment.

Contrôles et perquisitions des véhicules. Lors d'un contrôle routier, seul le conducteur est obligé de justifier son identité. Les policiers ont le droit de faire ouvrir le véhicule et de regarder à l'intérieur. Ils peuvent aussi le fouiller « s'il existe à l'égard du conducteur ou d'un passager une ou plusieurs raisons plausibles de soupçonner qu'il a commis, comme auteur ou comme complice, un crime ou un délit flagrant ; ces dispositions s'appliquent également à la tentative ». En clair il sera très difficile de refuser *a priori* la fouille du véhicule.

Sinon, elle doit se faire sur réquisition écrite du procureur pour une période et un lieu déterminés par lui, en présence du propriétaire ou du conducteur du véhicule, à défaut d'une tierce personne. Un PV doit alors être délivré et il faut absolument le réclamer. Par contre, si vous êtes contrôlé par la douane, ils ont le droit de fouiller les véhicules sur tout le territoire.

Véhicules à usage d'habitation. Ceux-ci dépendent, pour les fouilles, des mêmes règles que les perquisitions domiciliaires (voir plus loin). Ainsi, en dehors des cas de flagrance, il est interdit à la police de perquisitionner entre 21 heures et 6 heures du matin.

Perquisitions au domicile. Elles sont possibles soit avec accord écrit du propriétaire des lieux, soit sur autorisation du juge à la requête du procureur. Il faut donc demander à voir la commission rogatoire et vérifier qu'y figurent l'adresse, la qualification des infractions recherchées et les éléments laissant présumer de leur existence. Cette visite ne peut avoir lieu que dans les heures légales (6 h 00-21 h 00), sauf en cas de terrorisme, trafic de drogue, et si cela ne concerne pas des lieux d'habitation. Attention : les fouilles des tentes, sacs, et même des poches sont considérées comme des prolongements du domicile et sont donc soumises aux mêmes règles.

Devant le procureur. Le procureur (ou son substitut) est chargé de décider du motif de mise en examen sous lequel vous comparaîtrez devant le juge. Vous serez confronté à lui à la fin de la garde à vue, généralement le lendemain de l'arrestation. C'est lui qui décide s'il y a lieu de vous mettre en examen ou non, et aussi des motifs, devant une chambre correctionnelle. Si vous avez des doutes ou si vous ne comprenez pas les questions, il est très vivement conseillé de ne jamais reconnaître aucun des actes qui vous sont imputés. (Sachez quand même que c'est une attitude risquée.)

Lors de votre passage chez le procureur, vous subirez un nouvel interrogatoire qui aboutira à un second procès-verbal. Il doit être cohérent avec celui que vous avez fait au commissariat, ou le démentir tout à fait formellement, sinon le juge vous coincera au tribunal en vous accusant de mentir. Si vous voulez démentir le procès-verbal policier, précisez-le bien et argumentez en expliquant la tension de la garde à vue le cas échéant, le fait que vous avez subi des pressions, mais que maintenant vous revenez sur ces premières déclarations.

Les étrangers, même ne résidant pas irrégulièrement en France et venus pour une courte période, peuvent être jugés comme les Français et/ou être reconduits à la frontière et interdits du territoire français, voire de l'espace Schengen, pour une courte période ou définitivement. S'ils sont recherchés dans un autre pays, ils entrent alors dans une procédure d'extradition que nous ne détaillerons pas ici. Les étrangers mineurs ne peuvent en principe pas être reconduits à la frontière.

La comparution immédiate (saisine directe). Le procureur décide de la date de votre comparution devant le juge. La procédure de comparution immédiate vous mène devant le juge environ 24 heures après les faits, sans vous permettre de préparer une défense, de trouver des témoins, etc. En outre, les peines infligées à ceux et celles qui passent en comparution immédiate sont presque toujours plus lourdes que pour ceux qui sont convoqués plus tard pour les mêmes motifs.

L'inculpé est en droit de demander le report du procès pour préparer sa défense. Cette procédure de comparution immédiate doit, sauf exception, être refusée par l'inculpé au début du procès, sans croire ceux qui prétendraient que la refuser vous enverrait automatiquement en préventive. Vous passerez alors devant le juge des libertés et de la détention, qui va décider, soit de vous libérer et de vous fixer une date de procès, soit de vous placer en détention jusqu'au procès. Vous devez alors faire plaider votre libération : l'avocat plaide la demande de mise en liberté en fournissant des garanties de représentation au juge.

Avec l'avocat. Après le passage chez le procureur, si vous passez en comparution immédiate, vous allez être présenté à l'avocat commis d'office, qui n'aura pas le temps de bien préparer votre défense. Vous devez lui demander, avec l'aide de l'équipe légale, de faire reporter l'audience et de trouver des garanties de représentation (certificats d'étudiant, de travail, promesse d'embauche, attestation de domicile : il vaut mieux être au moins officiellement hébergé chez des amis sûrs que donner une adresse de foyer ou de centre d'hébergement, voire de squat s'il est difficile de le prouver) afin qu'il puisse demander votre mise en liberté et que vous ne soyez pas placé en détention préventive. Pensez à avoir à disposition (sur vous ou disponible facilement pour vos proches) des papiers prouvant une situation professionnelle et un domicile.

Devant le juge. Vous entrez dans le théâtre comique. Comment en sortir ? Tout d'abord en étant poli avec le juge qui apprécie qu'on lui témoigne du respect, en étant vêtu de manière classique, en ayant une version des faits construite et plausible, en ne vous laissant pas, le cas échéant, impressionner par un juge retors ou franchement hostile, en ayant cité de respectables témoins qui diront que vous n'avez rien fait et que vous êtes gentil.

L'avocat aura étudié le dossier en cherchant à amoindrir les dépositions des policiers qui parfois regorgent d'incohérences et de contradictions. Les procès de manifestants peuvent tourner à la mascarade si le juge ne juge pas seulement les faits reprochés au manifestant, mais sa participation à une manifestation qu'il faut réprimer.

Généralement, les procès sont menés sur la base des témoignages des policiers qui ont procédé aux interpellations et doivent donc les justifier. La question devient alors : le juge doit-il faire confiance à un accusé qui nie ou aux représentants de la loi ? La réponse est vite tranchée, sauf lorsque les avocats arrivent à montrer les incohérences parfois énormes, les contradictions recueillies dans les témoignages policiers. Le juge peut vous demander si vous acceptez les TIG (voir plus bas), les refuser n'implique pas automatiquement une condamnation plus importante.

Après la condamnation. Vous pouvez être condamné à différentes peines. Celles-ci s'exécutent ensuite sous le contrôle d'un juge d'application des peines (JAP). Peine de prison ferme : incarcération. Si vous comparaissez libre et que la peine de prison ferme est inférieure à 1 an vous ne serez pas arrêté au moment du procès et c'est avec le JAP que se décidera le moment où vous serez incarcéré Si la peine est supérieure à un an, le tribunal peut décider un mandat de dépôt ou d'arrêt.

Sachez que vous pouvez faire appel pendant dix jours à partir du prononcé de la décision par le tribunal.

Lorsque vous arrivez, rien ne vous est expliqué par l'administration pénitentiaire (AP). Il faut donc demander des explications aux autres détenus, pour toutes les démarches et notamment pour la cantine et les autorisations de faire entrer des fringues ou autres. Normalement les autres vous prêteront ce qui vous manque jusqu'à l'arrivée d'un mandat. Écrivez au plus vite pour prendre contact avec l'extérieur, en expliquant tout ce que vous savez du fonctionnement, notamment sur les permis de visite, les jours de cantine, les possibles envois, etc., afin que tous les problèmes pratiques soient résolus au plus vite. Vous rencontrez un éducateur à votre arrivée qui peut téléphoner à un proche.

Peine de prison avec sursis. Vous ne serez pas emprisonné. Toutefois, pendant un certain délai, vous êtes emprisonnable. Sursis simple : pendant un délai choisi par le juge (jusqu'à cinq ans), vous risquez d'accomplir cette peine de prison si vous êtes de nouveau condamné. C'est le juge qui décide lors de votre deuxième jugement si la condamnation justifie de transformer le sursis précédent en peine ferme, il le décide en principe si vous êtes condamné pour des faits similaires. À la fin de ce délai, vous serez délivré de cette condamnation. Sursis avec mise à l'épreuve : cette peine est plus restrictive ; pendant une durée de dix-huit mois à trois ans, vous êtes placé sous le contrôle judiciaire du JAP, vous êtes astreint à avoir travail et logement fixes et vous risquez d'être incarcéré directement en cas d'arrestation, sans même comparaître de nouveau devant un tribunal.

Peine de travail d'intérêt général (TIG). C'est une peine complémentaire au sursis et non pas alternative. Il s'agit de travailler gratuitement entre 30 et 240 heures pour une collectivité publique, un établissement public ou une association. Quand vous aurez accompli la peine de TIG, le sursis qui lui est éventuellement associé tombera.

Amende. Elle peut être assortie de sursis.

Dommages et intérêts. C'est une condamnation civile, généralement suite à une plainte d'un policier ou d'un particulier. Le montant varie de l'euro symbolique à quelques milliers d'euros, selon par exemple le nombre de jours d'incapacité temporaire de travail (ITT) dont a bénéficié la victime.

Inscription au casier judiciaire. La peine à laquelle vous avez été condamné va apparaître dans votre casier judiciaire. Celui-ci est découpé en 3 bulletins. Bulletin n° 1 : réservé aux autorités judiciaires il contient le relevé intégral des fiches du casier judiciaire. Bulletin n° 2 : réservé aux autorités administratives (préfectures, autorités militaires, autres administrations). Plus restreint, il ne comprend pas les peines de sursis lorsque le délai est dépassé. Le juge peut décider de ne pas faire inscrire la condamnation au bulletin n° 2 du casier. Bulletin n° 3 : il est réservé à la personne qu'il concerne, ne peut être remis à un tiers. Il comprend les condamnations à des peines de plus de deux ans de prison (ou moins si le juge a ordonné l'inscription au bulletin n° 3), et les condamnations à des interdictions, incapacités ou déchéances. Il est possible au procès de demander la non-inscription des peines sur les bulletins n° 2 et 3.

Les délits qui peuvent vous être reprochés

Le délit d'outrage. Insultes reçues par les policiers dans l'exercice de leurs fonctions, souvent complémentaire à d'autres délits reprochés. Une peine de prison (six mois voire un an), ainsi qu'une amende et/ou des dommages et intérêts pour les policiers outragés peuvent être prononcés.

Le délit de rébellion. Lorsque vous vous êtes débattu pendant l'arrestation ou si vous avez fait des gestes « inquiétants » pour les policiers. Vous risquez la prison (six mois ou un an en réunion) ou quelques dizaines d'heures de travaux d'intérêt général (TIG). Le délit de port d'arme prohibée (couteau, mousqueton, cannette, lacrymo, etc.) vous fait aussi risquer la prison (3 ans). Le délit de jets de projectile (cannette, caillou, objet contondant non identifié, barrière, etc.) peut vous être reproché, que vous ayez ou non atteint une cible quelconque. Il entraîne généralement du sursis ou des TIG.

Le délit de violence à agent. Selon que le policier blessé aura porté plainte ou non, il peut coûter très cher s'il est reconnu par l'accusé ou si le policier est très abîmé. En règle générale, les coups et blessures sont sanctionnés s'ils ont occasionné des arrêts de travail (ITT) de plus de 8 jours. Parmi les exceptions à cette règle, les coups et blessures sur un policier en fonction sont punissables pour moins de 8 jours d'ITT (et même 0 jour !). La peine peut aller jusqu'à 5 ans de prison. Les policiers réclament en outre des dommages et intérêts.

Le délit de dégradation de biens. Casse de vitrines, voitures, magasins et marchandises diverses est sévèrement réprimée par les juges. L'étendue du délit de dégradation est vaste, cela va du simple graffiti au sabotage. Vous encourez la prison ferme ou le sursis (1 mois à 2 ans) selon l'objet dégradé, le nombre de personnes arrêtées et l'environnement éventuel de luttes sociales, plus une amende payable à l'État et/ou des dommages et intérêts pour le privé.

Si le propriétaire porte plainte, la peine s'alourdit en général. Le délit de vol est lui aussi coûteux, surtout si vous vous faites attraper avec le fruit du larcin. Les arrestations se font souvent dans la confusion générale autant pour les manifestants que pour les policiers. Il est courant que des personnes soient arrêtés et trinquent pour des faits effectués par d'autres. Les juges le savent très bien, vous pouvez donc jouer le rôle de l'innocent arrêté par erreur.

Tout se met en place aujourd'hui par ailleurs pour qu'une partie de ces délits, voire la simple occupation de lieux publics ou privés utiles aux intérêts économiques de l'État, puisse tomber dans la catégorie terrorisme si le procureur juge que l'acte délictueux visait à « porter gravement atteinte ou à détruire les structures politiques, économiques ou sociales d'un pays » ; ce qui modifie les peines encourues et les possibilités de perquisition et de maintien en garde à vue. On en sait trop peu pour l'instant sur l'usage qui sera fait de cette possibilité pour en dire plus. Cette possibilité n'a pas été pour l'instant utilisée à notre connaissance.

Sachez que, pour les étrangers, peut être prononcée une interdiction du territoire.

Organiser la défense juridique. Lorsque vous allez comparaître au procès, le juge va vous interroger sur les faits pour lesquels vous êtes inculpé, à partir des déclarations de policiers. Pour lui répondre correctement, il faut préparer une version des faits construite et plausible, qui vous convient. Il y a de multiples défenses possibles, en fonction des logiques et des circonstances. Le choix comporte toujours des implications politiques dont chacun doit être conscient.

Ce qui est proposé ici n'est qu'une piste. Le problème n'est pas que vous soyez innocent ou coupable, mais que vous êtes accusé par des représentants des forces de l'ordre et qu'il faut vous défendre, bien qu'*a priori* votre parole vaille moins que la leur devant un juge.

Nier de façon construite et cohérente peut faire planer un doute qui allège la peine. Si les faits sont assumés dans un but politique, être conscient des conséquences possibles sur la condamnation des inculpés.

Pour la défense, vous prendrez en principe un avocat qui plaidera pour vous au procès. L'avocat est un technicien : c'est avec lui que vous préparerez votre défense. Toutefois, il n'est pas plus apte que vous et/ou vos camarades à juger les enjeux et rapports de forces : il n'est pas là pour vous imposer une défense, mais pour vous aider à exprimer et défendre vos actes et votre point de vue ainsi que pour vous avertir des risques encourus.

Il est important que ce soit vous qui preniez les décisions quant à votre défense, après avoir écouté et pesé les différents arguments, avec les conseils de ceux qui ont participé à votre action, de vos co-inculpés et de l'équipe légale si vous décidez d'une défense collective. Dans le cadre d'actions collectives, nous invitons les personnes concernées à se concerter sur leur défense.

Pour organiser la défense, il faut d'abord récupérer le dossier d'instruction au tribunal (par le biais de l'avocat), le lire de la première jusqu'à la dernière ligne, et accorder une attention particulière aux procès-verbaux (PV) des policiers témoins à charge contre vous. Vous devez, si nécessaire, les critiquer en contestant leur version des faits, d'abord mot à mot. C'est-à-dire lire attentivement chacun des faits que le policier avance et y opposer votre version lorsque vous n'êtes pas d'accord.

Vous devez ensuite reconstituer l'action au travers des différentes phases contenues dans le PV, et déterminer les circonstances, la situation avant l'interpellation, les faits qui vous sont reprochés, les circonstances de votre arrestation contenus dans cette déclaration. S'il y a plusieurs PV policiers (c'est souvent le cas), vous devez les confronter entre eux afin de détecter des incohérences, voire des contradictions entre les déclarations des différents policiers.

Après avoir fait cela, il faut dégager une défense cohérente, qui puisse s'opposer à la version policière des faits. Il faut trouver des témoins à décharge. Il faut qu'ils soient utiles, c'est-à-dire qu'ils amènent des éléments qui démontrent votre absence de culpabilité. Leur statut social compte.

Les témoignages peuvent être écrits ou oraux au moment du procès. Vous devez faire citer les témoins oraux par un avocat, normalement quelques jours avant le procès. Vous pouvez aussi présenter des simples témoignages écrits dits « de moralité » qui ne parleront pas des faits mais de vous en disant combien vous êtes habituellement sérieux, doux, gentil, généreux, voire civique.

VIOLENCES POLICIÈRES : COMMENT PORTER PLAINTE

Avoir les bons réflexes sur le moment. La règle absolue est de ne jamais céder aux provocations. Sauf si vous pouvez vous volatiliser sans laisser de traces, ne rendez ni les coups ni les injures. Ne vous laissez pas prendre au piège.

Pendant les faits, mémorisez tous les éléments qui vous permettront d'identifier vos agresseurs par la suite. Relevez tous les détails, à commencer par l'uniforme (gendarmes ou policiers ?), la taille, l'âge, la couleur des cheveux, des yeux, les signes distinctifs, les traits du visage. Si les flics parlent entre eux (par exemple pendant une garde à vue), retenez les noms qu'ils utilisent.

Témoignages. Vous aurez besoin de témoignages pour corroborer votre version des faits. Ceci est particulièrement vrai si votre corps ne porte pas de traces apparentes de coups, ou si vous avez été la cible d'insultes racistes.

Que vous soyez victime ou témoin de violences policières, efforcez-vous de collecter tout de suite les coordonnées des personnes qui ont assisté à la scène pour pouvoir ensuite recueillir leurs témoignages.

Vous pouvez aussi lancer après coup un appel à témoins, par affiches, annonces de presse, site web, etc. Si les violences ont eu lieu lors d'un événement public (action, manifestation), il y a de très fortes chances que des photos ou des films de la scène existent quelque part. Contactez les média-activistes et les agences professionnelles.

Vous pourrez faire remplir aux témoins une attestation rédigée sur le modèle ci-après.

Il est capital que les témoignages décrivent très précisément le comportement des policiers (gestes, mots employés), et précisent que la victime n'a pas insulté ou provoqué les agents, qu'elle ne leur a pas porté de coups, et qu'elle n'a opposé aucune résistance à une éventuelle interpellation. Ces éléments serviront à désamorcer la plainte pour outrage et/ou rébellion que certains policiers déposent contre la victime pour se couvrir.

Certificat médico-judiciaire. Si vous portez les marques de violences physiques, vous pouvez les prendre en photo pour les ajouter au dossier de plainte.

Mais, en la matière, seul un certificat médical établi par un service médico-judiciaire aura valeur de preuve. Si vous êtes en garde à vue et blessé, exigez de voir un médecin. Si vous êtes libre de vos mouvements, après vous être fait soigner dans un service d'urgence classique, vous devrez vous rendre aux urgences médico-judiciaires de

Modèle d'attestation

Je soussigné(e), [Prénom, Nom], né(e) le [...] à [...], demeurant à [...], exerçant la profession de [...].
(Précisez s'il existe un lien de parenté ou d'alliance avec les parties, un lien de subordination à leur égard, un lien de collaboration ou de communauté d'intérêts avec les parties.)
Atteste les faits ci-dessous relatés pour les avoir personnellement constatés :
(Exposez ici le récit détaillé des faits pour lesquels vous apportez votre témoignage : date, heure, lieux, circonstances exactes...)
La présente attestation peut être produite en justice et j'ai connaissance qu'une fausse attestation m'expose à des sanctions pénales.
Fait à [...], le [....]
[Signature]

(Joindre une photocopie de la pièce d'identité.)

votre ville, où un médecin vous examinera à nouveau. On vous remettra un certificat attestant les blessures constatées et prescrivant un certain nombre de jours d'interruption temporaire de travail (ITT). Pas forcément besoin de faire cette démarche avant le dépôt de la plainte : l'officier de police judiciaire doit normalement vous orienter vers les urgences médico-judiciaires les plus proches.

Avocat. Il vaut mieux contacter un avocat avant de déposer votre plainte. Deux raisons à cela :
– l'officier de police judiciaire qui vous interrogera rédigera un procès-verbal à partir de vos déclarations. Pour vous, le risque est de faire sans le savoir des déclarations qui vous nuisent, ou de signer un procès-verbal incomplet, que le procureur pourra facilement classer sans suite. Il faut vous renseigner avant de parler ;
– immédiatement après avoir porté plainte, il est possible que vous vous retrouviez accusé à votre tour. Par mesure de rétorsion, les policiers pourront chercher à contrecarrer votre plainte en vous accusant *a posteriori* de rébellion ou d'outrage. Le procédé est scandaleux, mais relativement courant. Vous passerez alors vous aussi en procès.

Pour trouver un avocat militant, vous pouvez essayer de contacter le Syndicat des avocats de France (SAF) :
21 *bis*, rue Victor-Mass
75009 Paris, tél. : 01 42 82 01 26.

Vous pouvez en parallèle contacter la section de la Ligue des Droits de l'homme (LDH) la plus proche.

Dépôt de plainte. Je vous déconseille de vous rendre au commissariat du quartier pour déposer votre plainte. Adressez-vous plutôt à l'Inspection générale de la police nationale (IGPN), ou à l'Inspection générale des services (IGS).

IGS :
7-9, boulevard du Palais
75004 Paris
tél. : 01 53 73 20 90.

IGPN :
11, rue Cambacérès
75008 Paris
tél. : 01 40 07 22 78.

N'effectuez pas toutes ces démarches tout seul. Après avoir subi des violences, on a plus que jamais besoin d'être entouré par ceux qu'on aime.

Attention aussi à ne pas vous enfermer dans une lutte solitaire contre l'institution policière. Il ne s'agit pas seulement de votre affaire personnelle. Vous portez une exigence de justice qui doit s'inscrire dans un mouvement plus large contre l'impunité des violences d'État. Essayez d'entrer en contact avec les collectifs qui travaillent sur ce terrain depuis longtemps.

Enfin, ne vous faites pas trop d'illusions sur les chances que votre plainte a d'aboutir. La lutte sera longue avant que les violences commises par des policiers soient enfin jugées conformément au principe de l'égalité de tous devant la justice.

FICHAGE POLICIER : COMMENT CONSULTER VOTRE DOSSIER RG

(d'après le site citoyen http://renseignementsgeneraux.net)

Le fichage des militants des mouvements sociaux et l'interconnexion des fichiers policiers au niveau européen est un fait avéré. Aux fichiers des Renseignements généraux, s'ajoutent ceux du STIC, du Système d'information Schengen (SIS) et d'Europol. Les militants franchissant les frontières pour se rendre à des manifestations européennes sont soumis, comme les demandeurs d'asile et les sans-papiers, à une surveillance de plus en plus intrusive. Un premier pas pour contrer cette extension du contrôle policier consiste à se saisir du droit de consultation que la loi Informatique et libertés garantit à toute personne fichée.

Pour obtenir l'accès aux données vous concernant, il faut adresser le courrier suivant en recommandé avec accusé de réception à la Commission nationale informatique et libertés (CNIL) :

Nom _________________________ Prénom ___________________

Adresse __________ Date et lieu de naissance _________________

À Monsieur le Président

Commission nationale de l'informatique et des libertés

21, rue Saint-Guillaume 75007 Paris

Objet : Demande de consultation des fichiers RG, STIC et SIS

Monsieur le Président,

Conformément à la loi du 6 janvier 1978, je souhaiterais avoir accès aux informations me concernant inscrites dans les fichiers :

des Renseignements généraux de ________________ [nom du ou des départements où vous pourriez avoir été fiché par les RG] du système de traitement des infractions constatées, du système d'information Schengen.

TABLE DES MATIÈRES

2 RÉPERTOIRE DES FORMES DE LUTTE 65

3 FICHES PRATIQUES 147

Mise en pages par Ici & ailleurs
à La Roque d'Anthéron (Bouches-du-Rhône)

ce *Nouveau guide militant*
a été **achevé d'imprimer**
par Bussière Camedan Imprimeries
à Saint-Amand-Montrond (Cher)
en septembre **2003**

Dépôt légal : octobre 2003
Numéro d'impression : 034461/1
Imprimé en **France**